贵州师范学院

人类学文库

丛书主编：纳日碧力戈 龙宇晓

少数民族村寨

社区参与旅游发展研究

陈志永 著

中国社会科学出版社

图书在版编目(CIP)数据

少数民族村寨社区参与旅游发展研究/陈志永著.—北京：中国社会科学出版社，2015.5

(贵州师范学院人类学文库)

ISBN 978-7-5161-5928-6

Ⅰ.①少… Ⅱ.①陈… Ⅲ.①少数民族—乡村—旅游业发展—研究—中国 Ⅳ.①F592.3

中国版本图书馆CIP数据核字(2015)第075050号

出 版 人　赵剑英
选题策划　刘　艳
责任编辑　刘　艳
责任校对　陈　晨
责任印制　戴　宽

出　　版　中国社会科学出版社
社　　址　北京鼓楼西大街甲158号
邮　　编　100720
网　　址　http://www.csspw.cn
发 行 部　010-84083685
门 市 部　010-84029450
经　　销　新华书店及其他书店

印　　刷　北京市大兴区新魏印刷厂
装　　订　廊坊市广阳区广增装订厂
版　　次　2015年5月第1版
印　　次　2015年5月第1次印刷

开　　本　710×1000　1/16
印　　张　19.25
插　　页　2
字　　数　316千字
定　　价　66.00元

凡购买中国社会科学出版社图书，如有质量问题请与本社联系调换
电话：010-84083683

总　序

当今世界，全球化和数字化成为人类生存的“新常态”。在全球性和地方性相交互构的张力之网中，社会成为“虚拟的现实”，对“现代性”的过分盲目追求，对“想象的共同体”的绝对化和实质化，使文化多样性和人与自然的关系受到严重挑战，世界进入了贝克所说的“风险社会”时代。风险的世界性时刻，超越国界，超越政治、经济、文化等各个方面的界限，使人们不分彼此、不分国界、不分种族地一起卷入其中。

人类社会之所以进入了当前这样一个不确定性的风险社会，就是因为我们忘记了“万象共生、万物相联”的道理，古人讲的“形”“气”“神”被分割开来，形枯，气竭，神衰。唐代高僧法藏大师在给武则天讲《华严经》时曾用“千灯交映”的生动实例说明万物关联之道。如果用我们今天常用的学术话语来诠释，其实就是“生态”二字所表达的精义。

随着时代背景的变迁，理论思考的范式正在发生潜移默化的转型。如果说冷战时期是“主义”占主导，改革开放时期是经济占主导，那么，现在和将来必然是生态和美德占主导。如费孝通先生所说，人富了之后要追求文艺，中国要从科技兴国转向文艺兴国。文艺的本质是韵律，韵律就是生态，生态就是“千灯交映”。如果我们能够与山水自然，与动物植物，与万物万象，会盟结拜，交换“库拉”，让尊严、声誉、友谊和高贵在人间流动，在人类和自然之间流动，在家庭和邻里之间流动，在各民族和族群之间流动，四海之内互为环境，民族和睦共生、人与环境永续友好就会成为真切的现实。

正是基于上述这样的认识，也基于我们与贵州学术界长期密切合作的机缘，我们有幸在以“生态立省”、山青水秀、生物多样性资源和文化多样性资源都十分富集的贵州建立了一个能够更加贴近田野、更便于接通地气的人类学研究平台。2012 年 11 月，在贵州师范学院领导的盛情邀请下，在社会各界的大力支持下，贵州民族学与人类学高等研究院由贵州省政府领导揭牌，在贵州师范学院乌当校区正式成立。贵州是中国最典型的山地省份，同时也是一个多民族省份，是世界山地文明的重要代表，在山地民族研究方面的资源基础非常雄厚。为了突出这样的本土资源特色和优势，在研究院成立伊始，我们就率先举起了中国山地民族研究的大旗，创立了全国第一家专门致力于山地民族与文化研究的学术平台——贵州师范学院中国山地民族研究中心，创办了专门探讨山地文明的学术刊物——《中国山地民族研究集刊》。2013 年 11 月，中国山地民族研究中心通过贵州省教育厅组织的严格评审，被批准为贵州省高等学校人文社会科学重点研究基地。

无论是贵州民族学与人类学高等研究院还是中国山地民族研究中心，我们的初衷都是要通过平台的协同作用，广泛团结各方学术力量，动员诸多领域在学术上共同“致富”，建设敢为人先的创新共同体、协商中和的智慧共同体、形气神三通的生态共同体、美美与共的美德共同体。只有凭借这样的共同体及其不懈的努力，才有可能在认知、学术和思想上重新把“形”“气”“神”勾连起来，让天地之气重新相接，使我们的世界观能够更好地认知和反映万物相联、万象共生的和谐秩序格局。

两年多以来，我们始终秉持“学术为本，追求卓越”的学术理念，突出“本土化、国际化、跨学科”的学术特色，坚持“根植于贵州，生长于西南，结果于亚洲，收获于国际”的远景目标。经过两年多的辛勤努力，我们组编的“贵州师范学院人类学文库”首批著作终于要和广大学术同道见面了。这套文库在努力突出山地民族文化研究这一特色优势的同时，也兼顾了其他前沿领域的人类学研究。由于学术团队成员来自不同学科背景，各位作者写作风格也不尽相同，这批著作体现了“美美与共”的跨学科合作精神。希望这批成果呈现给我们的知识能够有助于深化人们对中国这个多民族超级共同体的本体认知，能够有利于寻求和建立各民族间的“重叠共识”，能够对重构一个“千灯交映，光光交彻”的生态的世界观有所裨益。

纳日碧力戈　龙宇晓

2013年12月1日

目　录

表目录

图目录

第一章　少数民族村寨社区参与旅游发展研究概述

第一节　选题背景

一　问题的提出

近年来，随着西部大开发和旅游扶贫政策的实施以及多样化的旅游消费需求，许多少数民族村寨以其活态的民族文化及纯朴洁净的乡野田园风光吸引着越来越多的旅游者，各地纷纷掀起旅游开发热潮；并以此作为解决“三农”问题，落实科学发展观，保护与传承民族文化的重要举措。

民族村寨旅游是一项特殊的旅游活动，它是依托当地社区的历史文化、生活空间中的聚落景观及其构成要素以及其下的社会文化内涵为核心吸引物展开的。民族文化的鲜活性和以人为主体的建构性，决定了社区全体居民是民族文化旅游的开发主体，必然应成为民族文化资源资本化的利益主体。但是，我们对安顺市平坝县天龙屯堡、贵州黔东南雷山西江苗寨、黔东南黎平肇兴侗寨等民族村寨调研发现：旅游开发的经济利益并不属于村寨和全体村民，村寨内村民参与旅游层次不平衡，社区获益面不大，旅游利益分配不均衡；村寨内有些区域极少介入旅游管理和决策层面，常常被边缘化；旅游开发给村寨带来的社会、文化、环境正负面效益不均衡，村寨内部分区域不仅社区参与机会与获益能力不如另一些区域，而且还要承受旅游发展所导致的物资与服务短缺、物价上涨等负经济外部性效应。上述问题的逐渐凸显导致少数民族村寨旅游地各利益主体之间矛盾不断凸显。在贵阳花溪布依镇山村，远离花溪水库的上寨村民为了争夺有限的客源，常常派出家里身强力壮的男子到村寨门口等待游客，更有接待户骑着摩托车到村寨两公里以外的地方等待进入村寨的游客，然后强行拉入自己家中，引起游客极度反感。如果家中缺乏强壮的劳动力，又无方便的交通工具，村民们便到景区入口处散布"村中有疯狗"的谣言，以恐吓来访的游客。这样的现象并非偶然，在许多民族村寨皆有发生。如此下去，民族村寨旅游地社区居民将失去资源保护和进一步参与旅游的动力，直接威胁着民族村寨旅游的可持续发展。实践及已有文献表明：上述问题在西部其他民族省份同样存在。那么，上述问题出现的原因是什么，实践中会对旅游业可持续发展产生什么样的影响，如何解决，有无可借鉴的模式和理论指导等问题，都是亟待认识和研究的问题。这不仅是贯彻落实科学发展观、构建和谐社会的要求，也是区域旅游业持续、健康发展的保证。

理论和实践均表明：社区参与旅游发展是旅游可持续发展宏观系统中不可缺少的机制，从社区角度来思考旅游发展问题将为实现旅游业的可持续发展找到可行的途径。因此，针对民族村寨旅游发展中现存的问题，吸收国内外社区参与旅游发展的已有理论成果和成功经验，借鉴国内外其他领域社区参与的有效方法，为民族地区提供经验和政策借鉴，促进民族村寨社区有效参与旅游发展是本课题研究的目的。

二 相关研究述评

（一）国外社区参与旅游发展研究现状述评

关于"参与"问题，联合国大会在1969年发表了《社会进步与发展宣言》，指出公民参与是社会发展进程中不可或缺的一部分，在1971年发表了《广泛参与》和1981年出版了《广泛参与作为一种战略推动社区层面的行动和国家的发展》，对社区参与进行了详细阐述，足见社区参与的重要性。1997年6月，世界旅游组织、世界旅游理事会与地球理事会联合制定并颁布了《关于旅游业的21世纪议程》（以下简称《议程》）。这份《议程》可看作是旅游业发展的行动纲领和战略指南，是全球旅游业正式实施可持续发展战略的开端。《议程》所倡导的旅游业可持续发展明确提出将居民作为关怀对象，并把居民参与当作旅游发展过程中的一项重要内容和不可缺少的环节[①]。

从理论研究来看，Murphy 于 1985 年所出版的《旅游：一种社区方法》一书被认为具有划时代的意义，他认为："正是因为旅游业营销的是社区的某些资源，因此，社区应该在旅游规划和管理过程中占有领导地位。"并全面论述了社区参与的旅游规划方法，由此掀起了社区参与旅游研究的热潮。进入 90 年代，对于社区参与旅游发展的研究进一步增多，国际著名旅游学术刊物 *Annals of Tourism Research*、*Tourism Management* 都开办了专辑对社区参与旅游发展的相关问题进行讨论，使相关研究达到了新的高峰阶段。根据保继刚、文彤（2002）[②]，成竹（2004）[③]，邓冰、吴必虎（2006）[④]，孙九霞（2006）[⑤]，程怡、章意锋（2007）[⑥] 等人的研究，有关国外社区参与旅游发展研究主要集中于以下几方面。

1. 社区参与旅游发展概念探讨与参与内容研究

国外学者 Til（1984）、Murphy（1985）、Askew（1989）、Taylor（1995）、Sproule（1999）、Pam（2003）从不同侧面对社区参与旅游发展的概念作了多种界定，但目前对社区参与旅游发展的概念尚未达成一致。在参与内容研究方面，McIntosh（1986）、Tosun（2000）研究认为：公众参与主要体现在旅游地发展决策和参与收益分配两方面。

2. 社区参与旅游发展意义研究

旅游发展与社区间的相互关系，社区在旅游发展中的地位、作用曾较早引起西方学者的关注。他们（Murphy，1985；Long，1993；Gunn，1994；Timothy，1999）对社区参与旅游发展在控制旅游发展进程，提

---

① 刘纬华：《关于社区参与旅游发展的若干理论思考》，载《旅游学刊》2000 年第 1 期。

② 保继刚、文彤：《社区旅游发展研究述评》，载《桂林旅游高等专科学校学报》2002 年第 4 期。

③ 成竹：《论社区参与生态旅游的研究进展》，载《生态经济》2004 年第 10 期。

④ 邓冰、吴必虎：《国外基于社区的生态旅游研究进展》，载《旅游学刊》2006 年第 4 期。

⑤ 孙九霞：《从缺失到凸现：社区参与旅游发展研究脉络》，载《旅游学刊》2006 年第 7 期。

⑥ 陈怡、章意锋：《国外社区旅游研究进展》，载《云南地理环境研究》2007 年第 1 期。

高游客体验质量，促进社区旅游业可持续发展等方面的意义作了深入研究。但由于社区参与的有效性和可操作性不强，George（1995）、Taylor（1995）对社区方法提出了疑问。

3. 社区参与旅游发展层次研究

Mcintyre（1993）在社区参与旅游发展案例研究的基础上，指出公众参与表现为象征式参与、被动参与和伪参与，并提出目前还没有事实证明发展中国家公众参与式旅游发展突破了社区咨询和象征式参与这两种形式。Pretty（1995）根据动机、方式等特征的不同，将公众参与分为7个层次，并分别对各个层次的特点进行深入分析。由于社区环境的多变性、复杂性，学者们对社区参与旅游发展层次的分类标准尚未达成一致。

4. 利益主体理论、社区方法在旅游规划中的运用研究

Jamal（1995）、Getz（1996）认为建立在社区基础之上的规划应该在决策中充分考虑不同的利益主体；Sautter（1999）提出，为了促进旅游业和谐发展，使旅游规划得以有效实施，旅游规划师必须认真审视各利益主体之间的关系。

5. 社区参与旅游发展比较研究

Gyan（2006）以尼泊尔的安纳普娜（Annapurna）山区和中国云南西北部山区为例，对两地社区居民参与旅游发展的意义及存在的问题作了比较研究。

6. 社区参与旅游发展的限制性因素研究

Taylor（1995）、Joppe（1996）研究指出：在广大发展中国家，社区成员参与规划过程仍存在困难，社区参与旅游决策过程仍旧是一个全新的概念；Tosun（2000）较全面地分析了发展中国家实施社区参与旅游发展的若干限制因素；Rose、Donald（2001）提出社区居民参与旅游发展的程度、参与的平等权、参与的效率是影响社区参与旅游发展的三大要素，作者还对如何引导社区居民参与旅游发展作了初步探讨。

总体来看，西方国家社区参与旅游发展实践经验的积累和理论研究的成熟使得社区参与旅游发展研究逐渐成长为一个多专业参与的新兴交叉学科，随之产生的旅游人类学、旅游社会学都得到了各个专业领域的

广泛接受①。

（二）国内社区参与旅游发展研究现状述评

我国国家旅游局于1995年开展的创建“中国优秀旅游城市”活动充分体现了我国旅游目的地建设重视社区参与的思想。1998年，在评选首批“中国优秀旅游城市”时已把社区形象的树立和维护、社区服务功能及设施的完善、社区管理及服务水平的提高纳入评选指标与内容②。90年代末期，我国的社区参与旅游研究在旅游业繁荣发展的同时也逐渐开始起步，对于社区参与的重要性已普遍达成共识，但同国外的研究相比还有着明显的差距，研究时间明显晚于国外，缺乏有针对性的、系统性的理论研究，社区参与旅游发展研究几乎是在西方的基础上做出反应性的分析，来源于西方的理论分析框架和思路，真正原创性的，得源于中国现实特点的理论探讨相当欠缺。国内社区参与旅游发展研究主要集中于以下几个方面。

1. 社区参与旅游发展理论研究

20世纪90年代中期，国内学者逐渐认识到社区参与旅游发展是旅游可持续发展宏观系统中不可缺少的机制③，并提出从社区角度来思考旅游开发问题有可能为实现旅游业的可持续发展找到可行的途径④。受此思潮影响，黄芳（2002）⑤、邱云美（2004）⑥ 从理论上探讨了参与式旅游发展的社会经济意义。王瑞红（2004）⑦ 对社区参与旅游发展的形成过程及内涵进行了分析。孙九霞（2005）⑧ 在对社区参与旅游发展

① 保继刚、文彤：《社区旅游发展研究述评》，载《桂林旅游高等专科学校学报》2002年第4期。

② 郑向敏：《论旅游业发展中社区参与的三个层次》，载《华侨大学学报》2002年第4期。

③ 刘纬华：《关于社区参与旅游发展的若干理论思考》，载《旅游学刊》2000年第1期。

④ 唐铁顺：《旅游目的地的社区化及社区旅游研究》，载《地理研究》1998年第2期。

⑤ 黄芳：《传统民居旅游开发中居民参与问题思考》，载《旅游学刊》2002年第5期。

⑥ 邱云美：《社区参与是实现旅游扶贫目标的有效途径》，载《农村经济》2004年第12期。

⑦ 王瑞红：《社区参与旅游发展的形成及内涵》，载《曲靖师范学院学报》2004年第4期。

⑧ 孙九霞：《社区参与旅游发展研究的理论透视》，载《广东技术师范学院学报》2005年第5期。

概念进行界定的基础上，分析了社区参与对于解决中国实践问题和推动学科发展方面的意义，并提出进一步研究的重点内容。郑向敏(2002)[①] 根据旅游地背景差异，将社区参与旅游发展分为初级参与层次、积极参与层次和成熟参与层次；胡志毅（2002）[②] 分析了社区参与旅游发展的阶段性特征，将社区参与分为个别参与、组织参与等4个层次。杨兴柱（2006）[③] 对旅游规划中社区参与的内容进行了研究和分析。潘秋玲（2002）[④]，卞显红、沙润（2005）[⑤] 对如何构建旅游与社区一体化进行了研究。黎洁、赵西萍（2001）[⑥] 将社区参与视为一种集体选择和集体行动，运用集体选择、福利经济学等经济学前沿理论，对社区参与旅游发展的动力、社区参与如何形成最终意见、社区参与如何实现收入公平等理论问题质疑并进行了较深入的分析。张骁鸣(2007)[⑦]、孙诗靓（2007）[⑧] 对社区旅游及社区参与旅游发展的相关问题进行了深入的解读与辨析。

2. 社区参与旅游发展典型个案研究

国内社区参与旅游研究源于西方的理论框架，因此，在借鉴西方已有理论成果的基础上，结合我国具体实践进行研究，成为社区参与旅游研究的热点之一。

杨桂红（2001）[⑨] 较早从实证经济学角度出发，以中甸碧塔海旅游景区社区参与状况为例，阐述社区参与旅游业发展对环境保护的积极作用，并强调拓展多渠道社区居民参与旅游发展的途径，有助于解决社区

① 郑向敏：《论旅游业发展中社区参与的三个层次》，载《华侨大学学报》2002年第4期。

② 胡志毅：《社区参与和旅游业可持续发展》，载《人文地理》2002年第2期。

③ 杨兴柱：《旅游规划公众参与的核心内容初步研究》，载《人文地理》2006年第4期。

④ 潘秋玲：《社区参与和旅游社区一体化研究》，载《人文地理》2002年第4期。

⑤ 卞显红、沙润：《旅游与社区一体化发展研究》，载《地域研究与开发》2005年第5期。

⑥ 黎洁、赵西萍：《社区参与旅游发展理论的若干经济学质疑》，载《旅游学刊》2001年第4期。

⑦ 张骁鸣：《西方社区旅游概念：误读与反思》，载《旅游科学》2007年第1期。

⑧ 孙诗靓：《旅游社区研究的若干基本问题》，载《旅游科学》2007年第2期。

⑨ 杨桂红：《试论社区居民参与旅游业发展对环境保护的积极作用》，载《经济问题探索》2001年第11期。

利益冲突和旅游业持续发展。王洁、杨桂华（2002）[①]以碧塔海生态旅游景区为例，研究指出：在影响社区居民心理承载力的诸多因素中，居民参与旅游发展并从中获利、受益能够增加居民的心理承载力，在生态旅游资源丰富但居民生活比较贫困的地方体现得尤为明显。杨桂华（2003）[②]根据景观生态学的基本原理，将民族生态旅游接待村构建为一个景观生态系统，以云南迪庆香格里拉霞给村为例，对民族社区参与家庭接待的意义进行了实证研究，结果表明：民族生态旅游村于游客有"真品"旅游价值；于村民具有脱贫的经济价值；于村寨具有民族传统文化传承和生态环境保护的社会和生态价值。之后，保继刚、孙九霞（2003）[③]以阳朔遇龙河风景旅游区为例，从满足旅游社区自身发展和旅游规划实践的双重需要为出发点，探讨风景旅游区的社区参与过程、参与方式，并从社区参与现状出发，全面、系统地提出并分析了遇龙河景区社区参与旅游开发的10条策略。孙九霞（2006，2004）[④]分别以空间上保持距离的景区和社区的阳朔世外桃源以及景区和社区一体化的傣族园为个案，对景区和社区的关系进行了实证分析，强调指出：社区参与由于利益主体的多元性等而存在着许多难以协调的利益关系。在此基础上，孙九霞、保继刚（2006）[⑤]再次以西双版纳傣族园社区参与旅游发展为例，研究指出：除工业化、经济改革、政治体制变革以外，旅游发展也是乡村都市化的推动机制。以上述典型个案研究为基础，保继刚、孙九霞结合西方学者的案例材料，对中国和西方社区参与旅游发展

---

① 王洁、杨桂华：《影响生态旅游景区社区居民心里承载力的因素探析——以碧塔海生态旅游景区为例》，载《思想战线》2002年第5期。

② 杨桂华：《民族生态旅游接待村多维价值研究——以香格里拉霞给村为例》，载《旅游学刊》2003年第4期。

③ 保继刚、孙九霞：《旅游规划的社区参与研究——以阳朔遇龙河风景旅游区为例》，载《规划师》2003年第7期。

④ 孙九霞：《社区参与的旅游人类学研究——阳朔世外桃源案例》，载《广西民族学院学报》2006年第1期；《社区参与的旅游人类学研究——以西双版纳傣族园为例》，载《广西民族学院学报》2004年第6期。

⑤ 孙九霞、保继刚：《旅游发展与傣族园社区的乡村都市化》，载《中南民族大学学报》2006年第2期。

的不同之处进行了比较研究，并对两者形成差异的深层原因进行了挖掘[①]。在研究社区参与旅游发展的基础上，保继刚、孙九霞（2008）[②]将社区参与提升至社区增权层次，以云南香格里拉雨崩藏族社区为例，对社区参与旅游发展的方式及社区增权意义进行了初步分析；郭文（2010，2011）[③]在对云南香格里拉雨崩藏族社区参与旅游开发的轮流制模式及社区增权意义进行深入分析的基础上[④]，对云南傣族园和雨崩社区参与旅游发展的增权效能展开横向比较分析。

3. 社区参与旅游发展模式研究

所谓模式就是解决典型问题的方案，是得到很好研究的范例。社区参与旅游发展的各种模式就是描述了在不同环境中解决一系列社区发展问题的核心方案，是对现象和经验的高度总结，每一种模式都具有典型的意义，能够为解决同一类型社区问题提供参考性的建议和思路[⑤]。随着研究的深入展开，一些学者开始探究社区参与旅游模式问题，以期通过对现有成功经验模式的总结和剖析，提炼出具有规律性的发展模式，并基于经验基础对社区旅游的未来发展进行趋势预测和模式构建，旨在对社区旅游发展实践有所指导，促进中国旅游全面、持续、健康发展。

佟敏、黄清（2004）[⑥]根据中国目前生态旅游中社区参与的现状，构建了以社区参与为主体的生态旅游发展的新模式。王丽华、张宏胜（2004）[⑦]从旅游的非物质文化开发层面入手，以非民族旅游地为例，探讨社区参与型旅游产品开发的“IDPC”模式，即社区参与认同、社

---

① 保继刚、孙九霞：《社区参与旅游发展中的中西差异》，载《地理学报》2006年第4期。

② 保继刚、孙九霞：《雨崩村社区旅游：社区参与方式及其增权意义》，载《旅游论坛》2008年第1期。

③ 郭文：《乡村居民参与旅游开发的轮流制模式及社区增权效能研究——云南香格里拉雨崩社区个案》，载《旅游学刊》2010年第3期。

④ 郭文、黄震方：《乡村旅游开发背景下社区权能发展研究——基于对云南傣族园和雨崩社区两种典型案例的调查》，载《旅游学刊》2011年第12期。

⑤ 马勇：《中国乡村旅游发展路径及模式——以成都乡村旅游发展模式为例》，载《经济地理》2007年第2期。

⑥ 佟敏、黄清：《社区参与生态旅游模式研究》，载《学习与探索》2004年第6期。

⑦ 王丽华、张宏胜：《社区参与型旅游产品开发的“IDPC”模式研究》，载《财经问题研究》2004年第6期。

区参与设计、社区参与推广、社区参与培育。郑群明、钟林生(2004)① 在参与式乡村旅游与传统旅游、传统农业特征进行比较的基础上，系统地分析了参与式乡村旅游的社会经济意义，并结合国内外研究成就和作者实践，对参与式乡村旅游开发模式进行了总结。黄郁成(2004)② 根据不同利益主体在资源配置中的作用差别，将农村社区旅游开发模式分为地方政府主导型、农村集体组织主导型、外来投资者主导型、农民个体主导型四种模式，并以沿海发达地区和中部内陆省份为例，对不同模式下的运作方式，对当地经济社会发展所起的作用及其影响程度进行了比较分析。任啸（2005)③ 在对九寨沟自然保护区的社区参与管理模式介绍的基础上，分析了该模式在社区参与管理方面的创新意义，并针对九寨沟社区参与旅游管理中存在的问题提出完善建议。李德明、程久苗（2005)④ 分析了乡村旅游发展对我国农村经济发展的意义和乡村旅游与农村经济互动持续发展的基本条件，提出了促进两者互动持续发展的模式，主要有：政府主导发展驱动模式、以股份合作制为基础的收益分配模式、公司+农户的经营模式、资源环境—社区参与—经济发展—管理监控持续调控模式，并根据不同模式特点提出了持续发展的主要对策。杨兴柱（2006)⑤ 根据居民意识、民主化程度和社会发展等条件，将居民参与旅游规划与发展分为传统型、行政主导型、居民政府共同参与型和居民全过程主导参与型4种模式，并以中山市和四顶山旅游地为例，对城乡居民的基本特征和参与旅游规划与发展的差异作了比较研究。张波（2006)⑥ 在文献研究和实地考察的基础上，选取了国外（南非)，国内西部经济相对欠发达地区的贵州平坝，国内东部经

① 郑群明、钟林生：《参与式乡村旅游开发模式探讨》，载《旅游学刊》2004年第4期。

② 黄郁成：《农村社区旅游开发模式的比较研究》，载《南昌大学学报》2004年第6期。

③ 任啸：《自然保护区的社区参与管理模式探索》，载《旅游科学》2005年第3期。

④ 李德明、程久苗：《乡村旅游与农村经济互动持续发展模式与对策探析》，载《人文地理》2005年第3期。

⑤ 杨兴柱：《我国城乡旅游地居民参与旅游规划与发展研究》，载《旅游学刊》2006年第4期。

⑥ 张波：《旅游目的地“社区参与”的三种典型模式比较研究》，载《旅游学刊》2006年第7期。

济相对发达地区的厦门东海岸3个典型的社区参与模式进行了比较研究，试图从实证的角度更深入地探索和解析旅游目的地社区参与的内在本质、特点、内容或方式，进而探索和寻求旅游目的地社区参与更有效的途径和方式。余向洋（2006）[①] 在综合国内外研究的基础上，提出社区旅游系统的描述性概念，并以此为基本框架，构建徽州古村落社区参与旅游模式。孙九霞、保继刚（2006）[②] 依据云南西双版纳傣族园和广西阳朔的遇龙河、世外桃源三种社区旅游参与的现状和特点，从社区的底层视角出发，观照主要的利益相关者，建构出中国社区参与的理想模式。研究指出，适合中国旅游发展实际的社区参与基本模式为“政府主导+社区主体+企业经营+第三方力量介入+法制规范”。邹再进（2006）[③] 根据不同标准，全面总结了我国乡村旅游的主要发展模式，并针对欠发达地区的特殊国情及欠发达地区合理选择乡村旅游社区参与模式及选择模式过程中应注意的问题进行了探讨。邹统钎（2007）[④] 构建了社区主导的乡村旅游开发模式，即当地社区控制、产业链本地化、经营者共生化、决策的民主化，并分别以北京市周边的两个古村落为例，进行了实证研究。侯国林、黄震方（2007）[⑤] 分析了盐城海滨湿地生态旅游开发和社区参与的现状，对湿地社区居民参与旅游开发的态度和行为进行了调查，在此基础上构建了社区居民参与生态旅游的决策规划模式、经营管理模式、产品开发模式以及利益分配模式。雷海燕、赵振斌（2007）[⑥] 从社区参与的角度，构建古村落旅游形象设计的社区参与

① 余向洋：《中国社区旅游模式探讨——以徽州古村落社区旅游为例》，载《人文地理》2006年第5期。

② 孙九霞、保继刚：《中国社区参与旅游发展的模式构建——以云南、广西的案例分析为基础》，载《中国旅游研究》（香港）2006年第1—2期。

③ 邹再进：《欠发达地区乡村旅游发展模式探讨》，载《调研世界》2006年第12期。

④ 邹统钎：《乡村旅游社区主导开发（CBD）模式研究——以北京市通州区大营村为例》，载《北京第二外国语学院学报》（旅游版）2007年第1期；邹统钎：《社区主导的古村落遗产旅游发展模式研究——以北京市门头沟爨下古村为例》，载《北京第二外国语学院学报》（旅游版）2007年第5期。

⑤ 侯国林、黄震方：《江苏盐城海滨湿地社区参与生态旅游开发模式研究》，载《人文地理》2007年第6期。

⑥ 雷海燕、赵振斌：《古村落旅游形象设计的社区参与模式——以党家村为例》，载《北京第二外国语学院学报》（旅游版）2007年第5期。

模式，并以国家历史文化名村党家村为例，分析了该模式的具体运用。李乐京、陈志永（2007）[①] 分析了贵州天龙屯堡“政府＋公司＋旅行社＋农民旅游协会”的乡村旅游社区参与模式的结构特点以及运行的背景与机理，并对其社区参与旅游发展模式的社会经济意义进行了探讨。

4. 利益相关者理论在社区参与旅游发展中的应用研究

旅游业的综合性决定了旅游业涵盖众多的利益相关者，旅游的持续发展目标取决于利益相关者利益的协调程度和行为的协作方式。因此，研究不同利益相关者的利益要求，充分发挥各利益相关者参与旅游的积极性，合理有效地协调不同利益相关者的矛盾与冲突，实现利益相关者参与旅游目标的融合成为近年来社区参与旅游研究的热点。

宋瑞（2005）[②]、周年兴（2005）[③] 对旅游发展中各类利益相关者角色、作用进行了系统的分析和诠释。石美玉（2004）[④] 对旅游规划失灵与利益主体之间的关系进行了深入、系统的分析，郭丽华（2006）[⑤] 从利益主体理论视角出发，提出旅游规划优化模式。吴泓、周章（2006）[⑥]，李若凝（2006）[⑦]，陈勇（2005）[⑧]，罗辉（2006）[⑨] 从理论上分析了利益相关者之间的关系，提出利益协调机制；徐燕、张立明（2006）[⑩]，王莉、陆林（2006）[⑪]，吕宛青（2007）[⑫] 从典型个案出发，

---

① 李乐京、陈志永：《天龙屯堡“政府＋公司＋旅行社＋农民旅游协会”的乡村旅游发展模式研究》，载《生态经济》2007年第7期。

② 宋瑞：《我国生态旅游利益相关者分析》，载《中国人口·资源与环境》2005年第1期。

③ 周年兴：《风景名胜区规划中的相关利益主体分析——以武陵源风景名胜区为例》，载《经济地理》2005年第5期。

④ 石美玉：《旅游规划失灵与利益主体分析》，载《思想战线》2004年第2期。

⑤ 郭丽华：《基于利益相关者的旅游规划优化模式研究》，载《云南财经大学学报》2006年第5期。

⑥ 吴泓、周章：《基于利益主体理论的旅游利益主体融合探讨》，载《学海》2006年第5期。

⑦ 李若凝：《旅游资源开发的利益协调机制研究》，载《生态经济》2006年第2期。

⑧ 陈勇：《风景名胜区的利益主体分析与机制调整》，载《规划师》2005年第5期。

⑨ 罗辉：《社区参与旅游发展的利益冲突》，载《玉溪师范学院学报》2006年第11期。

⑩ 徐燕、张立明：《城郊旅游开发中的社区利益协调研究——以武汉市九峰城市森林保护区为例》，载《北京第二外国语学院学报》2006年第3期。

⑪ 王莉、陆林：《古村落旅游地利益主体关系及影响研究——世界文化遗产地西递、宏村实证分析》，载《资源开发与市场》2006年第3期。

⑫ 吕宛青：《利益相关者共同参与的民族地区家庭旅馆经营及管理模式研究》，载《思想战线》2007年第5期。

分析了利益相关者之间的相互关系及其影响，分别提出了协调利益相关者利益的策略或模式。

5. 社区参与旅游发展中存在的问题、原因与策略研究

社区参与旅游发展是旅游业可持续发展宏观系统中不可缺少的机制，从社区角度来思考旅游开发问题有可能为实现旅游业的可持续发展找到可行的途径。然而，有学者认为，“社区参与”是理论性和实验性很强的一个概念，包括中国在内的广大发展中国家因受多方面条件限制，社区成员参与规划过程仍存在困难，社区参与旅游决策过程仍旧是一个全新的概念[①]。因此，社区参与未必是增加居民收益，解决旅游目的地发展过程中各种问题的灵丹妙药，不应过分夸大社区参与的功能[②]。与此同时，国内社区参与旅游发展的进程中暴露出的诸多问题，引起了各界特别是旅游学界的密切关注。

一些学者从个案研究出发，对参与旅游发展中存在的问题进行研究。黎洁（2005）[③] 在对陕西太白山国家森林公园周边3个农村社区居民家庭参与旅游就业以及参与旅游获取旅游收入的情况进行抽样调查后指出：（1）农村社区参与旅游发展的能力差；（2）农村社区发展旅游业存在收入分配不均等情况，基尼系数值大，值得关注。刘昌雪、汪德根（2003）[④]，连玉銮（2005）[⑤] 分别对皖南古村落、四川平武白马社区影响可持续发展的限制性因素进行了归纳和总结，指出未能建立旅游发展与社区参与的良性互动机制，是阻碍社区旅游可持续发展的重要因素之一。

也有学者对社区参与旅游发展中存在的问题进行了比较研究。保继刚、孙九霞（2006）[⑥] 在对我国不同地区社区参与旅游发展现状进行典

---

① Taylor G. “The Community Approach: Does it Really Work?” [J]. *Tourism Management*, 1995 (16): 487 – 489.

② 黎洁、赵西萍：《社区参与旅游发展理论的若干经济学质疑》，载《旅游学刊》2001年第4期。

③ 黎洁：《西部生态旅游发展中农村社区就业与旅游收入分配的实证研究——以陕西太白山国家森林公园周边农村社区为例》，载《旅游学刊》2005年第3期。

④ 刘昌雪、汪德根：《皖南古村落可持续旅游发展限制性因素探析》，载《旅游学刊》2003年第6期。

⑤ 连玉銮：《白马社区旅游开发个案研究——兼论自然与文化生态脆弱区的旅游发展》，载《旅游学刊》2005年第3期。

⑥ 保继刚、孙九霞：《社区参与旅游发展中的中西差异》，载《地理学报》2006年第4期。

型个案调查的基础上，结合西方学者的案例材料，对我国和西方国家在社区参与旅游发展方面的差距和问题进行了比较研究，指出：西方的社区参与是深度参与，涉及规划、管理、经营、利益分享和文化保护各个层面；我国的社区参与只涉及经济活动领域，是浅层次参与甚至未参与。黄郁成（2004）[①] 则通过对国内沿海发达地区和中部内陆省份乡村社区参与旅游开发模式及其乡村社区旅游运作方面的差别进行深入分析后指出：（1）东部沿海已经开始考虑将旅游开发与农村社区建设结合起来，注重旅游开发区的可持续发展，旅游开发主要采用市场化运作方式；中部内陆省份的旅游开发则强化政府行为，不能充分调动乡村旅游开发各方的积极性，习惯于发挥行政作用。（2）中部社区农民并不直接与旅游投资商和政府发生关系，农村社区的集体组织成为乡村社区的代言人，常常使得集体利益演变为如张晓山先生所说的“干部经济”。（3）旅游开发中被征用土地的农民很难享受到土地增值的利益。

其他学者则从宏观上对社区参与旅游发展中存在的问题进行了系统的归纳和总结。梁明珠（2004）[②] 指出：（1）旅游开发土地补偿时农民的利益往往被忽略，或土地补偿费未按国家有关规定给予合理补偿；（2）农民被排斥在旅游开发项目之外，受益不大；（3）就业机会缺乏保障。孙九霞（2006）[③] 对乡村社区旅游中的参与状态进行了研究，指出旅游经济利益的驱动刺激了乡村社区参与旅游活动的积极性。但是，由于村民对旅游业给社区带来的消极影响缺乏认知，普遍持乐观态度，认为旅游业有利无害；且农村社区参与层次低、范围窄，社区参与过程中矛盾普遍存在。佟敏、黄清（2004）[④] 还对我国各类旅游风景名胜区、自然保护区周边社区居民参与旅游发展的现状及存在的问题进行了分析。

针对国内社区参与旅游发展中存在的问题，学者们从不同视角出发，对其原因进行挖掘和剖析。刘纬华（2000）[⑤] 对影响我国社区参与

---

① 黄郁成：《农村社区旅游开发模式的比较研究》，载《南昌大学学报》2004 年第 6 期。

② 梁明珠：《生态旅游与“三农”利益保障机制探讨》，载《旅游学刊》2004 年第 6 期。

③ 孙九霞：《守土与乡村社区旅游参与——农民在社区旅游中的参与状态及成因》，载《思想战线》2006 年第 5 期。

④ 佟敏、黄清：《社区参与生态旅游模式研究》，载《学习与探索》2004 年第 6 期。

⑤ 刘纬华：《关于社区参与旅游发展的若干理论思考》，载《旅游学刊》2000 年第 1 期。

旅游发展问题的原因进行了系统的总结，指出：（1）政治文化传统中民主意识淡薄，是影响我国社区参与旅游发展的根本原因；（2）我国相对落后的经济发展水平是限制居民参与的重要因素；（3）旅游管理部门人员观念和知识水平是影响居民参与决策过程的又一重要因素；（4）居民对社区参与缺乏足够的认识，是影响社区参与的一个不可忽视的因素。保继刚、孙九霞（2006）[①] 从民主化进程、NGO 和 NPO 等民间组织的发育程度、旅游发展阶段、土地所有制等因素对我国与西方国家在社区参与旅游发展中存在的差异进行了深入分析。黄郁成、陈超（2006）[②] 认为，乡村社区旅游资源的国有化，表现为乡村社区复杂的集体组织作为经济活动的主体之一，扮演着比乡村居民更重要的角色，从而造成社区居民主体地位缺失，参与不足。佟敏、黄清（2004）[③] 认为，景区行政隶属关系复杂，条块分割，景区组织只对上级主管单位负责，难以顾及景区周边社区及居民利益，造成景区周边社区参与不足。黎洁、赵西萍（2001）[④] 运用集体选择、福利经济学等经济学前沿理论对社区参与旅游发展存在的问题进行了深入的分析。刘静艳（2006）[⑤] 从系统论的角度出发，认为社区角色和其他利益相关者之间既是共同利益合作的关系，也是各自利益冲突的关系，因此社区参与势必会损害到其他利益主体的利益，而这也是社区在生态旅游实践中的地位远不及理论研究结果那么重要，甚至被排除在外的重要原因之一。

针对当前我国社区参与旅游发展中存在的不足，国内学者在借鉴发达国家社区参与旅游发展的理论和成功经验，以及国内参与式方法在妇女、资源、环境、卫生、小流域治理等领域中的先进经验的基础上，提出了促进国内社区有效参与旅游发展的措施、策略。杨桂红（2001）[⑥]

---

① 保继刚、孙九霞：《社区参与旅游发展中的中西差异》，载《地理学报》2006 年第 4 期。

② 黄郁成、陈超：《旅游开发与乡村社区经济》，载《江西社会科学》2006 年第 6 期。

③ 佟敏、黄清：《社区参与生态旅游模式研究》，载《学习与探索》2004 年第 6 期。

④ 黎洁、赵西萍：《社区参与旅游发展理论的若干经济学质疑》，载《旅游学刊》2001 年第 4 期。

⑤ 刘静艳：《从系统学角度透视生态旅游利益相关者结构关系》，载《旅游学刊》2006 年第 5 期。

⑥ 杨桂红：《试论社区居民参与旅游业发展对环境保护的积极作用》，载《经济问题探索》2001 年第 11 期。

提出，解决社区利益冲突和旅游业可持续发展可通过增加社区参与旅游发展的项目，不断拓展社区参与旅游业发展的途径来实现。单纬东（2004）[①] 从目前少数民族文化旅游资源保护方式和存在问题入手，指出仅以民俗博物馆、民族文化村和生态博物馆等方式来保护少数民族文化旅游资源，不能从根本上解决少数民族文化旅游资源开发中的保护问题，而应从产权合理安排方面着手，改变以往不合理的产权安排，让少数民族在文化资源开发中成为自己资源的真正主人，在旅游开发中得到最大的利益，这样才能从根本上激励他们合理保护自己的文化资源，使民族文化资源得以可持续利用。诸葛仁（2000）[②]、刘岩（2002）[③] 分别根据武夷山自然保护区、厦门东海岸区资源管理中存在的问题，提出股份合作制作为一种内在的经济激励机制，能够把社区居民的责、权、利有机结合起来，引导公众自觉参与他们赖以生存的生态资源的保护，促进旅游业的可持续发展。李东和（2004）[④] 对目的地居民参与旅游业发展的机制进行了初步构建，指出公平的产权交易机制是前提，是基础机制；平等的对话机制和有效的培训教育机制是保证，是手段机制；以目的地居民为导向的利益分配机制是最终目的，是目标机制。梁明珠（2004）[⑤] 指出，为解决利益主体间的矛盾与冲突，维持利益的均衡，地方政府应在旅游发展政策、土地补偿、培训与就业、社区参与、经营规范、收益分配等方面建立有效的“三农”利益保障机制，包括土地补偿机制、经济激励机制、就业培训机制和社区参与机制。王春蕾（2003）[⑥] 从人类学视角出发，指出应重点通过观念、法律、体制和教

---

① 单纬东：《少数民族文化旅游资源保护与产权合理安排》，载《人文地理》2004 年第 4 期。

② 诸葛仁：《武夷山自然保护区资源管理中社区参与机制的探讨》，载《农村生态环境》2000 年第 1 期。

③ 刘岩：《生态旅游资源管理中社区参与激励机制探讨——以厦门岛东海岸区生态旅游开发为例》，载《农村生态环境》2002 年第 4 期。

④ 李东和：《区域旅游业发展中目的地居民参与问题研究》，载《人文地理》2004 年第 3 期。

⑤ 梁明珠：《生态旅游与“三农”利益保障机制探讨》，载《旅游学刊》2004 年第 6 期。

⑥ 王春蕾：《从人类学视角探析区域旅游规划的社区参与》，载《规划师》2003 年第 3 期。

育 4 个方面的措施来保障社区参与旅游发展。保继刚、孙九霞（2003）[①] 从满足旅游社区自身发展和旅游规划实践的双重需要出发，以阳朔遇龙河风景旅游区为例，全面、系统地分析了遇龙河旅游区居民参与旅游发展的十条策略，为我国社区参与旅游发展的实践提供了重要的参考性建议和思路。

6. 国外社区参与旅游发展：经验、教训及借鉴

王亚欣在对台湾原住民部落观光营造理念和实践研究的基础上，结合大陆民族社区旅游发展的实际，提出保护和传播民族文化是民族社区旅游的根本，培养少数民族旅游人才是民族社区旅游发展的关键，民族社区居民应该成为旅游开发的利益主体[②]。余向洋借鉴台湾地区社区营造的经验指出：并不是所有的古村落都宜于把旅游业作为社区发展的增长点，应将社区发展与旅游发展相融合，充分发挥社区利益相关者各自的参与积极性，结合利益相关者角色，形成社区和旅游业的可持续发展[③]。周永广通过对日本节庆活动类型、规模和经济效益以及典型节庆案例进行研究后指出，必须摈弃“政府主导、企业参与”、“旅游搭台、经贸唱戏”等陈腐思路，只有通过政府主导、企业营销、民众参与，节庆活动才能真正得到市民和市场的认同，传统和文化才能得到保护和发展，城市也才能挖掘出自身的个性[④]。何艺玲介绍了泰国 Huay Hee 村社区生态旅游发展的过程和现状，指出要成功地发展社区生态旅游应该具备以下条件：初期需要外界支持；逐步建立和完善村民的相关旅游组织；成立相应的旅游基金会用于资源保护；各利益方要建立良好的合作关系，共同制订社区生态旅游产品发展计划；在社区生态旅游计划实施过程中进行监测和评估[⑤]。张建萍通过对肯尼亚生态旅游发展的经验分析，指出维系当地人民生活，强调社区参与，兼顾当地居民的利益是

① 保继刚、孙九霞：《旅游规划的社区参与研究——以阳朔遇龙河风景旅游区为例》，载《规划师》2003 年第 7 期。

② 王亚欣：《对台湾原住民部落观光营造的思考》，载《旅游学刊》2006 年第 4 期。

③ 余向洋：《古村落社区旅游的另一种思路——借鉴台湾社区营造经验》，载《黄山学院学报》2005 年第 5 期。

④ 周永广：《日本节庆活动对我国节庆开发的启示》，载《旅游学刊》2005 年第 2 期。

⑤ 何艺玲：《如何发展社区生态旅游——泰国村社区生态旅游（CBET）的经验》，载《旅游学刊》2002 年第 6 期。

生态旅游成功的关键，也是生态旅游可持续发展的基本保证[①]。张朋、王波以英国南彭布鲁克旅游发展为例，介绍了国外社区参与旅游发展的具体情况[②]。上述研究大多停留于定性研究和成功个案的归纳总结水平之上，缺乏理论的抽象，研究方法也比较简单。

（三）少数民族村寨社区参与旅游研究现状述评

我国少数民族村寨旅游开发历史不长，但也引起了相当部分学者的关注。金颖若（2002）、罗永常（2003）、江晓云（2004）对民族村寨旅游发展的现状及存在的问题、民族村寨旅游概念、民族村寨旅游可持续发展、民族村寨如何发展生态旅游等问题作了有益探讨。

21 世纪初，社区参与逐渐进入民族村寨旅游研究视野中。保继刚（2003）、孙九霞（2006，2004）从旅游人类学角度出发，分别以西双版纳傣族园、阳朔世外桃源等民族村寨为例，对民族村寨社区参与旅游发展的方式、参与意义、参与现状、存在的问题及解决对策进行了系统的阐释和分析[③]；罗永常（2005）[④]，刘旺、吴雪（2008）[⑤] 分别以贵州雷山县郎德村、四川丹巴县甲居藏寨为例，从社区参与旅游发展的基本理论出发，在实地调查的基础上，分析了社区参与旅游发展中存在的问题及原因，提出了促进社区参与旅游的途径和建议；以此为基础，罗永常（2006）[⑥] 对民族村寨社区参与旅游发展的利益保障机制作了系统研

---

① 张建萍：《生态旅游与当地居民利益——肯尼亚生态旅游成功经验分析》，载《旅游学刊》2003 年第 1 期。

② 张朋、王波：《国外社区参与旅游发展对我国的启示——以英国南彭布鲁克为例》，载《福建地理》2003 年第 4 期。

③ 保继刚：《旅游规划的社区参与研究——以阳朔遇龙河风景旅游区为例》，载《规划师》2003 年第 7 期；孙九霞：《社区参与的旅游人类学研究——阳朔世外桃源案例》，载《广西民族学院学报》2006 年第 1 期；孙九霞：《社区参与的旅游人类学研究——以西双版纳傣族园为例》，载《广西民族学院学报》2004 年第 6 期。

④ 罗永常：《乡村旅游社区参与研究——以黔东南苗族侗族自治州雷山县郎德村为例》，载《贵州师范大学学报》2005 年第 4 期。

⑤ 刘旺、吴雪：《少数民族地区社区旅游参与的微观机制研究——以丹巴县甲居藏寨为例》，载《四川师范大学学报》（社会科学版）2008 年第 2 期。

⑥ 罗永常：《民族村寨社区参与旅游开发的利益保障机制》，载《旅游学刊》2006 年第 10 期。

究。吴忠军（2005）[①]对民族村寨社区利益分配与居民有效参与作了探讨；单纬东（2004）[②]从产权视角出发，提出要促进民族村寨社区有效参与旅游发展，必须首先对民族村寨资源产权做出合理界定；艾菊红（2007）[③]从“旅游场域”理论出发，以云南三个傣族文化生态旅游村为例，根据“场域”中的三种“资本”（社会资本、经济资本、文化资本）在民族村寨中所发挥作用的不同，将社区参与分为公司+农户型模式、政府主导型模式及学者主导型模式，并分别对三种社区参与模式下各利益相关者的经济受益以及文化的保护、再创造和利用情况进行了比较分析。陈飙、钟洁、杨桂华（2007）[④]在总结国内外社区参与旅游发展研究已有成果的基础上，对云南香格里拉藏族社区参与旅游发展过程中的限制性因素作了系统分析。李天翼从人类学角度出发，从苗族与社区历史、“安全第一”的农民道义生存伦理以及苗族传统文化等因素对贵州上郎德村以“工分制”为基础，以集体分配为形式的社区参与旅游发展模式的形成原因作了深入分析。以上成果为本项目的展开提供了思路和范例，是本项目研究的基础。

（四）少数民族村寨社区参与旅游发展研究展望

1. 对典型模式的剖析仍旧值得关注

已有有关社区参与旅游发展的模式，其发展规律可以发现和参照，但路径其实并不可复制。少数民族村寨社区参与旅游发展模式的研究并没有到此终止，它是一个在时间轴线上不断发展的研究课题，随着旅游需求的变化和提升，国内乡村环境的改变，国家法律、政策的调整，以及不同区域旅游发展实际中的特殊性，还有很大的研究价值。对已有文献进行深入研究后不难发现，多数学者对社区参与旅游发展模式的研究仅停留于简单的论述、介绍阶段，对各类模式的起源、运行机制、形成

① 吴忠军：《民族社区旅游利益分配的居民参与有效性探讨——以桂林龙胜龙脊梯田景区平安寨为例》，载《广西经济管理干部学院学报》2005年第3期。

② 单纬东：《少数民族文化旅游资源保护与产权合理安排》，载《人文地理》2004年第4期。

③ 艾菊红：《文化生态旅游的社区参与和传统文化保护与发展——云南三个傣族文化生态旅游村的比较研究》，载《民族研究》2007年第1期。

④ 陈飙、钟洁、杨桂华：《云南香格里拉藏族社区参与旅游发展过程的限制性因素研究》，载《西南民族大学学报》2007年第8期。

原因、模式所蕴含的社会经济意义等问题并没有作出深入、系统的分析，缺乏对已有模式持续的追踪研究和对成功个案模式进行系统化的归纳和提炼。

2. 对典型案例的研究亟待深入推进

国外研究重视典型案例的分析与比较，国内也出现较多的案例研究，但由于多数研究者对样本地关注周期较短、田野工作不够扎实，急功近利，导致研究质量欠佳，缺乏深化典型个案研究的学术价值，难以推进案例研究进入到生成理论总结及现实引导的普遍意义阶段。案例研究质量的不足，说明对社区参与旅游发展现状、存在的问题等基本事实了解不够深入，而在此基础上形成的不少所谓“宏观思考”、“设想”、“策略”都将因为事实根据不足而成了凭空悬猜，直接影响研究结论的可信度和科学性。因此，继续加强对少数民族村寨社区参与旅游发展的典型案例深入研究与剖析，将是本课题研究的另一出发点。

3. 对社区参与旅游发展的微观主体关注不够

少数民族村寨社区参与旅游发展研究中，社区居民作为旅游发展的核心利益主体，参与旅游发展的价值和意义如何；旅游发展背景下，农民组织化的动力、特征、价值和意义如何；少数民族村寨女性参与旅游发展中的地位和角色如何，被动参与或主动适应；面对外来利益主体的介入，社区居民如何应对，如何更好地处理好利益相关者之间的关系；面对少数民族村寨社区参与旅游发展中的低端同质化经营的困境，如何突破；等等，都值得进一步地关注。

4. 研究方法单一

已有研究成果大多与人类学、社会学结合比较紧密，而与经济学、管理学、统计学、地理学等学科的结合比较少，降低了研究成果解决实际问题的能力以及社会影响力。因此，将其他学科的方法、理论与视角引入少数民族村寨社区参与旅游发展研究中，进行跨学科研究，并使研究走向定量化、系统化，应该是今后少数民族村寨社区参与旅游发展研究的趋势，也是本课题研究的重点。

三　研究目的及意义

该项目研究显示的理论意义及实践意义如下所示：

（一）理论意义

社区参与和社区参与旅游发展理论源自西方文明，解决的是西方社会内部的矛盾、冲突及其导致的问题，不能简单地视为解决中国民族旅游问题的现成答案。只有结合我国各地旅游发展的实践，加强社区参与旅游发展理论本土化研究，才能使“拿来”具有生命力和有效性，以补充、完善社区参与旅游发展理论体系，推动国内民族旅游研究向纵深化方向发展。

通过引入社区参与旅游发展的相关理论于民族村寨旅游研究中，为我们探索形成少数民族村寨旅游业可持续发展的途径、有效模式及其传统文化保护与传承提供了一个全新的视角和理论突破点。

通过本课题的研究，理论上将拓展旅游学的学科内容和研究视野，丰富和发展中国人类学、社会学的理论，推进我国人类学、社会学的本土化、应用性发展；为国际理论界提供中国的经验研究及理论解释，并提供案例支持，以拓展中国学者应有的国际空间。

（二）实践意义

针对国内目前少数民族村寨旅游发展中的问题与困境，将社区参与与可持续发展两个议题结合起来，理解和探究少数民族村寨旅游可持续发展的内在逻辑，有利于更好地探寻旅游业可持续发展的有效途径，推进区域旅游业可持续发展，能够为民族贫困地区旅游管理部门制定旅游业可持续发展战略或为制定公平、和谐的政策措施提供决策依据，为民族村寨旅游地社区居民如何从旅游发展中获得利益提供指导，为民族村寨旅游地提供可借鉴的社区旅游发展的有效模式和社区参与的有效路径。为解决民族地区的“三农问题”，保护民族地区原生态文化作有益探索，促进民族村寨旅游业可持续发展和民族村寨社区全面发展。

第二节　研究对象及内容

一　研究对象

研究对象的选取主要基于以下考虑：一是调查的可进入性；二是社区参与旅游发展事象的集中性和典型性，通过典型样本的选择进而展开研究在一定程度上能反映社区参与旅游发展的运行特征和趋势，为国内其他民族村寨社区参与旅游发展提供经验借鉴和理论指导。有鉴于此，本项目重点选取了以下四个典型样本地展开研究。

（一）贵州郎德苗寨

1. 郎德苗寨旅游资源特色及旅游发展历程

贵州省黔东南州雷山县郎德镇上郎德村是我国著名的民族村寨之一，位于贵州雷山县西北部，西距省会贵阳 260 千米，北距州府凯里 27 千米，南距雷山县城 13 千米。全寨共 134 户 540 人，全系苗族。该村优美的自然生态环境、浓郁的民族文化风情以及悠久的历史文化为其赢得了数项荣誉和桂冠，是贵州省“巴拉河乡村旅游示范项目区”重点建设的民族旅游村寨之一。郎德苗寨旅游资源的内容主要有：

（1）优美的乡村自然生态环境

郎德上寨依山傍水，背南面北，四面群山环抱，茂林修竹衬托着古色古香的吊脚楼，蜿蜒的山路掩映在绿林青蔓中，悦耳动听的苗族飞歌不时在旷野山间回荡。寨前一条弯弯的河流宛如蛇龙悠然长卧，南面有松杉繁茂的“护寨山”，北面有杨大六桥——“风雨桥”横跨于河面上。

（2）独特的建筑文化

郎德苗寨寨内吊脚楼鳞次栉比，吊脚楼上装有“美人靠”供来客休息。“美人靠”平时又是姑娘们刺绣的好地方，具有独特的苗寨风格。寨中的小路全以鹅卵石铺设，整整齐齐、干干净净。寨子中央有一个大芦笙场，地面是用鹅卵石以仿古代铜鼓面十二道太阳光芒和飞奔的骏马。

（3）历史文化

过杨大六桥可攀登养牛坡，还可观赏杨大六当年反清抗暴时筑起的碉堡和战壕。村寨南上方设有“杨大六文物博物馆”。馆内陈列着当年杨大六领导反清抗暴时的头盔和刀、叉、铁炮等战斗武器。

（4）民俗文化

进郎德上寨，首先要饮十二道拦路酒，然后才沿着石板小路走进寨子中央的芦笙场。在郎德将会欣赏到敬酒歌、苗族飞歌、芦笙舞、铜鼓舞、板凳舞、集体舞等丰富多彩的苗族民间歌舞。

1982年，贵州省文化厅发出《关于调查民族村寨的通知》，经过调查与比较，郎德上寨于1986年被列为“民族村寨重点保护对象”，并得到省文化厅的资助。在老支书陈正涛带领下，郎德村民开始整治寨容寨貌，修建新铜鼓坪。为接待到访的外来客人，烘托接待的热闹气氛，陈正涛利用苗族热情好客的习惯，发动全体村民参与接待组织歌舞表演和十二道拦路酒仪式。

1987年，郎德以民族村寨博物馆的名义接待游客。然而，旅游业发展初期遭遇了多重困难，举步维艰。首先，由于当地村民对旅游业的了解程度不够，参与人数较少，加之旅游发展初期旅游人次较少，村民并未从旅游发展中尝到甜头，参与的主动性不强，常常需要村委会的多次动员，村民才会放下手中的农活，参与旅游接待。

作为贵州省第一批以少数民族村寨进行旅游扶贫试点的八个村寨之一，郎德苗寨之后又得到各部门陆续的资金支持，重建了杨大六故居，修建了民俗陈列室、风雨桥、旅游办公楼和接待楼，改善了进村公路（20世纪70年代通路，2003年路面硬化）。

2003年，贵州省将“巴拉河乡村旅游国际示范项目”列为全省九个示范项目之一，并且获得了新西兰政府提供的旅游援助。项目区以凯里市三棵树镇的怀恩堡村为起点，沿巴拉河向南逆流而上20千米，直至雷山县境内，包括沿河两岸的南花、郎德、季刀、怀恩堡、猫猫河、南猛、脚猛7个村寨，这一区位被定位为“世界苗族文化遗产保留地”。在项目的资助和推动下，从上郎德至下郎德沿望丰河畔修建了生态步道，重要景观设置了相应的标牌。贵州省相关部门及雷山县政府也投入大量资金用于苗族文物的收集整理、民居改造（包括“厨改”、“水改”、“厕改”、“电改”），安装消防设施。为提高村民素质和接待水平，雷山县团委、县旅游局等部门还组织有关人员上门免费对村民进行歌舞、烹饪、导游等内容的培训。这样，郎德苗寨发展旅游的硬件和软件都上了一个台阶。2006年被世界旅游组织评选为“世界级乡村旅游村寨”，其乡村旅游示范项目被世界旅游组织作为成功案例向世界各国推广；2008年6月上郎德作为北京奥运会圣火传递贵州黔东南站起点站，是全国唯一传递奥运会圣火的村寨。上述自然景观与历史文化配上村寨获得的各项荣誉，强烈吸引着中外游客前来观光、考察。

2. 郎德苗寨旅游发展的典型性及研究价值

郎德苗寨是我国较早进行旅游开发的民族村寨之一，自 1987 年旅游启动以来，村民始终作为旅游发展的主导力量，成为旅游发展管理与决策、旅游经营与接待以及社区文化资源、环境保护主体，并将“所有人为村寨的建设和保护出过力，应该家家受益”的核心原则延续至今。其社区主导、全民参与、以“工分制”为管理和分配制度，被称为郎德模式，是我国民族村寨旅游的典范①。在国内外学者积极倡导社区参与旅游发展，赋予村民权利的呼声中，郎德人 20 多年以来一直在实践这种理念并取得了丰厚的物质、制度和精神成果，这为我们研究少数民族村寨社区参与旅游发展提供了一个理想的“试验场”。自 2008 年以来，笔者先后 7 次前往郎德苗寨对当地的旅游业发展历史变迁及其以“工分制”为主要特征的社区主导旅游发展模式展开研究。随着研究的深入，感觉郎德苗寨在目前社区旅游发展方面颇具典型性和研究意义。在中国目前少数民族村寨旅游发展中，像郎德这样的少数民族贫困村寨，如何依靠社区力量主导旅游业的可持续发展？旅游业可持续发展的过程和路径是什么？有何典型性和借鉴意义？带着上述疑问，以郎德苗寨为样本地，对少数民族村寨社区参与旅游发展的相关问题展开研究，其显示的理论意义与实践意义如下所示。

从实践价值来看，以郎德苗寨为典型样本地，探寻社区参与旅游发展的模式和路径，可为我国与郎德苗寨有着相似背景的民族村镇旅游地提供社区参与旅游发展的有效模式与可行路径选择。

从理论层面来讲，无论是从最初的社区参与，到之后的“增权理论”，还是从最初在社会工作、社会学等少数研究领域的运用，至今已扩展应用到社会科学的许多分支学科，都充分证明了上述理论的解释力和运用价值。但是，我们必须认识到，已有社区参与和增权等理论毕竟是在西方的政治制度、经济制度和社会文化背景下发展起来的，首先解

① 李会娥、徐圻：《民族旅游的典范——贵州雷山郎德上寨研究述评》，载《凯里学院学报》2011 年第 2 期。

决的是西方文明以及西方社会内部的种种矛盾、冲突及其导致的问题，不能简单地视为解决中国旅游问题的现成答案[①]，需要立足于中国特殊的国情及不同旅游地特征对社区参与旅游发展理论加以“解释、补充、修改”，才能有效探究我国社区居民参与旅游发展的有效路径和模式，推动旅游研究的本土化、应用性发展。同时，加强对郎德苗寨这一典型案例地的深入研究，还具有深化这一案例研究的学术价值。

（二）贵州西江苗寨

1. 西江苗寨旅游资源特征及旅游发展历程

西江苗寨是贵州省黔东南苗族侗族自治州雷山县的一个苗族村寨，距今已有近2000年的历史。距雷山县城36千米，距州府凯里35千米。现有1285户5120人，其中苗寨人口占99.5%，故有“千户苗寨”之称。是中国仅有、世界无双的千户苗寨，气势宏大，素有“苗都”之称。寨内分为平寨、东引、南贵、羊排4个自然村寨。整个西江苗寨依山傍水而建，吊脚楼层层叠叠，是中国苗族干栏民居文化的典型代表（见图1.1、1.2）。西江苗寨旅游资源内容主要有：

（1）自然生态环境

西江千户苗寨属亚热带湿润山地季风气候，年降水量约1300～1500mm，年平均气温14～16℃，冬无严寒，夏无酷暑。当北京、上海、广州、重庆、长沙等城市炎热难耐之时，这里却清凉宜人，是消夏避暑的好去处。西江千户苗寨所在地形为典型河流谷地，清澈见底的白水河穿寨而过，苗寨的主体位于河流东北侧的河谷坡地上。千百年来，勤劳勇敢的西江苗族同胞在这里日出而耕、日落而息，在苗寨上游地区开辟出了大片的梯田，形成了浓郁的农耕文化与优美的田园风光。这里的苗族居民根据自己的信仰和习俗，在每个村寨的坡头都种植了成片的枫树林作为护寨树，这成为当地重要的自然景观之一。

（2）建筑文化

西江苗族吊脚楼源于上古居民的南方干栏式建筑，是中华上古居民建筑的活化石。这种建筑已有数千年的历史，距今7000年的浙江余姚

---

① 左冰、保继刚：《从“社区参与”走向“社区增权”——西方“旅游增权”理论研究述评》，载《旅游学刊》2008年第4期。

图 1.1　西江苗寨全景（图片由雷山县旅游局提供）

图 1.2　西江苗寨夜景（图片由雷山县旅游局提供）

河姆渡遗址的干栏式建筑已达到了较高的水平。苗族最早的文明发源于长江中下游一带，西江苗族就是传承了这种古老的建筑风格。2005 年，西江千户苗寨吊脚楼被列入首批国家级非物质文化遗产名录。

由于受耕地资源的限制，生活在这里的苗族居民充分利用这里的地形特点，将吊脚楼建在斜坡上，将农业生产条件较好的平地用于耕作，反映了苗族居民珍惜土地、节约用地的民族心理，在我国当前人多地少的形势下具有积极的教育意义。从村寨聚落结构看，上千栋吊脚楼随着地形的起伏变化，层峦叠嶂，鳞次栉比，蔚为壮观。吊脚楼结构严谨，建筑工匠巧妙运用力学原理，通过长方形、三角形、菱形等多重结构的组合，使柱柱相连，枋枋相接，构成了三维空间的网络体系。这种建筑看似上实下虚，但牢实坚固，非常实用，在建筑学方面具有较高的价值。从整体效果看，一栋栋的吊脚楼沿山坡依次递上，上千栋吊脚楼相连成片，形成一个整体的环形，形成了单个吊脚楼所不具备的视觉效果。吊脚楼群与周围的青山绿水和田园风光融为一体，和谐统一，相得益彰，使得西江吊脚楼具有很高的美学价值。西江苗族在建房时，对发墨、中柱、正梁有一套讲究和禁忌，特别是上梁的祝词和立房歌，具有浓厚的苗族宗教文化色彩。因此，西江苗族的吊脚楼不但具有较高的美学和建筑学价值，而且还是苗族传统文化重要的承载者。

（3）历史文化

西江苗寨是一个保存苗族“原始生态”文化完整的地方，是苗族第三次大迁徙的主要集结地，是领略和认识中国苗族漫长历史与发展的首选之地。

（4）民俗文化

作为全世界最大的苗寨，西江千户苗寨拥有深厚的苗族文化底蕴，这里的苗族建筑、服饰、银饰、语言、饮食、传统习俗不但典型，而且保存较好。西江苗族过去穿长袍，包头巾头帕，颜色都是黑色的，故称“黑苗”，也称“长裙苗”。西江苗族的语言属于汉藏语系苗瑶语族苗语语支中部方言的北部次方言，这里现使用的文字是通用的汉语言文字，尽管汉语言是西江苗族与外界交流的必备语言工具，但苗族之间的语言交流仍然使用传统的苗语。西江牯藏节、苗年，闻名四海，成为观赏和研究苗族传统文化的大看台。

迷人的自然生态和古朴灿烂的苗族文化，构成了西江的人文景观与亮丽的风景线。

早在20世纪90年代，西江千户苗寨居民就开始自发搞旅游，但游人较少，直到2000年，游人也不过2000余人，2003年，游人首次突破万人大关，之后游人虽有所增长，但增幅缓慢。自2007年以来，雷山县政府在深化县情认识、找准比较优势的基础上，以贵州省第三届旅游产业发展大会为契机，将西江苗寨作为重点发展对象，在旅游规划、基础设施建设、资源开发、市场宣传、人员培训等方面积极介入。在当地政府主导下，西江苗寨旅游基础设施环境得以优化，产品内容不断丰富，知名度和影响力得到前所未有的提升和扩张，游客人次呈现“井喷式”增长，旅游市场结构出现了重构，成为贵州乃至全国民族村寨旅游开发和旅游扶贫的典型代表。突出表现为：旅游基础设施建设得以大幅度提升；知名度及影响力得到了前所未有的提升和扩张，旅游人次呈现“井喷式”增长（见图1.3）；传统文化得以重新挖掘、开发和利用；社区居民参与旅游、保护当地传统文化和自然环境的积极性明显提高；等等。

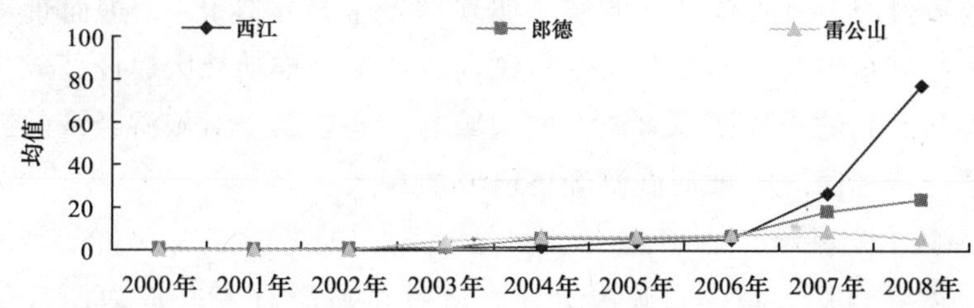

图1.3　西江苗寨2000—2008年旅游人次增长图（单位：万人次）

2. 西江苗寨旅游发展的典型性与研究价值

选择西江苗寨作为样本地进行少数民族村寨社区参与旅游发展研究具有重要的现实意义和理论价值。

（1）现实意义

西江千户苗寨是贵州东线旅游的重要节点和我国民族村寨旅游开发的典型代表，具有重要的旅游产业价值和较强的示范意义。尤其是地方政府在旅游开发中的主导作用，构成了其特有的运行模式和治理结构。在西部民族贫困地区政府主导社会经济发展的背景下，对西江千户苗寨政府主导下社区参与旅游发展的运行模式、发展状况与存在的问题进行深入、系统的剖析，对少数民族村寨旅游发展的未来趋势进行预测并构建理想的发展模式极具现实意义。能够为解决同一类型的旅游开发问题提供参考性的建议和思路，它的许多积极的、建设性的经营特色和管理模式无疑可以为那些特征相似、方向类似的民族贫困地区社区参与旅游开发提供经验借鉴和理论指导。

(2) 理论意义

选择西江苗寨作为样本展开相关问题的研究，其显示的理论意义不仅在于社区参与方面，还可抽出一些有价值的命题，或提出一些具有更深理论意义的研究题目，为经济学、政治学、历史学、社会学、民族学与人类学、地理学等提供一个非常广阔的研究空间和一些有启发性的思路以及有价值的研究方向。

a. 经济学领域

西江苗寨作为西部民族贫困地区旅游开发和扶贫的典型代表，如何进一步加快旅游发展与产业转型升级，提升旅游产业要素，拓展旅游扶贫的乘数效应，延长旅游产业链，实现“产业链本地化”，进而带动整个村寨经济水平均衡发展和实现村民利益共享，推动社区建设，成为亟待解决和研究的重要课题。该方向领域的开展有助于对旅游经济的影响效应进行合理回应，推动旅游经济研究的深入。

b. 政治学领域

2008 年以后，雷山县政府全面介入社区旅游开发并成为西江苗寨旅游开发中的核心力量导向。地方政府在西江苗寨投资建设的商业街片区，以及西江旅游业蓬勃发展的势头不断吸引着外来资本进入该地。外来权力与资本的介入打破了西江苗寨原有的社区治理结构，社区治理结构在旅游开发背景下实现了演进和重构。加强对西江苗寨旅游影响下社区治理结构的演进和横向对比研究，有助于拓展旅游影响的边界，增强学科的交叉与渗透，推动乡村治理研究的深入。

c. 历史学

20 世纪 90 年代兴起的区域经济社会史研究对于西江苗寨研究具有重要的启发性意义，而且在方法论和实证研究资料方面也有重要价值。从方法论的角度，对西江苗寨的社会经济发展史的描述，强调对社区生活与实践的把握，强调地方性知识，可为乡村治理、经济社会文化变迁的后期研究提供大量可供参考和借鉴的学术研究成果。

d. 社会学

从发展社会学的视角看，西江苗寨现处于一个特殊的社会变迁与转型时期：多种产业并行而引发的经济结构的多元化；利益主体的多元化导致价值取向与发展目标错综复杂地纠葛在一起；外来文化与原生态文化交融、渗透与变迁；熟人社会向半熟人社会以及陌生人社会过渡转型；妇女的角色地位、价值取向与家庭结构的裂变；传统社会组织的适应与重构；等等。上述社会要素的转型与多元叠加为民族村（寨）镇旅游地社会发展与变迁研究提供了丰富的研究素材和典型个案。

e. 地理学

西江苗寨较大的空间范围及居民长期以来依山而居形成的垂直型村寨聚落结构，难免造成旅游发展空间上的不均衡性和社区参与的空间差异，这为研究社区参与旅游发展以及旅游影响的空间分异问题提供了一个非常理想的样本地。不仅如此，旅游蓬勃发展后，村寨已不再是单纯从事农业生产的传统聚落，地方政府、外来资本的介入以及村民住房的移动与外迁正使村寨结构向着多元化方向发展。对村落聚落结构和村民居住空间及其影响因子进行探析，可揭示旅游影响下人类活动与景观形成的演化机制，是研究景观格局与人类生产、生活变迁过程相互关系的重要路径。

（三）贵州天龙屯堡①

1. 天龙屯堡旅游资源特色

天龙村位于贵州省安顺市平坝县南大门，东距贵阳市 60 千米，西距著名的黄果树国家风景名胜区 70 千米，面积 3.5 千米^2，辖 21 个村民组，1215 户 4320 人。村寨区位条件优越，交通便捷，与贵州西线黄金旅游线路上的 4 个国家级风景区黄果树、龙宫、红枫湖、织金洞相邻，属贵州西线黄金旅游线路的必经之地；贵黄（贵阳至黄果树）高

① 天龙屯堡虽是汉人聚居的区域，但其文化的典型性及社区旅游开发的典型模式仍不失为本项目所选样本地之一：(1) 黔中屯堡社区人文地理构造与屯堡社区的整体性使屯堡族群一方面认同性极高，内聚力极强，另一方面相对封闭性和固守性特征突出，总体上呈现出系统稳定性在人文地理结构基础上的突出特点。自 20 世纪初以来，屯堡文化一直成为历史学家、社会学家、人类学家和旅游者的新宠，在历史、艺术、美学、人类学、社会学等方面都具有重要的科学研究价值。(2) 天龙屯堡公司主导型的社区旅游开发模式为西部民族贫困地区旅游资源富集区的典型代表，其社区参与旅游发展的运行模式及经验同样可以为类似的少数民族村寨社区旅游发展提供经验借鉴和理论指导。

速公路、滇黔公路、贵昆铁路和清黄（清镇至黄果树）高速公路均从寨边穿过，素有“滇之喉、黔之腹”之说法。天龙屯堡文化旅游区由天龙村和天台山伍龙寺组成，是黔中安顺屯堡文化旅游圈的重要组成部分，也是屯堡文化村落的典型代表。屯堡文化主要由600年前朱元璋“调北征南”、“屯田戍边”保留的屯堡村寨、屯堡人构成，“明代古风、江淮余韵”是“屯堡文化”演绎的高度概括。屯堡文化旅游资源的内容具体体现为：

（1）建筑文化：屯堡建筑是在黔中山地条件，特别是喀斯特自然环境下屯堡族群注意山和水、石与木的关系，并根据族群生存的防御和自保需要，凸现出江南韵味与贵州山地相结合，军事城堡与喀斯特地形相结合的村寨民居建筑样式。屯堡村落每家每户都有严实的大门和高耸的围墙，房屋结构靠木架承重，石墙围护连窗户都似枪眼、箭孔，当地人称猫儿窗，外窄内宽，极具战争环境的特色，是历史留下的战争建筑文化。屯堡建筑除了留有战争痕迹，充分利用石头以外，在选址、布局、工艺和装饰等方面也都有自己的特色。屯堡民居不像贵州山区其他少数民族那样呈分散状态，而是较为集中地聚集在一起，且规模较大，内部有一条主要街道把所有农户连接起来，连片的民居宅院大都朝一个方向，好似军人排列的队形。

（2）服饰文化：屯堡人的服饰汇集了大江南北以及高原服饰的特色，有别于当地其他汉族和任何一个少数民族服饰，具有独特的屯堡风格，尤其是妇女的服饰最为突出。屯堡妇女穿蓝色或青色长至脚踝的宽衣大襟长袍，腰系布或棉丝质地长腰带，结节垂于臀后，并随身份、环境不同有所区别，脚穿尖头平底绿花布软靴，色调随年龄而有所差异，小腿套绑腿，在衣襟、袖口处饰花边。已婚妇女修面挽发髻，头戴马尾编织的发网，插以银质或玉石发簪，未婚姑娘长发独辫置于脑后。屯堡妇女至今大多保持屯堡人传统服饰，并在“天足”传统上自创屯堡特色。

（3）饮食文化：屯堡人的饮食习俗将外来饮食习惯进行了自然环境与少数民族双重影响下的改造。除透露出耐贮藏、便携带的军旅色彩外，也反映了传统汉民族饮食文化的风格和讲究礼仪规制的内涵。

（4）语言文化：屯堡语言是外来语与地方口音、方言交融流变共同作用下形成的特殊的堡子音和屯堡方言。同时渗入说唱形式和受多种民间通俗礼仪读物的影响，由此形成丰富的说唱书、地戏文本、元旨话、歇后语、歌谣、童谣、民谚等语言大观。

(5) 民俗文化：民俗生活文化的丰富和完整是屯堡文化的又一重大标识。民俗活动中呈现有代表性的文化活动，如地戏、花灯、佛事、山歌等，这些活动与频繁的节日庆典相结合，构建了屯堡社区一年节庆不断、活动不绝的文化氛围。其中最为典型的是地戏。地戏是屯堡人最普及、最具代表性的表演艺术，被艺术界认为是戏剧史上的活化石，它古朴、粗犷，在历史演义的表演中表达一定的思想，歌颂英雄人物，寓演武和娱乐于艺术活动中。安顺龙宫镇蔡官屯的地戏队曾代表我国民间艺术团赴巴黎、马德里参加国际艺术节和访问演出。地戏面具及面具工艺也已进入国际市场，并享有一定的声誉。

(6) 宗教文化：以道观庙宇物质平台和参神拜佛的精神活动为标识的宗教符号，使儒道释巫同尊的实用宗教观与精神崇拜得到物化形态的依托，并形成屯堡社区宗教生活的基本内容。建于明代，以释、儒、道三教共居的古老寺庙——“国家级重点文物保护单位”天台山伍龙寺也建于此，距离天龙村 1.7 千米。它雄峙于一石独兀的天台山巅，纯石垒砌，绝无寸土，依山就势，被专家们誉为“山地石头建筑的绝唱”。

独特的屯堡文化与乡村自然美景，加上神奇的天台山伍龙寺以及便捷的交通优势，为天龙屯堡乡村旅游开发提供了前提和保障。

2. 天龙屯堡社区旅游发展历程

(1) 起步阶段（2001 年 9 月—2004 年 12 月）

1997 年，原平坝县供销社职工、天龙人陈云目睹了当时全国蓬勃发展的乡村旅游势头，凭着在外工作多年的经验，陈云立刻意识到屯堡文化的旅游价值及其隐含的旅游商机。在天龙镇政府的支持下，陈云利用自己多年的积蓄，成立了“屯堡文化民间资料收集整理办公室”和“旅游开发筹建组”，着手对天龙村乡村旅游开发潜力进行摸底调研，并最终形成旅游开发可行性研究报告和商业计划书。2001 年 5 月，由陈云、平坝县建设银行职工郑汝成及贵阳风情旅行社负责人吴比等共同投资 100 万元组建了旅游公司。2001 年 9 月 25 日，旅游公司以 600 年前朱元璋“调北征南“、“屯田戍边”保留大明遗风的天龙屯堡和天台山为依托，举行“贵州天龙屯堡文化旅游区”首游式，天龙屯堡乡村旅游正式启动。

天龙屯堡社区旅游开发伊始，旅游公司作为旅游资源开发与经营管理的主体，凭借其资本优势，多次投入资金对街道进行绿化，治理河道污水，恢复屯堡古建筑和石桥。在公司努力下，天龙屯堡社区旅游环境得以改善和优化，江南韵味的小桥流水人家等乡村景观得以重现。此外，公司通过建立驿茶站和屯堡文化陈列馆，组建地戏队和由屯堡妇女组成的迎接游客的农民旅游协会，使以屯堡文化为特色的旅游产品从无到有，为社区旅游的成功启动奠定了基础。对公司而言，市场开拓能力直接决定了其生存状况，回收成本与创造利润的动机使其市场性更为明确。因此，旅游公司介入后，在外部，通过业内人才的高薪聘请①、区域旅游市场合作②及主办旅游节庆活动③等方式，使天龙屯堡社区旅游得以成功启动。在内部，天龙镇政府、天龙村村支两委在资源转让、协调公司与村民间关系等方面给予了公司众多支持；社区居民希望借助乡村旅游开发脱贫致富，加之旅游公司在解决当地村民就业、培训等方面积极履行社会责任，让村民对其充满期待，并对其组织的各项活动积极参与。这样，江南韵味的乡村景观和以屯堡文化为特色的社区旅游产品，在各类富有成效的宣传和各利益相关者的支持下，使天龙屯堡社区旅游迅速入轨，并随即步入快车道。天龙旅游业于 2001 年 9 月启动，当年的旅游人数仅为 1.43 万人次，2002 年为 11.9 万人次，2003 年虽受“非典”影响，游客量仍达 11.75 万人次，2004 年非典结束后，游客人次翻倍增长，达 23 万人次。2004 年 3 月，天龙屯堡被遴选为世界

---

① 旅游公司经理曾为贵阳市某旅行社高层管理人员。

② 2002 年，旅游公司果断加入到由黄果树、红枫湖、龙宫和马岭河峡谷 4 个国家级风景区和西南航空贵州分公司组成的贵州新旅游联盟。这样，天龙屯堡文化旅游区（含天台山）与联盟内的其他 4 个国家级风景名胜区形成鲜明的产品互补关系，力量整合后的产品建设和市场营销力度大大增强，天龙屯堡文化旅游区发展步入快车道，在贵州西线旅游中的地位逐渐凸显。

③ 2002 年 1 月，由贵州省旅游局、安顺市人民政府联合组织举办的“中国民间艺术游·贵州首游式”在平坝县天龙屯堡举行，吸引了海内外众多旅行商和媒体记者，百余家中外新闻媒体报道，众多旅行社组团前往，大大提升了屯堡乡村旅游知名度。

乡村旅游论坛分会场，“天龙模式”得到世界旅游组织秘书长及国家旅游局资深专家的高度评价，他们称“天龙模式”算得上全国乡村旅游产业公司化运作的范本。2004 年 11 月，天龙屯堡被贵州省委、省政府授予“贵州省文明风景名胜区”，天龙屯堡逐渐成为贵州社区旅游开发的典型代表。

（2）快速发展阶段（2005 年 1 月—2007 年 12 月）

天龙屯堡社区旅游的成功启动及良性运行为旅游的快速发展奠定了坚实的基础。2006 年，贵州省第一届旅游产业发展大会（下称旅发大会）在黄果树景区举行，天龙屯堡被选为旅发大会分会场，这为其社区旅游的快速发展提供了重要契机。为配合旅发大会的成功举办，旅游公司加大对景区环境的整治力度，再次投入资金疏通河道常年积蓄的污水，对街道进行绿化、改造；推出展现屯堡人迁徙历史和以屯堡文化为主要内容的大型实景组诗《大地诗章》。通过与黄果树景区在资源、产品和新闻宣传等各类优势资源上的整合，天龙屯堡旅游的知名度、美誉度得到了前所未有的提升，旅游人次出现快速增长。2005 年，国内外游客达 32. 87 万人次，2006 年达 49. 81 万人次，2007 年成功突破 50 万人次。在社区旅游地内部，旅游公司通过为村民购买农民合作医疗保险[①]、资助该村考上大学的学生读书、策划“走进屯堡人家”的旅游项目，以达到增加旅游产品内容、实现屯堡文化深度体验、构建公司与村民利益共享的新机制的目的，缓解村民与旅游公司的矛盾，降低交易成本。在旅游公司的努力及村民的支持下，2005 年 3 月，天龙屯堡被遴选为全国农业旅游示范点。2007 年 12 月，因旅游公司在企业发展规模、社会效益和经济效益方面取得的成绩，以及在贵州省乡村旅游开发中的影响力、典型性和示范意义，天龙屯堡被贵州省文化厅钦点为首批省级文化产业示范基地。天龙屯堡获得的上述荣誉意味着其在产业发展、资源配置、信息服务和市场开拓等方面将得到政府的重点扶持，天龙屯堡将再次迎来乡村旅游发展的大好时机。

① 2005 年以来，旅游公司为天龙村民购买农村合作医疗保险，每年 10 元/人，2008 年增至 20 元/人，2011 年增至 30 元/人。

（3）缓慢发展阶段（2008 年至今）

自 2008 年以来，天龙屯堡的社区旅游产品内容再次得以丰富，各类“国字号”的荣誉接踵而来：2009 年 3 月，天龙屯堡文化旅游区举行“中国历史文化名镇”揭牌仪式，全国唯一的地戏博物馆“演武堂”、“贵州紫袍玉带石雕坊”、“屯堡生活展示馆”同时开馆；之后相继推出“沈万三纪念馆”、“屯堡聚宝广场”、“石文化博物馆”，并成功并购离天龙屯堡不远，由南风公司经营，一度与天龙旅游公司展开竞争的云峰屯堡；旅游公司甚至策划开发安顺屯堡文化旅游区。2010 年 12 月，文化部宣布第四批国家级文化产业示范基地名单，旅游公司和天龙屯堡文化旅游区获得了命名并接受授牌，成为贵州省第三个国家级文化产业示范基地。然而，天龙屯堡日益丰富的社区旅游产品及接踵而来的各项荣誉并未能成功延续其旅游业持续增长的势头。据公司内部管理层及员工反映，天龙屯堡的乡村旅游业 2007 年达到历史最高点，自 2008 年以来，游客人次不断下滑，2010 年旅游人次已不足 20 万。接受访谈的经营户也谈到，生意每况愈下，大不如从前。2011 年 2 月，本课题组成员在天龙街上就餐时，偶遇两位年前刚从天龙旅游公司辞职的女导游，问其原因，解释为不断减少的游客量使公司导游依靠讲解及购物次数获取收益的机会不断减少，旅游公司提供的微薄的基本工资难以维持生计，无奈之下，只能另谋出路。种种迹象表明，天龙屯堡社区旅游业并未能成功延续初期良好的发展态势，在经历了起步与快速发展后，很快步入衰落阶段。作为国内社区旅游开发的典型代表，天龙屯堡旅游业的发展前景令人担忧。

3. 天龙屯堡旅游发展模式的典型性与研究价值

在社区旅游开发中，旅游资源、土地、资金、人力资源等是旅游开发的基本要素。在不同的旅游地，各利益主体在开发中的角色、能力、权力结构等方面存在差异，在旅游资源配置中扮演着不同角色，实践中形成了不同的旅游开发模式。在天龙屯堡，主要由旅游公司负责整个景区的经营管理和商业运作，包括社区环境改造与整治、旅游产品开发设计、市场推广、收取门票及接待团队游客就餐；地方政府主要负责旅游发展总体规划、基础设施建设以及屯堡文化的保护与传承；天龙村村委会代表村民将天龙村旅游资源开发与经营权转让给旅游公司，从门票收入中提取一定比例作为村委会运转的经费并负责景区治安，协调村民与公司关系；社区居民主要通过到旅游公司就业、开设家庭旅馆、出售手工艺品和农特产品以获取收益。从天龙屯堡社区旅游开发的运行特征来看，旅游公司在旅游开发中发挥着核心导向作用，属公司主导，社区参与型的旅游开发模式。像天龙屯堡这样公司主导社区参与的旅游地，社区参与旅游发展的内容与方式如何？旅游业可持续发展的过程和路径是什么？有何典型性和借鉴意义？与政府主导以及社区主导下的社区旅游发展模式相比，社区参与有何特色？上述问题值得我们长期关注。

图 1.4　雨崩村一角（春季）

（四）云南雨崩村

1. 雨崩村自然地理环境与社会经济发展状况

雨崩，藏文意思是绿松石堆起的地方，绿树成荫之地。雨崩藏族社区距离德钦县城约 60 千米，位于梅里雪山中部腹地的狭长河谷地带。雨崩村四面环山，东部为海拔 3802 米的亚拉卡德神山，西部是海拔 6504 米的缅茨姆峰和海拔 5470 米的吉瓦仁安峰，北面是海拔 3647 米的苯波神山。发源于久刚神山的效农河、苯波神山的尼塞河和雨崩神瀑的乃农河，并流形成荣秋河，向东南奔流汇入澜沧江。雨崩村坐落于三条河的交汇处。雨崩村所在地的气候类型属于寒温带山地季风气候，冬长夏短，四季不明显，年均降雨量624.46毫米，年均气温6.4℃。

雨崩村分为雨崩上村和雨崩下村，隶属云岭乡西当行政村。至笔者调研时，雨崩仍旧没有通电，也没有公路相通。只能从德钦县乘车经飞来寺、布村，越过澜沧江到达西当温泉，再由西当温泉徒步或骑马经南宗垭口（或尼龙）进入雨崩（见表1.1）。

表1.1　**进入雨崩村必经线路相关情况表**

线路	里程（千米）	路况	所需时间（小时）
西当—尼龙—雨崩村	25	以泥石路为主，途径干热河谷地段，山体坡度大，夏季山体滑坡极易发生，部分路段山势险峻，路况较差，即使两匹马也难以并列行走（见图1.5）	8~10
西当—南宗垭口—雨崩村	18	以泥石路为主，部分地段冬季有积雪成冰现象，途中有三个普通客栈，只能提供简单的饮食产品和简陋的休息设施，部分游客经过南宗垭口时将遭遇高原反应（见图1.6）	4~5

资料来源：根据作者实地调研整理而得。

雨崩村有一所不完全小学，设有1至3年级，学生人数10人左右，大一些的孩子需到西当村小学住宿读书。2000年以前，雨崩社区很多成年人小学都未毕业，高中以上文化程度的居民寥寥无几，大部分村民不会讲普通话。

雨崩村人均耕地面积2.5亩左右，主要农作物有青稞、荞麦、玉米，一年只收一季。20世纪80年代初，家庭联产承包责任制在梅里雪山地区推行以后，雨崩村民加大了农业生产的投入，纷纷上山砍树开荒，扩大耕地面积。然而，由于该地生态环境极为脆弱，耕地面积有限，导致村民难以从传统农业中获得发展，摆脱贫困。除农业外，20世纪80年代以前，雨崩村民还依靠采集松茸、羊肚菌等菌类，虫草、贝母、副黄莲、雪莲花等中药材类到村外销售谋生。随着国际国内市场对菌类及药材需求量的急剧增加，在高额利润的驱使下村民的采集较为频繁，导致此类资源过早面临枯竭。事实上，由于该地地理环境封闭，

图 1.5　进出雨崩村的部分路段之一

图 1.6　进出雨崩村的部分路段之二

交通不便，加之村民所掌握的市场信息有限，村民出售的采集品价格相对较为便宜。与收购商相比，村民获益极为有限。狩猎活动曾是雨崩村民获取生计方式的重要手段，村里甚至出现过祖孙几代都是远近闻名的职业猎手。自20世纪90年代以来，一方面国家出台相关的政策、法律，严禁狩猎，另一方面藏传佛教中行善、惜生的思想使村民放弃了狩猎。

雨崩村的社会经济发展模式显示，对于那些地理环境封闭、交通不便、生态环境脆弱以及社会经济落后和人口素质偏低的少数民族贫困地区，传统的农耕经济难以自给，采集、狩猎会破坏当地的生态环境，形成生态贫困，使贫困程度进一步加剧。那么，村民们如何依靠自身的力量解决生产、生活问题，民族贫困地区村寨经济发展的出路何在，成为一个值得关注的研究话题。

2. 雨崩村旅游资源特征及旅游发展历程

梅里雪山位于云南西北部的迪庆州德钦县内，与西藏自治区左贡县和查隅县相邻，属怒山山脉上段，是金沙江和怒江的分水岭。梅里雪山山脊纵长30千米，横宽36千米。主峰卡瓦格博峰海波6740米，是云南省最高峰。该地区植被类型垂直分布十分明显，海拔最高点6740米的卡瓦格博峰到澜沧江河面的2038米，高差为4700米。在水平距离14千米的范围内，平均每千米上升360米。加之受西南季风、印度洋、太平洋和青藏高原气团的交错影响，气候垂直分布也极为明显。垂直地形地貌和复杂气候因素造就了该区域内水湿条件极为悬殊，植物垂直分布极为明显。雪山、冰川、纵谷、河流及植被是梅里雪山地区典型的自然景观。

梅里雪山在藏族传统中被称为“卡瓦格博”，意为“白色雪山”。“卡瓦格博”自古以来就是滇藏川青甘五省区（康巴藏族地区）藏族人民心目中的神山。神山是藏族地区居民宗教信仰中的“神”与重要的山在精神上的融合。神山崇拜成了藏族地区宗教信仰体系中一个重要的组成部分。不论是本教信徒还是藏传佛教的信奉者，大多在高山之巅聚族而居，他们常常把山峰本身看成神的化身。藏族人民对山的崇拜和对神的崇拜合二为一，成为藏族社区传统文化中一个非常显著的特征。梅里雪山就是这样的神山之一，而梅里雪山之巅则被当地人视为山神的最高统帅。雨崩社区以雨崩村所在的坝子为中心，是梅里雪山内转经的必经之路，也是梅里雪山旅游资源的核心和精华所在，包括神瀑、大本营、冰湖等景点。雨崩社区优美的自然风光和神迷的宗教文化、民俗风情组合在一起，构成独特的神山文化，许多旅游者将雨崩誉为“真正的香格里拉”、“世外桃源”。

自 1995 年以来，陆续有旅游者进入雨崩进行探险旅游。由于公路一直未通，安全隐患重重，加上缺乏系统的市场推广宣传，旅行社一般不安排旅游团队进入雨崩。粗略估算，所有进入梅里雪山的游客只有 1/10 进入雨崩旅游，2006 年进入雨崩旅游者人数不足 3 万。从游客结构看，根据 2007 年 1 月和 10 月对雨崩所做的两次市场调查表明，前往雨崩的游客大部分为年轻的自助旅游者，主要来自东部沿海、京津冀地区及云南省内各地区。他们来雨崩主要是为了欣赏优美的自然风光、体验神秘的民族文化以及感受徒步的艰辛等，主要通过网络、户外俱乐部和口碑获得相关信息。

3. 雨崩村旅游发展的典型性及研究价值

长期以来，雨崩村作为梅里雪山一个极端贫困的藏族村寨，交通、通信等基础设施建设的缺失以及极为有限的旅游市场规模使其难以对外来投资商及政府产生足够的吸引力。正是这个原因，雨崩村民能够在不受外部力量介入的背景下依靠自身力量主导旅游业持续发展。随着雨崩对外吸引力的增强，越来越多的旅游者进入雨崩村，旅游业也正逐步取代传统产业成为雨崩村村民生活的基本内容，支撑起雨崩村经济和社会的发展。

在雨崩藏族社区旅游业发展过程中，“家长会议制”[①] 作为历史上“村众会”的民主化的现代版本再次出现，成为村民参与民主决策、民主管理和民主监督的基本民主政治制度，并以此实现乡村社会自我管理、自我教育、自我服务的村民自治目标。在雨崩村，村里的重大事情，如雨崩村村规民约的制定与修改，各户建房所需的木材砍伐的限额指标，与邻村关系与矛盾的化解，旅游参与及分配的确定，等等，均是由家长会议作出决策的。

像雨崩这样的民族贫困地区旅游资源富集区，如何依靠社区自身的力量实现旅游业的可持续发展？有何可借鉴的经验、路径和模式？社区参与旅游发展的内容、方式、结果如何？随着旅游规模的不断扩大，外

---

① “村众会”也称“家长会”，是由村寨里每家正户出一个家长组成的委员会，负责商讨村里的重大事宜。1958—1959 年实行社会主义农业合作化和人民公社运动之后，村众会在梅里雪山藏族乡村社会中的地位和作用遭到严重的削弱，曾一度销声匿迹。

来资本和政府的介入有其必然性，面对外来利益主体的介入，如何维护村民的利益，实现社区有效参与？等等，无疑值得关注和研究。

二　研究内容

本项目共分 11 章，各章节内容如下。

第一章，少数民族村寨社区参与旅游发展研究概述。介绍本项目的选题背景、国内外相关研究概况及少数民族村寨社区参与旅游发展研究展望、研究目的及意义、研究对象基本情况及研究内容、研究过程、研究思路与方法。

第二章，少数民族村寨社区参与旅游发展概述。首先对社区、旅游社区及社区旅游的基本内涵进行系统的梳理和比较分析。在此基础上，对社区参与的概念进行罗列，结合国内少数民族村寨旅游发展的实践经验，参考社区参与的已有理论成果，对少数民族村寨社区参与旅游发展的内涵进行系统的分析和诠释。最后，对社区参与涉及的理论进行简单介绍和评述。

第三章，少数民族村寨社区旅游发展中的利益冲突与协调机制构建。分析少数民族村寨利益相关者参与旅游发展的必要性与必然性、利益失衡及其结果，提出少数民族村寨旅游开发中的利益制衡机制。

第四章，少数民族村寨社区居民参与旅游发展的多维价值定量研究。本部分从社区增权视角出发，通过构建旅游增权的指标体系，分别以贵州郎德苗寨、西江苗寨为例，对社区参与旅游发展的多维价值进行定量研究。

第五章，民族贫困地区旅游资源富集区社区主导旅游发展模式的路径选择。民族贫困地区旅游资源富集区，政府、公司等外来利益主体介入有其必要性与必然性。以云南雨崩藏族社区为例，从维护社区利益，推动社区旅游持续、健康发展的目标出发，提出企业型股份合作制是承接外来利益主体介入后社区主导旅游发展的较好模式，并对该模式的社会经济意义，实施方略进行分析。

第六章，少数民族村寨社区参与旅游发展模式比较研究。以贵州郎德苗寨、西江苗寨和天龙屯堡三个典型村寨（镇）为例，对因核心力量导向差异而形成的三种不同的社区参与旅游发展模式下市场开拓能力、社区居民获益方式与状况、传统文化保护与传承以及三种不同的社区参与模式的形成原因进行深入分析。最后，对少数民族村寨社区参与旅游发展模式的理论与实践进行深入的思考和解读。

第七章，少数民族妇女参与旅游发展的主体性研究。本部分以妇女参与旅游发展的主体性为视角，以社会性别理论、马克思关于主客体相互制约的主体性原则理论、旅游发展包含的社会文化性及经济性两方面性质规定为理论依据，选取文化背景相同，但处在旅游业不同阶段和规模水平的三个苗族村寨作为样本地，对少数民族女性参与旅游发展主体性情况进行描述，尝试改变女性参与旅游研究中的“被动”情景。

第八章，少数民族村寨社区参与旅游发展中的同质化经营问题研究。从少数民族村寨社区参与旅游发展中同质化经营的现实和现象入手，以家庭旅馆为典型业态，运用系统论的方法和原理，剖析家庭旅馆同质化经营的形成机理与消极后果，提出同质化竞争的化解对策。

第九章，农民组织化：少数民族村寨社区参与旅游发展的有效路径选择。本部分内容包括少数民族村寨旅游地农民组织化的内涵、类型与特征，农民组织化的动力机制，农民组织化的社会资本价值。

第十章，少数民族村寨社区参与旅游发展的规划行动方案设计。本部分从满足社区自身发展和旅游规划实践的双重需要出发，从社区参与角度编制一个相对实用的不同主体能够参与的民族村寨旅游可持续发展行动方案，构建了少数民族村寨旅游可持续方案得以顺利实施的平台和保障机制。

第十一章，结论与展望。本部分内容包括主要研究结论及有待于进一步研究的问题。

三　研究过程

（一）贵州郎德苗寨

自2008年以来，笔者先后7次前往郎德苗寨对当地的旅游业发展历史变迁及其以“工分制”为主要特征的社区主导旅游发展模式展开研究。

研究者于2008年7月首次到郎德苗寨调研，与县旅游局及民族宗教局负责人、郎德苗寨村支书、部分接待户及村民进行了交流，对当地旅游业发展状况有了初步认识，同时感受到郎德苗寨作为少数民族村寨旅游地研究的价值和典型性。这次调研为日后广泛而深入的调研打下了坚实的基础。

2009 年 2 月，项目组成员利用到巴拉河流域 7 个苗族村寨考察的机会，再次深入郎德苗寨，对其乡村旅游启动、运行模式及存在问题展开调查，在此基础上，对贵州天龙屯堡和郎德苗寨乡村旅游开发模式展开横向比较研究①，并对郎德苗寨社区主导旅游发展中的个人理性与集体行动困境展开深入分析②。

2010 年 8 月，研究者再次带领学生深入郎德苗寨进行了为期 1 周的实地调研，从旅游增权视角出发，对郎德苗寨社区居民参与旅游发展的多维价值展开研究③。

2010 年 9—12 月，研究者多次与长期关注郎德苗寨旅游发展的专家、学者进行了深入交流，先后 3 次到郎德苗寨进行实地调研，走访农户 28 家，雷山县旅游局、文化局、发改局、郎德镇主管旅游的镇长及村委会负责人共 15 人次，围绕西江苗寨旅游崛起后对郎德苗寨产生的影响和冲击对关键人物及部分村民进行深入访谈，并对天龙屯堡、郎德苗寨以及西江苗寨三地因核心力量导向差异而形成的三种不同的社区参与旅游发展模式展开横向比较研究④。

2012 年 7 月，研究者第 7 次到郎德苗寨进行补充调研，充实有关资料。期间再次和村委会负责人、部分家庭接待户等进行了深入的交流，进一步深入思考旅游影响下郎德苗寨社区组织的演进与重构、旅游影响下乡村治理结构的变迁与横向对比分析、旅游影响下郎德苗寨村民组织化的实现机制及社会经济意义和价值、强制性制度构建与诱致性制度的构建以及两种制度的互补与耦合在郎德苗寨旅游发展中的地位和作用、不同核心力量导向差异下形成的乡村旅游制度对乡村旅游发展走向

---

① 陈志永、周杰：《贵州乡村旅游开发天龙模式和郎德模式的比较》，载《贵州农业科学》2009 年第 6 期。

② 陈志永、况志国：《郎德苗寨社区主导旅游发展中的个人理性与集体行动的困境》，载《学术探索》2009 年第 3 期。

③ 陈志永、李乐京：《少数民族村寨社区居民对旅游增权感知研究》，载《商业研究》2010 年第 9 期。

④ 陈志永、吴亚平：《基于核心力量导向差异的贵州乡村旅游开发模式比较与剖析——以贵州天龙屯堡、郎德苗寨和西江苗寨为例》，载《中国农学通报》2011 年第 9 期。

产生的深层次影响[①]。

（二）贵州西江苗寨

2005 年 6 月 22—30 日，申请人带领地理科学专业学生到雷公山国家级自然保护区开展野外实习，利用雷公山自然保护区与西江苗寨接壤的优势，首次进入西江苗寨，对西江苗寨的社会结构、经济发展水平以及文化保护与传承等方面的内容有了初步的了解和认识。

2009 年 2 月 10—20 日，与项目组成员考察完贵州省黔东南州巴拉河流域的怀恩堡、南花、季刀、郎德、南猛、脚猛、猫猫河 7 个苗族村寨后，再次深入西江苗寨进行实地调研，对西江苗寨旅游产业发展大会前旅游业的发展情况、政府为举办旅游产业发展大会的投入情况、旅游发展大会后政府主导旅游发展的运行模式及旅游发展对当地经济发展、文化变迁、乡村治理、居民价值观等方面的影响情况进行了初步的调查，着重调研了社区居民参与旅游发展的内容与方式以及参与旅游发展中的问题与困境。调研过程中，项目组成员对西江苗寨政府主导旅游发展的运行模式及政府角色转换问题[②]、西江苗寨社区参与旅游发展的模式和郎德苗寨社区参与旅游发展模式进行了深入的交流和对比分析。

2009 年 8 月 21 日—9 月 3 日，项目组成员及部分学生第三次深入西江苗寨进行了为期两周的参与观察和深度访谈。主要调研的内容包括：（1）对景区管理局相关人员及部分村民进行深入访谈，根据西江苗寨旅游业空间发展不均衡的现状，对不同区域社区居民对旅游增权的

---

① 这些调研材料目前仍在进一步的研究分析中，内容除了反映在项目主持人所承担的国家社科基金项目的阶段性成果中，还将反映在主持人即将申请的项目“乡村旅游发展进程中的农民组织化问题研究”中；即将完成的论文“旅游影响下乡村社区组织再造与意义——贵州郎德苗寨的个案”以及项目主持人参与并获得的项目：贵州省教育厅高校人文社会科学研究规划基金项目“政府介入乡村旅游开发的权力边界研究”（12GH005）、贵州省教育厅高校人文社会科学研究青年基金项目“旅游影响下乡村治理结构演进研究——以贵州西江苗寨为例”（12QN005）。

② 费广玉、陈志永：《民族村寨社区政府主导旅游开发模式研究——以西江千户苗寨为例》，载《贵州教育学院学报》2009 年第 6 期；人大复印资料《旅游管理》全文转载，2009 年第 10 期。

感知情况发放问卷，研究社区居民对旅游增权感知的空间分异状况①。（2）对西江苗寨农家乐协会的成立、运行状况及存在问题展开调研，并针对西江苗寨家庭旅馆经营中凸显的同质化问题、同质化的不利影响、同质化形成的机制及突围路径等问题展开讨论与分析②。

2011 年 2 月，带领旅游管理专业本科学生到西江苗寨就社区精英在民族村寨旅游发展中的角色、地位与作用以及社区精英遭遇的困境展开调查。

2011 年 10 月，参加雷山县陶窑村牯藏节，再次与西江苗寨村民进行了广泛而深入的交流，就旅游开发对村民节庆活动的影响以及村民对节庆活动的态度展开深入调查。

2012 年 8 月，受雷山县旅游局委托，与相关专家赴雷山县大堂乡、郎德苗寨、乌东苗寨等地，就民族村镇旅游地空间竞争与空间整合问题展开深入调研。

（三）贵州天龙屯堡

天龙屯堡乡村旅游起源于 2001 年 9 月，研究者于 2002 年 11 月首次到天龙屯堡古镇、天台山伍龙寺参观考察，与当地主管旅游的副镇长进行了交流。

2005 年在收集相关文献资料并向相关专家进行咨询的基础上，再次深入天龙屯堡，对天龙屯堡乡村旅游启动、发展现状、运行模式与存在困境及旅游公司未来发展战略展开调查，并于次年申报有关天龙屯堡乡村旅游开发的研究项目并获批③。

2006—2008 年课题组先后 3 次到天龙屯堡进行实地调研，走访农户 27 家，公司领导、村委会负责人及天龙镇主管旅游的副镇长 17 人次，思考天龙屯堡社区居民参与旅游发展的多维价值和意义、旅游公司积极履行社会责任对当地旅游业可持续发展的影响、利益相关者的互动

① 陈志永、杨桂华、陈继军等：《少数民族村寨社区居民对旅游增权感知的空间分异研究——以贵州西江千户苗寨为例》，载《热带地理》2011 年第 2 期。

② 陈志永：《乡村旅游地产品差异化经营不足的深层原因透析——基于产权经济理论与农民行动理论的双重视角》，载《生态经济》2011 年第 9 期；陈志永：《乡村旅游地家庭旅馆同质化经营的形成机制及化解对策》，载《经济问题探索》2011 年第 7 期。

③ 2006 年，申报贵州省教育厅自然科学基金项目“贵州天龙屯堡‘政府 + 公司 + 农民旅游协会 + 旅行社’的乡村旅游开发模式研究”获批。

与博弈等问题。

2009年5月课题组以天龙屯堡为样本地之一，申请贵州省优秀科技教育人才省长专项资金项目并再次获批①，于2011年2月第6次进入该地，就天龙屯堡自2008年以来旅游业缓慢发展的原因展开调研，深入思考社区旅游资源产权问题对社区居民参与及旅游业可持续发展的影响。

（四）云南雨崩藏族社区

2008年4月3—5日，项目主持人有幸参加了在香格里拉迪庆州举行的由云南大学工商与旅游管理学院杨桂华教授主持的《香格里拉国家公园旅游发展总体规划修编》咨询会，参会期间，对德钦县及雨崩村旅游业发展现状有了初步的了解和认识，随后赴德钦县对当地旅游局领导进行了深入访谈，并在当地旅游局工作人员及梅里雪山国家公园管理局工作人员的带领下，到梅里雪山脚下的雨崩藏族社区进行了近两周的实地考察，与当地村民进行深入交流。在访谈与交流中，对当地社区参与旅游发展的“轮流制”模式产生了浓厚的研究兴趣，就雨崩藏族社区这样的民族贫困地区旅游资源富集区社区主导旅游发展的运行模式及未来走向与调研组成员、村民、管理局工作人员进行了深入的交流。

第三节　研究思路与研究方法

本项目在文献综述和实地调研的基础上，首先对社区参与旅游发展研究的基本概念与内涵、研究对象、基本内容、研究现状与未来趋势、研究方法等进行系统的梳理分析、归纳总结，在此基础上，结合滇、黔两省少数民族村寨社区参与旅游发展的典型问题、突出问题展开实证研究和理论探讨。涉及的具体方法有：

一　文献综述与归纳法

理论基础研究主要通过文献综述和归纳总结方法，阅读国内外关于

① “贵州乡村旅游开发典型模式调查分析与横向比较研究”（项目编号：黔省专合字2009118号）。

社区参与旅游发展研究、少数民族村寨旅游的相关文献资料，并进行分析、归纳、评价，在前人研究成果的基础上对少数民族村寨社区参与旅游发展的诸多问题进行创造性思考。

二　田野调查与文献资料收集

田野调查是文化人类学、社会学和环境科学等学科广为使用的方法，也是一种实证性的研究方法。本项目研究的对象主要为开展旅游经济活动的少数民族村寨，社区参与旅游发展的活动需用人类学的田野调查方法，做大量的田野调查，方可进行科学研究，保证研究质量。

在本项目研究过程中，曾对研究对象进行了多次实地调研与回访，查阅雷山县旅游局、民族宗教局、农业局、发改局，迪庆州旅游局、德钦县旅游局、梅里雪山国家公园管理局和安顺县旅游局、平坝县旅游局等行业部门以及西江镇、郎德镇、大堂乡、方详乡、天龙镇等有关资料和基本统计资料；到研究对象所属的村委会进行调查，对村委会在社区参与旅游发展中的作用与角色、旅游开发背景下村委会的经济情况、旅游开发对村规民约的影响等基本情况有所把握。

三　典型模式剖析法

模式分析是一种描述性分析工具，用于刻画现象的结构、形态、关系和流程，具有很强的表现力和抽象力。模式分析旨在表明某种结构或过程的主要组成部分以及这些部分之间的相互关系①。在少数民族旅游发展中，社区旅游资源、土地、资金、人力资源等是旅游开发的基本要素。然而，在不同的民族村寨旅游地，政府、社区居民、外来公司、第三方力量等各利益主体在旅游开发中的角色、能力、权力结构等方面存在差异，在旅游资源配置中扮演着不同的角色。因此，在少数民族村寨旅游开发中复杂的社会经济与权力结构，不借助于某种可概括的方式就很难把握社区参与旅游发展的本质。因此，在少数民族村寨社区参与旅游发展中，模式分析就有了广泛的应用领域。

该项目所选样本地西江苗寨为政府主导型的旅游开发模式、郎德苗

---

①　谢彦君：《基础旅游学》（第二版），中国旅游出版社2004年版，第28—29页。

寨为社区主导型的旅游开发模式、天龙屯堡为公司主导型的旅游发展模式、雨崩村为典型的民族贫困地区旅游资源富集区社区主导型的旅游发展模式，因不同的核心力量导向所形成的旅游开发模式中，社区居民的角色、地位及参与旅游发展的内容、方式、途径以及由此带来的传统文化的保护与传承状况将有所差异，这为该项目展开少数民族村寨社区参与旅游发展模式分析提供了较好的样本地。

四　比较研究法

比较研究方法，又称类比分析法，是指对两个或两个以上的事物或对象加以对比，以找出它们之间的相似性与差异性的一种分析方法①。比较研究不只是一种具体的分析方法，更是一种思维方式，因此，一系列与此思维方式相关的学科纷纷出现，如比较社会学、比较文学、比较史学、比较文化学等。这些新兴学科的出现，表明比较研究法是一种重要的研究分析方法，已在社会科学研究中有广泛的应用。不仅如此，对少数民族村寨社区参与旅游发展典型模式的研究，有利于揭示特定区域少数民族村寨社会结构的特征，以便为区域比较做准备。但实际上具体的社区参与模式的撰写只有在区域比较的视野下才能真正地确定村寨社会结构的运行特征和内在逻辑机制。换言之，比较分析为典型模式的撰写提供了精细的讨论切入口②。

本项目研究中，我们对西江苗寨政府主导型的社区参与旅游开发模式、郎德苗寨社区主导型旅游开发模式、天龙屯堡公司主导型的社区参与旅游发展模式展开横向比较分析，对不同核心力量导向所形成的旅游开发模式下社区居民的角色、地位及参与旅游发展的内容、方式、途径及由此带来的传统文化保护与传承状况以及不同社区参与旅游开发模式的形成原因等问题展开横向比较分析。

西江“千户苗寨”作为世界上最大的苗寨，村寨较大的空间范围及居民长期以来依山而居形成的垂直型村寨聚落结构，难免造成旅游发展空间上的不均衡性和社区参与的空间差异，这就为研究社区参与旅游

① 林聚任：《社会科学研究方法》（第二版），山东人民出版社 2008 年版，第 169 页。

② 贺雪峰：《什么农村，什么问题》，法律出版社 2008 年版，第 416 页。

发展以及影响的空间分异问题提供了一个理想的样本地。基于此，我们将从社区增权视角出发，对西江千户苗寨社区居民参与旅游发展的多维价值的空间分异问题展开比较研究，揭示民族村寨（镇）旅游地社区增权的空间分异特征及形成机制。

五　对比试验法

增权和旅游增权理论源自西方文明，解决的是西方社会内部的矛盾、冲突及其导致的问题，不能简单地将之视为解决中国旅游问题的现成答案。只有结合我国各地旅游发展实践，加强旅游增权理论本土化研究，才能使“拿来”具有生命力和有效性，以补充、完善旅游增权理论体系。选取若干民族村寨社区作为试点，将本课题研究成果应用其中并加以检验，同时根据实际结果对已有理论成果进行修正和完善，增加其实践可操作性。

六　统计分析法

统计分析是借助于统计工具对旅游现象进行研究。一般的统计工具可以解决大部分量化资料的分析处理，包括第一手资料和第二手资料。统计分析可以从取得第一手资料开始，经过构筑分析假设、检验假设、理论分析等过程，最终形成研究结论。由于统计工具不仅可以用于历时性的时间数列分析以预测现象的发展趋势，而且可以用于共时性分析以研究现象的空间关系，还可以描述现象分布模式与结构，因此，统计分析事实上构成了旅游学研究方法的最重要部分①。

少数民族村寨旅游发展进程中，社区参与具有政治、经济、社会、文化方面的典型价值和意义。因此，在本项目研究过程中，以 Regina Scheyvens② 提出的包含政治、经济、心理、社会 4 个维度在内的增权指标体系为基础和框架，通过构筑分析假设，在问卷调查的基础上借助统计软件，以典型少数民族村寨社区居民为研究对象，研究社区居民参与

① 谢彦君：《基础旅游学》（第二版），中国旅游出版社 2004 年版，第 30 页。

② Regina Scheyvens. “Ecotourism and the empowerment of local communities” [J] . *Tourism Management* , 1999 (20): 245 - 249.

旅游发展的多维价值；并通过独立样本 T 检验及单因素方差分析对不同特征村民社区参与的意义进行定量分析。以此为基础，本项目利用旅游地理学的空间分析优势，从增权视角出发，研究典型少数民族村寨旅游地社区参与旅游发展价值的空间分异特征。

第二章　少数民族村寨社区参与旅游发展概述

第一节　少数民族村寨社区参与旅游发展的基本内涵

一　社区

社区的概念首先由德国社会学家 F. 腾尼斯于 1881 年提出，他认为社区是一种共同体，这种共同体是通过血缘、邻里、朋友等关系建立起来的社会联合，这种组合的人群，是同质的人口，他们以共同的价值观念、情感、习惯等为基础。在腾尼斯看来，社区有三种类型：一是地区社区，以共同居住的地理空间为基础；二是非地区社区，亦称精神社区，以共同的目标和所进行的合作为基础，如宗教团体；三是亲属社区，亦称血缘社区，是由有共同血缘关系的人所形成的社区。

对于社区概念，人们的认识极不相同。1955 年，G. A. 希勒里对当时有关社区的概念进行了统计，达 94 个，其中有 69 个定义认为社区的本质要素有社会互动、地区和共同约束。当然，无论认识的角度有多么不同，构成社区最基本的要素都离不开以下这些：

（一）一定数量聚居的人口，他们在一定的社会关系下组织起来，进行共同的社会生活；

（二）处于由一定地理位置和生态环境所形成的区位；

（三）有一定的社会群体、社会组织和社会制度；

（四）相对的一整套为社区服务的公共设施；

（五）比较相同的生活方式、民俗风情、认同意识和心理行为等[①]。上述要素的组合关系不一样，从而形成不同的社区结构，产生不同的社会功能。

在国内，社区的内涵和外延的弹性较大，主要有以下几类界定，具体为：

（一）范围大小宽窄不限的概念，大至国家社区，小至村落、街区等[②]。

（二）将社区看作一个行政区[③]。

（三）把社区归结为经济区域[④]。

（四）把社区限定为一个具有交易功能的中心区，如以小城镇为中心的农村交易区被称为集镇社区[⑤]。

（五）费孝通（2001）[⑥] 和黄宗智（2000）[⑦] 的“村庄共同体”，他们认为村庄是一个社区，社会生活最基本的功能单位，在社会经济文化等各方面属于功能完整的单位。

虽然上述学者对有关社区的概念并未达成一致。但从研究的角度来说，引用丁元竹（1995）[⑧] 的观点：“社区”界定应适合于不同社区的研究目的和研究方法。所以，“社区”概念界定视不同的研究目的和研究方法而定。

由于整个社会是由一个个的小社区所组成的，而整个社会的发展过程和普遍存在的各种社会现象又必然会在各个社区中表现出来，所以通过诸如人类学所提倡的“田野作业”和社会学的“典型调查”对民族村寨社区进行深入细致的剖析，“解剖麻雀”，见微知著，就可以来研究和探讨社会发展的普遍规律及同类社区的共同特点，这样，既可以认

① 李守经：《农村社会学》，高等教育出版社 2006 年版，第 126—130 页。

② 王喆：《社区研究十年》，载《社会学研究》1989 年第 3 期。

③ 李小云：《农村社区发展规划导论》，人民出版社 1995 年版，第 13 页。

④ 叶金生：《社区经济论》，企业管理出版社 1997 年版，第 26 页。

⑤ Skinner. G. W，“Mareting and Social Structure in Rural China”［J］. *Journal of Asian Studies*，1964（1）：3－44.

⑥ 费孝通：《江村经济——中国农民的生活》，商务印书馆 2001 年版，第 172—182 页。

⑦ 黄宗智：《华北的小农经济与社会变迁》，中华书局 2000 年版，第 1—30 页。

⑧ 丁元竹：《社区研究的理论与方法》，北京大学出版社 1995 年版，第 36—48 页。

识不同类型民族村寨社区的特殊性、个别性，针对每个不同社区的实际情况，因地制宜地制定具体的战略对策，又可以据以制定整个社会发展的战略决策。总之，社区是一个社会实体，是社会学的一个研究单位，在严格限定和选择的基础上，使之适合于不同研究对象和研究目的，从而描述、理解分析某一类型社会，这正是社区研究的全部意义之所在①。

二　旅游社区

旅游社区是以社区为基础开展旅游活动的一种旅游方式，无论是在空间位置、地域范围，还是旅游资源、活动内容，社区与旅游区均存在着比较紧密的联系，其基本特征就是旅游活动与社区的结合。保继刚、孙九霞②从空间上对旅游景区与社区的关系进行了划分，分为景区和社区一体化的情况、景区和社区紧密相连的情况与景区和社区保持距离但两者仍能互为影响的情况。本项目所指社区主要是开展旅游活动，景区和社区一体化的少数民族村寨地。

在民族旅游发展语境下，一个理想的旅游社区应具有一定范围的社区地域、独特的社区文化、优美的社区环境和合理高效的社区结构③。除此以外，与衣、食、住、行、游、购、娱等旅游要素直接相关的项目及基础设施同样必不可少。因社区和旅游区存在着比较紧密的联系，因此，这些项目及基础设施除了服务于旅游业外，还需服务于现有社区，使当地居民从中受益。不仅如此，旅游社区的开发还应强调当地居民的参与。即在提供合理的经济利益分配机会和参与决策机会的基础上，让当地居民感受到社区整合度不断提高，从而从感情和心智上感受到激励。这样的旅游开发项目才能得到当地居民的理解与支持。

如上所述，民族村寨社区是与旅游目的地合二为一、相互重叠的，

① 陈万灵：《社区研究的经济学模型——基于农村社区机制的研究》，载《经济研究》2002 年第 9 期。

② 保继刚、孙九霞：《社区参与旅游发展的中西差异》，载《地理学报》2006 年第 4 期。

③ 唐铁顺：《旅游目的地的社区化及社区旅游研究》，载《地理研究》1998 年第 2 期。

因此，民族村寨文化对社区的覆盖，实质上表征的是民族村寨社会中人人均享有参与公共活动的权利和机会的价值取向与社区传统①；而不应出现空间上的差异或分化。

三　社区旅游

社区旅游是指从社区的角度考虑旅游目的地建设，以社区的互动理论指导旅游区的总体规划和布局，通过优化旅游社区的结构提高旅游流的效率，谋求旅游业及旅游目的地经济效益、环境效益和社会效益的协调统一和最优化②。如果说旅游社区是在关注旅游开发的同时兼顾社区发展和社区参与的话，社区旅游则是将社区作为旅游核心吸引物，将社区居民作为旅游开发的核心力量导向和决策主体。即不仅把当地居民和社区当做社区旅游业的一般利益相关者或参与者，而且应把他们视为占主导地位的利益主体，强调社区主导的内生式发展，这样才能真正实现社区全面参与和旅游业的可持续发展。与传统旅游、生态旅游、旅游社区相比，社区旅游在吸引对象、追求目标及开发原则上均有自己的特色。见表 2.1。

表 2.1　　**传统旅游、生态旅游、旅游社区与社区旅游的比较③**

旅游类型	传统旅游	生态旅游	旅游社区	社区旅游
吸引对象	景观	景观、环境	景观、环境、社区	社区与环境、景观一体化
目标	最大经济效益	经济效益和环境效益的协调统一	经济效益和环境效益优先，兼顾社会效益	经济效益、环境效益和社会效益的协调统一和优化

① 孙兆霞：《试析文化构建性与乡村旅游开发需求指向的关系——以黔中屯堡为例》，载《贵州民族学院学报》（哲学社会科学版）2006 年第 4 期。

② 唐铁顺：《旅游目的地的社区化及社区旅游研究》，载《地理研究》1998 年第 2 期。

③ 根据唐铁顺“旅游目的地的社区化及社区旅游研究”文中表格修改而成。

续表

旅游类型	传统旅游	生态旅游	旅游社区	社区旅游
开发原则	发掘景观吸引力	在不破坏生态环境的前提下，发掘景观吸引力	在不破坏生态环境的前提下，发掘景观吸引力，让社区成为景观吸引力的组成部分	从社区互动、社区进化和社区结构优化的角度指导旅游开发
当地居民与旅游开发的关系	无关或被动参与	鼓励参与	当地居民是旅游开发的重要力量	当地居民是旅游开发的核心力量

从表中不难看出，传统旅游常常忽视社区或社区参与，社区参与基本处于被动状态。生态旅游则鼓励社区参与，但社区并没有成为参与旅游开发经营与决策的重要力量。旅游社区则考虑将当地居民与社区作为旅游开发的重要力量，社区旅游则将社区居民作为旅游开发的核心力量导向。

四　少数民族村寨社区旅游参与旅游发展的内涵

（一）参与的定义

关于“参与”的定义，不同的学者有不同的见解，在国际发展文献中也可见到许多，且有一定的差别[①]。中国农业大学著名的农村社会学专家叶敬忠（2001）[②] 对各类“参与”的概念进行了总结，这一成果在1996年以来的文献中被大量引用，其中有以下几种定义。

1. “公众参与指的是通过一系列的正规和非正规的机制直接使公众介入决策”（Sewell and Coppock，1977）。

2. “参与是在对产生利益的发展活动进行选择及实施行动之前的介入”（Uphoff，1990）。

3. “市民参与是对权力的再分配过程，这种再分配能够使在目前的政治及经济活动过程中被排除在外的穷人被包括到发展中来”（Cahn

① 叶敬忠、刘燕丽：《参与式发展规划》，社会科学文献出版社2005年版，第98页。

② 叶敬忠：《参与·组织·发展》，中国林业出版社2001年版，第32—38页。

and Passett, 1971)。

4. “参与可被定义为在决策过程中人们自愿地民主地介入，包括：(1) 确立发展目标、制定发展政策、规划和实施发展计划、监测和评估；(2) 为发展努力做贡献；(3) 分享发展利益”(Poppe, 1992)。

5. “参与能带来以下好处：(1) 实施和执行决策时具有高度的承诺及能力；(2) 更大的创新，许多新的想法和主意；(3) 创造、激励、责任感”(Spencer, 1989)。

6. “参与可被定义为农村贫困人口组织自己、组织自己的机构来确定他们真正的需求、介入行动的设计、实施及评估的过程。这种行动是自我产生的，是基于对生产资源及服务的可使用基础之上的，而不光是劳动的介入，同时，也基于在发展起始阶段的援助及支持以促进并维持发展活动计划的执行”(Oakley et al., 1991)。

7. Oakley 及 Marsden (1984) 回顾并总结了众多在发展项目中对“参与”的理解与阐述，最终将其归纳成以下四个方面：(1) 参与是人们对国家发展中的一些公众项目的自愿的贡献，但他们不参加项目的总体设计或者不应该批评项目本身的内容。(2) 对于农村发展来说，参与包括人们在决策过程中、在项目实施中、在发展项目的利益分享中以及在对这些发展项目的评估中的介入。(3) 参与涉及人们在既定的社会环境和背景下有计划、有组织地争取增加对资源及管理部门的控制和影响，这些人在过去是被排除在对资源及管理部门的控制和影响之外的。(4) 社区参与是受益人影响发展项目的实施及项目方向的一种积极主动的过程，这种影响主要是为了改善他们自己的生活条件，如收入、自立能力以及他们在其他方面追求的价值。

国内社区参与概念发生的历史不长，但也有不少定义，例如：

1. 社区参与既是政府及非政府组织介入社区发展的过程、方式和手段，更是社区居民参加社区发展计划、项目等各类公共事务与公益活动的行为及其过程，体现了居民对社区发展之责任的分担和对社区发展之成果的分享①。

2. 社区参与是受益人影响发展项目的实施及方向的一种积极主动

① 徐永祥：《社区发展论》，华东理工大学出版社 2000 年版，第 5 页。

的过程。这种影响主要是为了改善和加强他们自己的生活条件，如收入、自理能力以及他们在其他方面追求的价值①。

3. 公众参与指的是一系列的正规和非正规的机制直接使公众介入决策②。

4. 参与并不是政府居高临下地对居民的一种权力施舍，而是后者多年来以各种方式进行抗争以及社会民主化发展的结果，参与目前已是发达国家社区建设的必要环节③。

5. 社区参与意味着社区的人们有权利和责任参与揭示自身的问题，指出自身的需要，评估自身的资源，并找出解决问题的办法④。

以上有关“参与”和“社区参与”的基本概念为我们研究少数民族村寨社区参与旅游发展的内涵提供了基础和思路。

（二）少数民族村寨社区参与旅游发展的内涵

自 Peter Murphy（1985）[1] 出版 *Tourism: A community approach* 一书以来，社区参与旅游研究成为国内外旅游研究的新宠。然而，如同社区概念一样，对于社区参与旅游发展的内涵西方学者间仍未形成统一的看法。但对于对社区参与旅游发展的态度和必要性，西方学者却达成了共识。

在国内，刘纬华（2000）⑤ 较早地提出社区参与旅游发展是旅游业可持续发展的一个重要内容和评判依据，并指出社区参与旅游发展是把社区作为旅游发展的主体进入旅游规划、旅游开发等涉及旅游发展重大事宜的决策、执行体系中。

保继刚、孙九霞（2006）⑥ 认为：社区参与旅游发展是指在旅游的

---

① 李小云：《参与式发展概论》，中国农业出版社 2001 年版，第 26—28 页。

② 同上。

③ 董卫：《城市族群社区及其现代转型——以西安回民区更新为例》，载《规划师》2000 年第 6 期。

④ 李小云：《谁是农村发展的主体》，中国农业出版社 1999 年版，第 20—28 页。

⑤ 刘纬华：《关于社区参与旅游发展的若干理论思考》，载《旅游学刊》2000 年第 1 期。

⑥ 保继刚、孙九霞：《社区参与旅游发展的中西差异》，载《地理学报》2006 年第 4 期；孙九霞、保继刚：《从缺失到凸显：社区参与旅游发展研究脉络》，载《旅游学刊》2006 年第 7 期。

决策、开发、规划、管理、监督等旅游发展过程中，充分考虑社区的意见和需要，并将其作为开发主体和参与主体，以保证旅游可持续发展和社区发展。

通过上述关于社区参与旅游发展定义的总结和分析，结合国内少数民族村寨旅游发展的实践经验，参考叶敬忠等（2002，2006）[①] 关于农村发展中公众参与问题的讨论，可以看出，在少数民族村寨旅游发展中，社区参与实际上包含着广泛的内涵，例如，决策及选择过程中的介入、承诺和贡献、对资源的利用和控制、能力建设、自组织能力、利益分享、传统知识的应用与创新，等等，社区参与方面的努力若不能在这些方面得以具体实现，就称不上是真正的参与。具体内容为：

1. 对资源的利用和控制

少数民族村寨旅游开发进程中，社区居民对资源的利用与控制不仅是社区居民获得决策与选择权、参与利益分享的前提和基础，同时也是鼓励社区居民参与旅游开发建设活动、兑现承诺与作出应有贡献的重要动力条件。资源利用与控制权的缺失，将会使社区居民的参与停留于“出席”上，如参与简单的、同质化较强的、竞争激烈且容易使社区居民产生矛盾的旅游小商品经营，无法在民族文化资本化的进程中获得令人满意的收益。实际上，在长期的民族村寨旅游发展研究中对数位地方旅游行政管理部门领导人的深度访谈发现，让地方官员接受参与式的思想和发展理念并非难事，而难就难在参与式发展的具体实施和操作过程。因为参与的过程实际上是少数民族村寨旅游开发利益相关者对现有利益格局的再分配与再调整的过程，是参与者不断寻求对资源的利用和控制的过程；与此同时，参与的过程，也必将是使一部分人或既得利益者丧失某种权力和利益的过程，而这才是地方官员难以或不愿接受的。因此，少数民族村寨旅游开发中，除了引入参与式发展理论，开展参与式的理念培训外，还应该探寻让社区居民获得对资源的利用和控制的机制或路径。正如一位国际专家所说：“在农民根本就不了解河边的情况

① 叶敬忠、陆继霞：《论农村发展中的公众参与》，载《中国农村观察》2002 年第 2 期；叶敬忠、杨照：《参与式思想与新农村建设》，载《中国农村经济》2006 年第 7 期。

下，光教农民如何钓鱼是不够的。”①

2. 决策与选择过程中的介入

少数民族村寨旅游开发包含社区状况基础分析、问题分析、社区发展潜力分析、发展目标确定、发展项目的实施评估与监测、发展战略设计等一系列的过程和步骤。而每一个过程中都需要进行不断的选择和决策，因此，在一定程度上可以说少数民族村寨旅游开发是一个不断决策和不断选择的过程。在每一个子过程的决策和选择中，难免涉及不同的利益主体，如社区居民、地方政府、外来公司及专家学者等，他们由于在民族村寨旅游发展中发挥着不同的作用，理应充分介入到旅游发展决策和过程中来。然而，随着政府、外来投资商等强势主体的介入，我国许多民族村寨旅游产品的最终形式却成为政治家、商业伙伴之间权力和合作程度的展示，社区居民往往被排除在外，甚至被边缘化。在贵州西江苗寨，当地政府为迎合游客需要，甚至将当地人 13 年 1 次的牯藏节往后推延，给当地人带来巨大不便，引起老百姓极度反感。2012 年，当地政府在未征得当地居民同意的前提下，欲将西江苗寨景区核心区旁的西江中学搬至离现有位置 3 千米以外的地方，引发当地村民集体示威游行。在少数民族村寨旅游开发实践中，因为当地居民未能参与决策与选择过程而失败的案例很多。与此相比，在国际计划的项目审批中，一个重要的衡量标准就是看上报项目是不是由当地社区人口提出来（决策出）的②。

3. 利益分享

少数民族村寨旅游开发，依托的是当地人鲜活的生产生活技能、寨容寨貌、价值观念以及由此产生的当地居民的民风民俗等。这些因素内在于居民“活态”载体上，根植于居民的思想态度和言行举止中。从产权经济学的角度看，民族村寨旅游资源的产权天然属于活生生的个人，自然也就转化为民族村寨社区居民的人力资本。而人力资本是巴塞尔所说的“主动资产”，它的所有者——个人——完全控制着资产的开

① 叶敬忠、陆继霞：《论农村发展中的公众参与》，载《中国农村观察》2002 年第 2 期。

② 同上。

发利用。人力资本天然属于个人的特性使之可以在产权残缺发生时，以迥然不同于非人力资本的方式来作为回应。因此，当人力资本产权的一部分被限制或删除时，产权的所有者可以将相应的“人力资产”关闭起来，这样，这种资产的经济利用价值顿时一落千丈①。如果对人力资本产权开发方式上的这一特点一无所知，那么，对于理解现代经济学中的“激励”理论就将会困难重重。

民族村寨文化的鲜活性和以人为主体的构建性以及产权的激励机制原理，决定了在民族村寨旅游开发设计中既要依托当地人为载体来表征外显文化事象，同时，也就对制度设计产生了内在的约束。即当地人是旅游产品开发的文化主体，同时也就必然成为文化资源资本化的利益主体。在民族村寨旅游开发中，如果只凭借外来投资者、政府作为开发主体和利益主体，将当地人和社区作为雇佣者的制度安排，这将会远离民族村寨文化的历史内涵和结构性规定，失去可持续发展的经济活力和社会建构基础，使“开发”因庸俗化、浅薄化而走向失败②。这是民族村寨旅游社区与一般旅游目的地的根本区别所在。

在我国西部广大民族贫困地区，在无其他产业可供选择的条件下，旅游业成为当地社会经济发展的主导力量，在许多地方甚至是唯一有效的选择。假如利益分享没有在发展进程中得到充分体现，我们就不能也不应该期望少数民族贫困村寨的人口能够积极参与任何一项发展活动。贵州天龙屯堡古镇旅游发展有限公司成立初期，通过解决村民就业、改造村内环境、为当地农民缴纳合作医疗保险费等方式一度赢得村民信赖与支持，社区居民参与旅游发展的积极性高涨，社区人力资本的主动性得以成功启动。为充分展示屯堡文化，吸引游客，在旅游公司和村委会的组织协调下，当地成立了由屯堡女性组成的农民旅游协会，成员最多时达200余人。乡村旅游启动初期，协会成员常常放弃自己家中的农活和家务，身着明代“凤阳汉装”，参与乡村旅游的各项重要接待和活动。在旅游公司组织下，农民旅游协会200余人曾浩浩荡荡到省城贵阳

① 周其仁：《市场里的企业：一个人力资本与非人力资本的特别合约》，载《经济研究》1996年第6期。

② 孙兆霞：《试析文化构建性与乡村旅游开发需求指向的关系——以黔中屯堡为例》，载《贵州民族学院学报》2006年第4期。

开展屯堡文化的宣传、促销活动，这对烘托屯堡文化氛围和吸引外来游客发挥着重要作用。然而，随着旅游的发展，社区居民对当地旅游资源价值及自身权利的了解逐渐增多，利益驱动激发了社区居民的利益诉求，农民的权利意识、民主意识和资本意识明显增强，他们逐渐意识到自身人力资本价值并未随着游客人次的不断上升和旅游规模的不断扩大而提高。权利与资本意识的凸显导致村民参与旅游的积极性消退，人力资本所有者逐渐关闭其利用价值，当地女性纷纷从农民旅游协会中退出，导致天龙屯堡的文化氛围大不如启动初期，吸引力大打折扣，缺失屯堡文化特色的天龙屯堡演变为普通的乡村旅游地，在经历短暂的兴旺后很快步入衰退期也就成为意料中的事①。

4. 承诺与贡献

除了对资源的利用与控制，分享旅游发展的决策与选择权以及经济利益以外，少数民族村寨的旅游发展主体——社区居民还应尽可能地对少数民族村寨旅游开发作出自己的贡献和努力，对少数民族村寨旅游开发有责任感，并对社区旅游的成功开发做出一定的承诺。当然，如前所述，要使社区居民对自身所属旅游社区产生认同感，前提是少数民族村寨旅游开发的战略、目标、日常活动是通过与社区居民平等协商而做出的，旅游开发过程是一个与社区居民利益共享的过程。只有得到社区居民的认同和支持，社区居民才会将旅游开发活动视为分内的事情，就如同他们家中饲养的牲口、种植的庄稼一样，社区居民将对旅游开发项目有强烈的认同感和高度的承诺。

5. 能力建设

在少数民族村寨旅游发展进程中，除了外在的因素外，社区居民自身的能力也是影响参与效果的重要原因。换言之，参与要求社区居民应具备一定的知识和能力来实施相关活动，促进社区有效参与。这种能力包括社区居民自身的知识结构和知识储备、身体素质、资金获取能力以及资源利用能力、发展商机的认知能力等。2012 年年初国务院扶贫办制定的《中国农村扶贫开发纲要（2011—2020 年）》中，将连片特困

① 陈志永、吴亚平：《乡村旅游资源开发的阶段性演化与产权困境分析——以贵州天龙屯堡为例》，载《热带地理》2012 年第 2 期。

地区居民的能力建设列为规划的重要板块之一[①]。因此，除了上述社区参与的方式与内容外，参与式发展的重要目标还应包括在少数民族村寨旅游发展进程中，社区居民通过参与旅游发展项目和活动，不断学习、接受培训，从而提高自身能力，加强自身能力建设。对地方政府而言，为了有效促进社区参与，除了引导社区居民积极参与旅游经营活动外，还应积极聘请业内专家或从较为成熟旅游地请人进来对当地居民进行环境、服务技能、经营管理水平、导游服务等方面的培训。与此同时，组织当地居民到其他较为成功的类似景区进行参观学习，开拓其视野，以出游作为一种激励机制，同时也作为一种培训机制，以提高社区居民的能力和水平，促进社区有效参与。

6. 自组织能力

自组织是指建立于自发性、自由性和自愿性基础之上的私人社团组织形式，是相对于政府的强制性、行政性组织方式而言的[②]。在我国西部少数民族贫困地区，至今仍有不少关于村寨自我管理和社会秩序控制的内容，包括民间组织、习惯法、民间宗教和各种禁忌，这些都是少数民族村寨社区参与旅游发展中解决社区内部纠纷和处理社区矛盾不可替代的资源。少数民族村寨社区参与到旅游发展进程中，让社区居民有效组织起来，发挥传统管理资源的优势，有利于社区内部的和谐共处以及传统文化的保护、继承和发展。

从现实来看，随着旅游业的蓬勃发展，民族村寨旅游地农民的物质生活水平有了明显的提高，与外来游客的交往日益频繁，他们不再满足于“养猪为过年、养鸡去换盐”的小农经济生活，农民有了求美、实现自我、关心时政等更高层次的社会需求，并开始关注自身的政治地位、社会地位、人际评价和权利实现等，这一切必然伴随着农民参与活动的空前增加。作为一种农民自我组织、自我保护、自我管理的组织性、制度性、程序性社会参与模式，农民自组织是适合少数民族村寨社区居民参与旅游发展需求的现实有效的形式，会在少数民族村寨社区参与旅游发展过程中发挥更大的作用。

---

① 其他板块包括基础设施建设、产业发展、民生改善、公共服务以及生态环境建设。

② 张龙平：《农民自组织：社会参与的有效选择》，载《理论探讨》1998 年第 2 期。

7. 乡土知识的应用与创新

我国少数民族居民在长期的生产生活实践中所创造、积累形成的民族文化，是支撑民族旅游的灵魂所在。这些为旅游业所用的民族文化，大部分都是根植于地域、产生于特殊族群的地方性知识，民族旅游的发展将其从原生语境中搬上旅游的舞台[①]，成为吸引旅游者不可缺少的因素。在民族旅游发展的背景下，参与式发展的另外一个重要的方面，就是使当地群众在他们所熟悉的环境中能够充分地把他们自己所创造的知识与技能运用到旅游活动中去。与外来利益主体相比，社区居民比任何一个外来者都更加熟悉他们自己的发展限制、发展潜力及发展机会，通过长时间的实践磨炼，他们总结并掌握了一套处理他们自己所面临问题的特有知识与技能，即所谓的乡土知识（Indigenous Knowledge）[②]。居于此，外来利益主体如地方政府、专家学者在少数民族村寨旅游发展进程中只能起到一定的协助作用，即协助社区居民增加参与的基本技能，充分利用自己所掌握的乡土知识去理解他们所面临的新问题、新情况，同时充分利用他们的创新潜力和能力去发展自己的社区，推动社区旅游业的可持续发展。

第二节　少数民族村寨社区参与旅游发展的理论基础透视

一　参与式理论

旅游业发展促进旅游地经济和社会快速发展的同时，也不可避免地给旅游地带来了诸多问题，如环境污染、社会文化破坏、旅游业收益分配不公平等。社区居民被动承担了过多的旅游业发展所带来的负面影响，却没有因此获得应有的补偿或权益，这对社区居民不公平。长此下去，会引起社区居民的怨恨，出现多克西（Doery）所说的现象，即社区居民对旅游发展的态度经历欣喜、冷漠、恼怒和对抗四个阶段，最后

① 张瑾：《民族旅游语境中的地方性知识与红瑶妇女生计变迁——以广西龙胜县黄洛瑶寨为例》，载《旅游学刊》2011 年第 8 期。

② 叶敬忠、陆继霞：《论农村发展中的公众参与》，载《中国农村观察》2002 年第 2 期。

社会文化和环境遭到破坏。在对社区居民对旅游业的感知和态度的归因研究中，学者们发现：社区居民对旅游发展的态度在很大程度上取决于其参与程度，即对旅游业的参与程度越高，获得的旅游收益越多，对待旅游发展的态度就越积极。旅游开发中的社区参与研究就此展开。

我国民族村寨旅游发展进程中，村寨居民作为旅游资源的重要载体和旅游开发的核心利益主体，其参与旅游发展的态度、参与程度不仅关系到村寨居民自身利益，而且对于提高旅游者体验质量，开拓民族村寨旅游市场，促进民族村寨旅游地可持续发展等都有着重要的现实意义。因此，在民族村寨旅游研究中，有必要对民族村寨社区参与和受益情况进行深入研究。

二　利益相关者理论

20 世纪 80 年代中后期，旅游发展中的平等参与、民主决策、组织协作等问题日益凸现。发端于 20 世纪 60 年代的利益相关者理论强调企业经营管理中的伦理问题，恰好与旅游业所面临的种种困惑相呼应，利益相关者理论在旅游研究中得到了响应。不少国外旅游研究开始热衷于将“利益相关者”一词引入旅游领域，并运用于旅游目的地规划、管理与协作的研究之中，出现了一定数量的文献，甚至还衍生出了“旅游利益相关者”这一对应术语①。1999 年 10 月 1 日世界旅游组织大会在其第十三届会议通过的《全球旅游伦理规范》中明确使用了“利益相关者”一词，提供了旅游业发展中不同利益相关者行为参照标准，标志着“旅游利益相关者”概念已正式得到官方认可。相比较而言，我国旅游学界在此方面的研究明显滞后，直至 2000 年，张广瑞将世界旅游组织通过的《全球旅游伦理规范》翻译并引介至国内，同时由中山大学旅游发展与规划研究中心主持了《桂林市旅游发展总体规划(2001—2020 年)》，其中备受国外旅游界瞩目的“利益相关者”问题才真正引起国内学者的关注。

将利益相关者理论引入民族村寨旅游发展研究中，具有迫切的现实意义。旅游业的综合性决定了民族村寨旅游业涵盖众多的利益相关者，

① 夏赞才：《旅游伦理概念及理论框架引论》，载《旅游学刊》2003 年第 2 期。

民族村寨旅游的持续发展目标取决于利益相关者利益的协调程度和行为的协作方式。因此，研究不同利益相关者的利益要求，充分发挥各利益相关者参与旅游发展的积极性，合理有效地协调不同利益相关者的矛盾与冲突，实现利益相关者参与旅游发展目标的融合，成为民族村寨旅游业可持续发展的关键所在。

三　增权理论

有关增权理论的研究是根植于社会工作传统，成长于20世纪60年代的社会维护观点、市民权利和妇女运动以及草根组织运动的孕育而形成的一种实务工作取向，20世纪80年代以后，对该理论的学术研究和实践探索都较为活跃。随着学科交叉性日益增强，增权理论扩展运用至旅游研究领域。

民族村寨旅游开发过程其实质是各利益相关者对旅游资源占有、分配、使用等的过程，是权利博弈和交换的过程。从实际情况来看，民族村寨旅游资源产权的缺失、我国"自上而下"的政治体制及外来资本的强势地位以及二者之间的纠结，加之社区居民受革命运动洗礼和市场经济双重冲击后形成的原子化状态造成的高合作成本往往使社区与外来利益主体互动与博弈时常常处于无权状态。因此，有必要将政治学中的权力与可持续发展两个议题结合起来，通过引入权力关系于旅游业可持续发展分析之中，将社区参与的内涵拓展至社区增权，为我们探索形成社区参与旅游发展的途径及其有效模式提供一个全新的视角和理论突破点，也是近年来旅游学与其他社会科学加速渗透与整合趋势的一种反映。

当然，我们必须认识到，增权和旅游增权毕竟是在西方的政治制度、经济制度和社会文化背景下发展起来的，首先解决的是西方文明以及西方社会内部的种种矛盾、冲突及其导致的问题，不能简单地视为解决中国旅游问题的现成答案。例如，西方学者研究中对"个人权利"和"制度型"增权的忽视就与西方国家已经普遍存在的产权制度有关。那么，我们有无必要借鉴西方的增权模式？究竟能借鉴多少？我们的增权空间从何处展延？对这些问题的回答，需要立足于中国特殊的国情及民族村寨旅游发展的现实特征展开深入分析，对旅游增权理论加以

“解释、补充、修改”，才能有效探究我国少数民族村寨社区居民增权的现实、时空特征及有效的路径和模式。因此，以民族村寨旅游地社区增权为研究主题，加强旅游增权理论的本土化研究，既有助于补充和完善旅游增权理论的理论体系，也有助于构建中国旅游增权的实践框架，形成“健康地”学习西方的学术态度，兼具理论、实践以及方法上的多重意义。

第三章　少数民族村寨社区旅游发展中的利益冲突与协调机制构建

作为我国旅游业的重要组成部分，少数民族村寨凭借其资源优势与市场潜力不仅吸引着村寨居民参与到旅游开发中来，也吸引着包括政府、外来投资者等外来利益主体的介入。根据旅游利益相关者理论，旅游业的可持续发展取决于利益相关者利益的协同程度与行为的协作方式。因此，外来利益主体介入后，社区居民、地方政府与外来投资商三者之间的权力互动与利益制衡成为少数民族村寨旅游业可持续发展必须思考的问题之一。

第一节　少数民族村寨利益相关主体参与旅游开发的必要性与必然性

一　社区居民的核心主体地位

少数民族村寨旅游开发，依托的是村寨居民鲜活的生产生活技能、容貌、价值观念以及由此产生的当地居民的民风民俗等。这些要素内在于居民“活态”载体上，根植于居民的思想态度和言行举止中，其产权天然属于活生生的个人。因此，少数民族村寨的鲜活性和以人为主体的构建性，决定了在旅游产品开发设计中既要依托当地人为载体来表征外显文化事象，同时，也就对制度设计产生了内在的约束。即当地人是旅游产品开发的文化主体，同时也就必然成为文化资源资本化的利益主体[①]。如果村寨居民

① 孙兆霞：《试析文化构建性与乡村旅游开发需求指向的关系——以黔中屯堡为例》，载《贵州民族学院学报》（哲学社会科学版）2006 年第 4 期。

被排除在旅游开发利益主体之外，既是对其天然产权主体的否定，同时，作为旅游资源要素的重要组成部分，难以获益的村民也将会用消极的态度和行为乃至极端暴力来对抗旅游，从而造成少数民族村寨旅游开发难以为继。另外，在我国西部少数民族地区，至今仍有不少关于村寨管理和社会秩序控制的内容，包括民间组织、习惯法、民间宗教和各种禁忌，这些都是少数民族村寨旅游开发中解决纠纷和处理矛盾不可替代的本土管理资源。让村寨居民参与到旅游开发中来，发挥传统管理资源的优势，既有利于各利益相关者之间的和谐共处，又有利于传统文化的保护、继承和发展。最后，许多少数民族地区旅游资源富集区，由于自然和历史原因，人地矛盾突出，农业生产没有特色，规模化、产业化、现代化生产受挫，对当地村民而言，要打破生态环境和社会经济条件的制约，依托其资源优势，接待来访的外来游客，无疑成为当地摆脱贫困最优化的路径选择。可见，少数民族村寨居民参与旅游开发具有必要性与必然性，这既是其摆脱贫困的客观必然所趋，也是旅游开发得以顺利实施的根本。

二 政府的有限介入与必然介入

我国少数民族村寨旅游开发实践表明，仅依靠社区“内源式”发展无法解决旅游资源发展深度不够、公共产品供给不足、市场规模难以拓展等一系列问题。随着旅游业规模的逐渐扩大，村民们的经营思路会愈加拓宽，竞争也将更加激烈，由于制度供给不足所引发的“公地悲剧”、矛盾与冲突等问题也将日益严重。依靠社区内部自发地由个人理性走向集体理性是不明智的，需要一个长期认知和博弈的过程；而社区赖以生存的公共资源是极其珍贵和脆弱的。因此，有必要引入政府力量并进行合理的制度设计以解决旅游开发中存在的诸多问题。

对于旅游资源富集，市场潜力巨大，具有较高旅游开发价值的少数民族村寨集聚地，地方政府进入有其必然性。首先，政府领导可通过控制旅游开发而获得经济利益，这种直接的诱惑使得他们不惮踏入法令的禁区。其次，作为公共利益的代表，政府领导可利用手中掌控的行政资源和强制力缩短旅游项目建设周期，加快旅游开发进程，迅速带动地方经济发展。这样不但能在地方树立良好的政府形象，受到百姓拥护与支持，降低政府参与旅游开发的社会成本，还能凸显个人政绩。这反过来加强了地方领导人的政治影响力，并获得上一级政府更多的支持、信任甚至得到升迁。从少数民族村寨保护的角度来看，在可持续发展的社会舆论压力下，地方政府必须根据保护性法规去履行政府职能，积极保护各类旅游资源，因为这种保护也是地方政府规避行政风险的一种手段，毕竟在任的地方领导人谁也不愿承担资源保护不力的责任。

三　外来资本介入的必要性与必然性

在我国，许多少数民族村寨特色优势明显的区域处于比较落后的民族偏远地区，一方面使得独特的资源受现代文明冲击较小，能够保持其资源特色与优势；另一方面这些区域自我发展能力有限、基础设施不完善、可进入性较差，资金成为这些区域旅游发展的最大瓶颈，单靠地方政府的投入很难实现资源价值的经济转换，外来企业则能凭借其资本优势解决上述问题。同时，外来资本的介入还会将先进的管理理念与技能随即带入，为少数民族村寨旅游开发注入新的活力。随着区域旅游市场竞争的加剧和旅游者消费偏好的日趋增强，旅游业已从低投入、高产出过渡到高投入、高产出的新阶段，资本在旅游开发中的价值与作用常常使地方政府求商若渴，个别地方政府几乎是不惜代价地寻求与引进外来资本。外来投资商的进入不仅刺激了地方旅游业的快速发展，而且有助于官员出政绩。正是在这样的背景下，投资商的话语权被扩大，企业的利益被不合理地“照顾”。

对投资商而言，面对优惠的投资政策、资源优势与巨大的市场潜力，当然会欣喜介入。云南香格里拉德钦县梅里雪山脚下的雨崩藏族社区，至今仍未通公路，进出景区依靠步行或马匹，且整个行程安全隐患重重，但近年来该区域凭借其垄断性资源优势吸引着越来越多的旅游者，市场潜力巨大。云南省的几家大型企业早已将开发目标盯住此地，待当地政府授权或同意后，将立即参与该地的基础设施建设和旅游资源开发。

综上所述，少数民族村寨旅游地社区居民虽是旅游开发的“天然主体”，但有限的自我发展能力，旅游开发中公共产品供给不足、“公地悲剧”等问题的凸显以及少数民族村寨资源的优势及市场潜力则意味着外来利益主体参与旅游开发具有必要性与必然性，如何处理好与外来利益主体之间的关系已成为少数民族村寨居民以及理论界难以回避的现实问题。

第二节　少数民族村寨旅游开发中的利益失衡及其结果

经济学认为，行为主体在社会经济生活中都会追求自身利益的最大化。上述利益主体之所以在少数民族村寨旅游开发中积极介入，其原因就在于这些群体或个人希望在旅游发展政策、程序或针对他人所采取的行动中享有利益、份额或索取权。社区居民希望通过参与旅游开发赢得更多的就业机会，提高生活质量，并进一步改善社区环境，实现自我发展。企业的利益要求则是获取高额的利润回报，虽然近年来随着游客和社区居民对资源滥用问题忧虑的日益增加以及他们对企业应承担社会责任的呼吁而迫使企业开始正视其社会责任问题，关注可持续发展，但最终目的乃是树立良好的企业形象和提升企业知名度进而使企业获得长期的生存和发展。政府利益则显得异常复杂，以至于许多学者发出感叹："对中国的过度经济来说，最难评价的是政府的作用。"[①] 一方面，政府作为公共权力机关，是公共利益的集中代表者和公共资源的最大整合与调配者，在旅游开发过程中所追求的公共利益目标一般体现为在完善旅游基础设施和建构相关制度的基础上，塑造鲜明的旅游形象，提升目的地知名度进而推动旅游业的可持续发展。而另一方面，在公共选择理论者看来，政府是由各级官员组成的，他们有着自己的私利，由政府出面对一个产业进行管制并非是一种免费的物品，他们可能通过"政治寻租"、"政治设租"等行为获得权力租金，追求经济利益和政治利益的最大化。因此，与另外两个利益主体相比，政府利益体现出隐蔽性和二重性特征[②]。

在少数民族村寨旅游开发中，旅游资源具有涉及旅游开发和资源保

① 周业安：《中国制度变迁的演进论解释》，载《经济研究》2000年第5期。

② 郭华：《制度变迁视角的乡村旅游社区利益相关者管理研究》，博士学位论文，暨南大学，2007年，第58页。

护等方面的多重属性，完全保护和完全转让产权的成本很高，导致任何一项产权都不可能完全界定。没有完全界定的产权把少数民族村寨资产的部分有价值的资源留在了“公共领域”，为各利益相关者提供了在“公共领域”寻租的潜在机会[①]。是否能够获得寻租机会或索取控制“租”的潜在机会，很大程度上取决于少数民族村寨社区与外部力量之间的权利较量。在我国，受传统文化、法律制度、经济发展水平、社会结构、政治力量等各种因素影响，社区居民与外来利益主体互动与博弈时常常处于无权状态。原因如下：

（1）在经济权利方面。少数民族村寨大多位于欠发达、欠开发的区域，村民收入极为有限，自我发展能力较弱，经营扩展在根本上受到个体所拥有的资源数量和个体自身能力的极限约束，使整个家庭旅馆经营活动只能围绕生计而展开，并以主体性生产的短缺和小生产者的分化赋予整个经济体系脆弱的基本特征[②]。适合于当地居民自主经营的项目多为风险小、利润低且竞争激烈的诸如旅游商品制作与生产、餐饮以及围绕商品销售和餐饮经营的相关生产活动。与之相反，地方政府与外来投资者却能依托公共资源，携带雄厚的外来资本介入到旅游开发中，并通过对旅游资源开发权、使用权的控制和大型项目的投资建设，获取高额的利润回报。

（2）政治权利方面。我国目前仍处于由传统社会向现代社会的转型期，受传统计划经济体制的刚性影响，政府仍能对旅游资源实现严格的管理与控制，旅游管理体制改革还仅仅是一种体制内的权力下放活动，具有“大政府”、“小社会”的特征[③]。现行的政治体制决定了政府拥有强势的权力。与此形成鲜明对比的是，我国政治文化传统中民主意识淡薄，崇尚权威，公民意识尚未确立，习惯被动服从而不是主动参与，在社区与外来利益主体博弈中，很难通过民主方式解决分歧和争

① 王汝辉：《巴泽尔产权模型在少数民族村寨资源开发中的应用研究——四川理县桃坪羌寨为例》，载《旅游学刊》2009 年第 5 期。

② 陈庆德、潘盛之：《中国民族村寨经济转型的特征与动力》，载《民族研究》2004 年第 4 期。

③ 郭华：《制度变迁视角的乡村旅游社区利益相关者管理研究》，博士学位论文，暨南大学，2007 年，第 58 页。

端，为自己争得利益。现实中，虽然在参与人数上远远多于外来利益主体，但因为缺乏公众票决机制，也没有公众论坛，人数虽多但利益诉求渠道不畅，与各项权力几乎“绝缘”。

（3）组织权利方面。企业追求经济利益的天然秉性与地方政府依赖外来企业彰显政绩的非公共性动机为二者结成利益共同体提供了可能，某些政府官员甚至失去公共利益代理者的立场，转而成为企业的代言人[①]。景区开发中被新闻媒体曝光的重大环境事件，几乎都有政府官员或明或暗的支持[②]。这样，外来利益主体因共同的利益需要常常高度地组织在一起，采取集中统一行动，从而形成更强的合力[③]。反观大部分民族贫困农村，自我发展能力有限，不仅难以与外来资本与权力机构抗衡，而且，在经历了百年革命运动的洗礼和市场经济的冲击后，许多传统的农村社会已经解体，村庄结构出现了扁平化、原子化[④]。农民的原子化状态导致合作成本高昂，合作难以实现。实际上，对于产权被弱化、权力受限这样的已存事实，在一定程度上可以通过合作的力量来积极面对，但高昂的合作成本导致村民们无法有效地与外来利益主体平等地处理旅游公共事务。不仅如此，在个别地方，原本代表村民利益、为村民做主的社区基层组织——村委会，也因为在经济上依赖外来利益主体，而逐渐演化为外来利益主体的代理人。

综上所述，在少数民族村寨旅游开发进程中，受产权缺失、自我发展能力等相关因素的影响和制约，少数民族村寨的天然主体在与外来利益主体博弈中常常以“弱势群体”的姿态出现。在权力失衡状态下，各利益相关者之间的协调机制被打破，相互之间的矛盾凸显，旅游发展不可持续，具体为：

在我国少数民族村寨资源产权模糊、社区“无权”、缺乏监督的环

---

① 许峰、秦晓楠：《资源系统支撑下的乡村旅游地多中心治理研究》，载《旅游科学》2010 年第 2 期。

② 章尚正：《旅游资源开发与保护中的制衡机制失衡与政府规制优化》，载《旅游管理》2010 年第 2 期。

③ 叶敬忠：《发展干预中的权力滴流误区与农民组织》，载《广西民族大学学报》（哲学社会科学版）2008 年第 3 期。

④ 贺雪峰：《乡村的前途——新农村建设与中国道路》，山东人民出版社 2007 年版，第 154 页。

境下，受“利润第一”和“文化经济”驱使，外来利益主体难免存在资源过度利用的机会主义，急功近利，不尊重社区居民的意愿，并导致旅游资源应有的功能不断萎缩。久而久之，少数民族村寨丰富的文化内涵必然被弱化，甚至会被异化和歪曲；时间久了，游客当然也会从这些已经商品化了的外在形式中品味出浓浓的商品含义，导致少数民族村寨吸引力逐渐减弱。但是否意味着如果缺少外来利益主体的介入，社区居民就一定能消除文化滥用的机会主义，那也未必。但与社区居民相比，对任期短、转任快的县、乡级官员而言，招商引资、产值、税收成为升迁考核的重要内容，这难免出现政府规制的失衡，偏向投资方，导致少数民族村寨旅游资源的短期、高强度开发。在少数民族村寨资源被过度滥用的同时，村寨居民因为权利与利益的丧失而失去保护旅游资源的内在动力与参与少数民族村寨旅游的热情，而且常常会通过“明示”或“暗示”的方式发泄心中的不满，甚至将这种不满转嫁到旅游者身上，并使后者望而生畏。

第三节 少数民族村寨旅游开发中的利益制衡机制

以上论述表明，村寨居民、地方政府及外来资本在参与少数民族村寨旅游开发的互动与博弈中存在的权利失衡状况导致少数民族村寨旅游开发难以维系。为推动少数民族村寨旅游业的可持续发展，有必要从权力失衡的结构状态出发，通过合理地安排利益相关者的权利与角色，构建利益约束机制和行为监督机制，实现和谐互促的利益格局和利益秩序，达到利益均衡，从而保证我国少数民族村寨旅游开发在资源产权模糊和权力结构失衡状态下尽可能实现共同决策和集体福利的“帕累托效率”，实现资源系统的高效利用，推进少数民族村寨旅游业的可持续发展。

一 科学、合理的制度安排是利益制衡机制良性运行的保证

当不同的利益主体追求其目标，行使其意志时，常常会触及他人的利益，这必然引发矛盾与冲突。通过制定行为规则，划定各利益相关者的行动范围，提供解决机制在一定程度上能以较低的代价和非暴力方式解决冲突问题。少数民族村寨旅游开发实践中，基于产权缺失和文化资

源的本质性特征，有必要从旅游资源保护的需要出发进行合理的产权制度设计与安排或在利益主体之间签订严格的契约，使少数民族村寨资源载体——社区居民在旅游开发中获得最大化的利益，这样才能从根本上激励他们合理开发和保护自己珍贵的传统文化资源，实现旅游业的可持续发展。具体到少数民族村寨旅游开发中，可以通过股份合作制让社区居民成为旅游资源的所有者，通过合同的形式确立利益的分成制度。通过一系列法律规制，使社区居民的主体地位真正凸显，实现制度增权，这是减少社区居民与政府等外来利益主体矛盾与冲突，使旅游业能真正可持续发展的重要前提。

二　社区组织化与社区精英作用的发挥是利益制衡机制良性运行的内在基础

少数民族村寨旅游开发进程中，社区能否取得和在多大程度上取得主导地位取决于社区与外部力量之间的政治博弈和权力较量，而不是寄希望于投资者们怀揣一颗慈善的心或政府的“父爱主义”关怀。但是，单个居民在政治论坛上的声音毕竟影响力较小，甚至根本难以引起政府的重视。如果组织起来，以集体的力量发出声音，其声音则要强大得多，因而成功影响政府决策，为少数民族村寨长远发展争取空间的能力就要大得多。针对少数民族村寨社区的弱组织状态，一方面，需要恢复或重建相应的社区组织，如老年协会、农家乐协会等以增加社区居民旅游参与的社会资本，以组织的力量同其他社会阶层发生各种联系，以集体的力量解决社区居民的缺位问题，逐渐地与外来利益相关者形成较为平等的权力制衡。另一方面，应当积极发挥社区精英的带动作用，利用社区精英的影响力和示范效应，有效地动员和组织社区成员，采取非正式的低度联合或合作方式来完成具有公共事务性质的某些集体事务，从而使少数民族村寨社区权力结构更趋多元化，在一定程度上可对外来利益主体的强势地位形成制约。

三　媒体、学者的支持、监督是利益制衡机制良好运行的平衡器

当前全国各地的申遗热以及与之相伴的少数民族村寨旅游开发的兴起已引起各类媒体的高度关注，“非物质文化遗产”、“原生态文化”、

"民族旅游"等频繁见诸报端网页。因此，在少数民族村寨旅游开发中，可借助媒体的放大效应对政府的越权行为和外来投资者的短期行为进行及时跟踪和报道，引起更多社会群体的关注，以便对强势群体起到监督和制约作用。另外，专家、学者的专业素养和前瞻视角不仅能为社区居民提供知识帮助和教育培训，为政府提供咨询决策和服务，还可将"社区参与"乃至"社区增权"的理念带给社区居民，代表社区居民与政府进行交涉和谈判。总而言之，新闻媒体、专家学者作为间接利益相关者，可以基于独立精神发表见解，引导社会舆论和协调各类矛盾，是少数民族村寨旅游开发进程中利益制衡机制良性运行的平衡器。

四　"多中心治理"——少数民族村寨旅游开发利益制衡的理想模式

少数民族村寨旅游开发进程中，仅仅依靠政府、企业或社区等单方利益主体很难突破旅游发展的瓶颈，有效的制度供给必然是多方参与、多方协调、平等互信以及相互监督原则下的公有体制和私人体制的多方结合。以"官、产、民"为核心的多元化权力结构是突破发展困境的必然选择，是保证少数民族村寨旅游开发可持续发展方向的必要非充分条件。鉴于三方在少数民族村寨开发中很难构建真正的多中心权力结构，因此，有必要借助媒体、学界等外部力量，构建包括外部支持和监督系统的"官、产、民、媒、学"等多中心治理模式，并通过明确各利益主体角色，构建利益约束机制和行为监督机制，促进相关利益主体科学、理性地处理利益关系，达到利益均衡，真正实现共同决策和集体福利的"帕累托效率"，推进少数民族村寨旅游业的可持续发展。

第四章　少数民族村寨社区居民参与旅游发展的多维价值定量研究

——基于增权效能的视角

在少数民族贫困地区旅游开发背景下，当地社区如果能通过参与旅游发展实践以增强当地社区在旅游开发方面的控制权、利益分享权和强调社区在推动旅游发展方面的重要性，使社区居民从被动参与转向主动行动，打破不平衡的权力关系，获取旅游发展中的决策权，保证当地居民利益的最大化并能部分控制旅游在地方的发展，这样将为当地旅游业的持续、健康发展创造一个良好的社会环境。因此，增权是旅游目的地获得可持续发展的重要前提①。在民族村寨社区旅游发展中，社区居民作为旅游资源的主人和旅游吸引力的重要组成部分，其对旅游增权的感知是凸显社区在旅游发展中主体地位，推动社区居民积极参与旅游开发，使旅游目的地获得可持续发展的重要保障。因此，从增权视角出发来思考少数民族村寨旅游社区参与旅游发展的价值和意义是研究民族村寨旅游业可持续发展的又一重要视角，这也正是本部分研究的基本逻辑起点。

第一节　社区居民对旅游增权感知的逻辑框架

一　问题的提出与文献回顾

自 20 世纪 80 年代以来，“增权”一词成为众多学者和社会工作者

---

① John S. Akamal, “Western environmental values and nature-based tourism in Kenya” [J]. *Tourism Management* , 1996 (8): 567 - 574.

的热门话题之一。其基本含义是指通过外部的干预和帮助而增强个人的能力和对权利的认识，以减少或消除无权感的过程①，基本价值在于协助弱势群体及其成员，通过行动，去增强调适的潜力及提升环境和结构的改变，通过社会政策和计划，去营造一个正义的社会，为民众提供平等的接近资源的能力和机会②。

从理论研究来看，有关增权理论的研究是根植于社会工作传统，成长于20世纪60年代的社会维护观点、市民权利和妇女运动以及草根组织运动的孕育而形成的一种实务工作取向，20世纪80年代以后，对该理论的学术研究和实践探索都较为活跃③。随着学科交叉性日益增强，增权理论扩展运用至旅游研究领域。Akamal（1996）最早提出社区旅游增权的必要性④，Regina Scheyvens（1999）构建了一个包含政治、经济、心理、社会4个维度在内的社区旅游增权框架（见表4.1）⑤，Sofield（2003）进一步深化了旅游增权的概念、理论和方法⑥。

近年来，国内学者保继刚等（2008）⑦，左冰等（2009，2008）⑧，孙九霞（2008）⑨ 等人率先将旅游增权理论引入中国，在对增权理论进行梳理、吸收的基础上，提出旅游社区增权的基本路径，并以云南香格里拉部分藏族社区为例，探索将旅游增权理论应用于中国旅游实践的框架和途径。从已有文献来看，国内外关于旅游增权的研究成果停留在定性研

---

① 保继刚、孙九霞：《雨崩村社区旅游：社区参与方式及其增权意义》，载《旅游论坛》2008年第1期。

② 苏巧平：《以增权理论解读中国农村贫困问题》，载《科技进步与对策》2006年第5期。

③ 同上。

④ John S. Akamal, "Western environmental values and nature-based tourism in Kenya" [J]. *Tourism Management*, 1996 (8): 567–574.

⑤ Regina Scheyvens, "Ecotourism and the empowerment of local communities" [J]. *Tourism Management*, 1999 (20): 245–249.

⑥ Sofield T. H. B., "Empowerment for sustainable tourism development" [M]. Pergamon Press. 2003.

⑦ 保继刚、孙九霞：《雨崩村社区旅游：社区参与方式及其增权意义》，载《旅游论坛》2008年第1期。

⑧ 左冰：《旅游增权理论的本土化研究——云南迪庆案例》，载《旅游科学》2009年第2期；左冰、保继刚：《从"社区参与"走向"社区增权"——西方"旅游增权"理论研究述评》，载《旅游学刊》2008年第4期。

⑨ 孙九霞：《赋权理论与旅游发展中的社区能力建设》，载《旅游学刊》2008年第9期。

究和一般的归纳与总结水平上，研究方法以定性为主，对旅游增权的定量研究还未给予关注。鉴于此，本章将以典型的民族村寨社区为样本地，以样本地社区居民对旅游增权的感知为测量指标，对少数民族村寨社区居民参与旅游发展的多维价值展开实证研究，以丰富旅游增权研究内容。

表 4.1　　**旅游发展中社区增权的思维框架表**

维度	增权	去权
经济增权	旅游为当地社区带来持续的经济收益。发展旅游所赚来的钱被社区中许多家庭共同分享，并导致生活水平的明显提高（改善供水体系、房屋修建使用耐久的材料）	旅游仅仅导致了少量的、间歇性的收益。大部分利益流向地方精英、外来开发商、政府机构。只有少数个人或家庭从旅游中获得直接经济收益，由于缺少资本或适当的技能，其他人很难找到一条途径来分享利益
心理增权	旅游发展提高了许多社区居民的自豪感，因为他们的文化、自然资源和传统知识的独特性得到外部肯定。当地居民日益增强的信心促使他们进一步接受教育和培训机会。就业和挣钱机会可获得性的增加使处于传统社会底层的群体，如妇女和年轻人的社会地位提高	许多人不仅没有分享到旅游的利益，而且还面临着由于使用保护区资源的机会减少而产生生活困难。他们因此而感到沮丧、无所适从、对旅游发展毫无兴趣或悲观失望
社会增权	旅游提高或维持着当地社区的平衡。当个人和家庭为建设成功的旅游企业而共同工作时，社区的整合度被提高。部分旅游收益安排用于推动社区发展，如修建学校或改进道路交通	社会混乱和堕落。许多社区居民吸纳了外来价值观念，失去了对传统文化的尊重。弱势群体特别是妇女承受了旅游发展带来的负面影响，不能公平地分享收益。个人、家庭、民族或社会经济群体不仅不合作，还为了经济利益而相互竞争、憎恨与妒忌
政治增权	社区的政治结构在相当程度上代表了所有社区群体的需要与利益，并提供了一个平台供人们就旅游发展相关的问题而建立起来的机构处理和解决不同社区群体（包括特殊利益集团和妇女、年轻人和其他社会弱势群体）的各种问题，并为这些群体提供被选举作为代表参与决策的机会	社区拥有一个专横的或以自我利益为中心的领导集体。为发展旅游而建立起来的机构将社区作为被动的受益者对待，不让他们参与决策，社区的大多数成员感到他们只有很少或根本没有机会和权利发表关于是否发展旅游或应该怎样发展旅游的看法

资料来源：Regina Scheyvens，“Ecotourism and the empowerment of local communities”［J］. *Tourism Management*，1999（20）：245－249。

二　社区居民对旅游增权感知的逻辑框架

测评社区居民对旅游增权的感知情况，首先要有一个可供直接测量的指标体系。指标体系必须全面反映影响社区居民评价旅游增权的主要因素，它是否能反映样本地社区居民对旅游增权感知的心理差异，是决定整个测评体系合理性、适用性的关键。本章在提出旅游增权指标体系逻辑理论框架的基础上，形成一个逐级展开的多层次、多维度的测评体系。

（一）假设条件

1. 在民族贫困地区旅游开发背景下，借助旅游业的发展可增强当地社区在旅游开发方面的控制权、利益分享权和强调社区在推动旅游发展方面的重要性，使社区居民从被动参与转向主动行动，打破不平衡的权力关系，获取旅游发展中的决策权，保证当地居民利益的最大化并且能够部分地控制旅游在地方的发展，这样将为当地旅游业的持续、健康发展创造一个良好的社会环境。如图 4.1 所示。

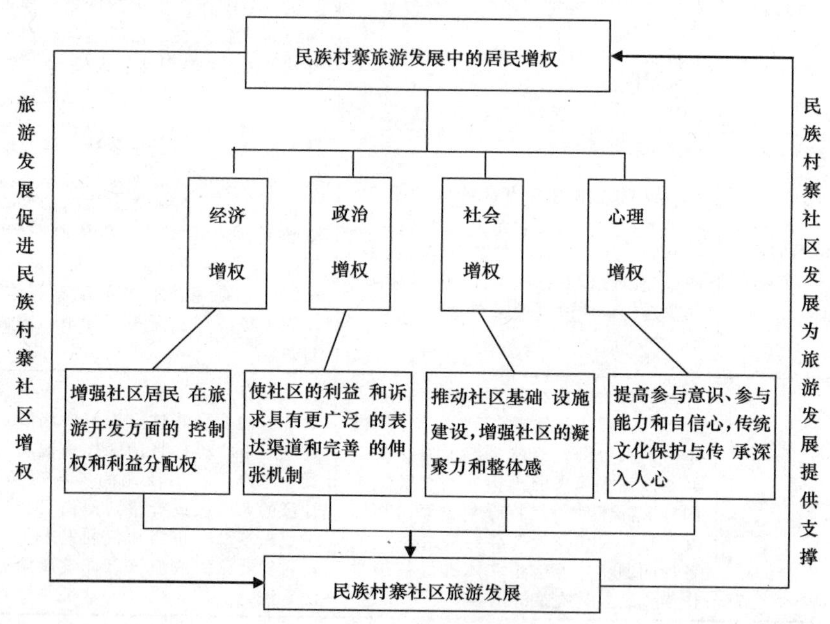

图 4.1　旅游发展与民族村寨社区发展良性互动图示

（根据“郭华．制度变迁视角的乡村旅游社区利益相关者管理研究［D］．暨南大学博士学位论文，2007：145”旅游发展与乡村社区发展良性互动图修改而成）

2. 根据 Regina Scheyvens① 提出的社区旅游增权框架，本章评价少数民族村寨社区居民对旅游增权的感知，围绕经济增权、政治增权、心理增权和社会增权来进行。

经济增权主要研究社区居民的获益能力以及旅游收益在一定区域内不同利益相关者之间形成与流转的过程。在社区旅游增权的框架内，经济增权是政治增权、社会增权、心理增权的重要基础。

政治增权意味着社区居民的诉求和利益具有更广泛的表达渠道和完善的伸张机制。

心理增权意味着参与旅游经营获益的村民逐渐认识到传统文化与自然资源的价值，村民将从内心深处为自身所拥有的文化和传统而骄傲，并积极主动地投入到旅游开发与传统文化保护中来。

社会增权指的是社区的凝聚力和整体感因社区所从事的旅游活动而得到确认和加强的一种状态。

3. 增权是一个涉及经济、政治、社会、心理等多种因素的综合体系，加之旅游业的综合性特征，使得增权的各项社会经济数据很难从区域总体社会经济发展的相关数据中剥离出来。社区居民作为旅游增权的作用对象和实际感受者，他们对于旅游增权的感知在一定程度上可反映旅游增权的效果。

4. 民族贫困地区以社区为核心力量导向的旅游开发，因受资本、区位、传统文化等因素的影响，社区居民对参与旅游发展的社会经济意义价值的感知存在差异。除了将社区居民看作一个整体外，同时必须正视社区居民内部存在的差异性，这种差异源于社区居民的性别、年龄、文化程度、家庭收入等要素，并最终导致对旅游增权感知不一致。

5. 由于受各方面因素的影响，增权在旅游目的地空间上往往呈现出一定的差异性，增权在旅游目的地空间上的差异呈现何种分异特征，造成这种分异的因素是什么，都是亟待认识和研究的问题。这不仅是贯彻落实科学发展观、构建和谐社会的要求，也是区域旅游业持续、健康

① Regina Scheyvens, "Ecotourism and the empowerment of local communities" [J]. *Tourism Management*, 1999 (20): 245 - 249.

发展的保证。

（二）社区居民对旅游增权感知的测评指标体系

由于直接对样本地不同区域社区居民对旅游增权的感知强度进行测评很困难，因此，根据指标体系设置原则（整体性原则、可行性原则、科学性原则、实用性原则），建立四层结构的旅游增权的社区感知度测评指标体系，然后逐层推出感知的综合信息。见表 4. 2。

第一层次：不同区域社区居民对旅游增权感知总的测评指标，为一级指标。

第二层次：根据 Regina Scheyvens 提出的社区旅游增权框架，本文把社区增权的二级指标定为四个变量，即经济增权、政治增权、心理增权和社会增权。

第三层次：与增权相伴的是去权。为综合反映社区居民对旅游增权的感知情况，将社区居民对旅游增权感知逻辑框架中的四个变量划分为增权和去权两个部分。

第四层次：根据旅游增权的相关文献[①②③④⑤⑥]，参考已开发的旅游影响感知价值量表[⑦⑧⑨]，通过实地访谈和小规模座谈以深入了解社区居民对增权的认知与评价，将三级指标展开为 37 个可以直接测量的四级

---

① 左冰：《旅游增权理论的本土化研究——云南迪庆案例》，载《旅游科学》2009 年第 2 期。

② 保继刚、孙九霞：《雨崩村社区旅游：社区参与方式及其增权意义》，载《旅游论坛》2008 年第 1 期。

③ 左冰、保继刚：《从“社区参与”走向“社区增权”——西方“旅游增权”理论研究述评》，载《旅游学刊》2008 年第 4 期。

④ 孙九霞：《赋权理论与旅游发展中的社区能力建设》，载《旅游学刊》2008 年第 9 期。

⑤ 周林刚：《激发权能理论：一个文献的综述》，载《深圳大学学报》（人文社会科学版）2005 年第 6 期。

⑥ 唐咏：《中国增权理论研究述评》，载《社会科学家》2009 年第 1 期。

⑦ 黄燕玲、罗盛峰：《少数民族地区居民对农业旅游影响的感知研究——以广西恭城瑶族自治县红岩新村为例》，载《广西民族研究》2008 年第 2 期。

⑧ 李东和、张捷：《基于旅游地居民感知和态度的旅游影响空间分异研究——以安徽省三河镇为例》，载《地理科学》2007 年第 4 期。

⑨ 李东和、张捷：《居民旅游影响感知和态度的空间分异——以黄山风景区为例》，载《地理研究》2008 年第 4 期。

指标，用以获得游客满意信息。

1. 经济增权指标：旅游促进地方经济发展、增加就业机会、增加居民收入、提高居民生活水平四项指标。去权则包括未能分享旅游带来的收益，社区因缺少资本或技能很难找到合适途径参与旅游，旅游仅带来了少量的、间歇性的收益，大部分收益流向了地方精英、外来投资商和政府机构，贫富差距逐渐拉大，导致农业生产资料和基本生活用品价格上涨七项指标。

2. 政治增权指标：与旅游相关的组织代表了社区的需要和利益，提供了供人们就旅游发展进行交流的平台，社区居民有参与旅游管理负责人选举的机会，社区居民有被选举作为代表参与旅游决策的机会，社区居民有参与旅游管理的权利与机会，社区居民有参与旅游事务监督的权利与机会六项指标。去权则包括社区拥有一个专横或以自我利益为中心的领导集体，很少或根本没有机会和权利发表关于旅游的看法，为发展旅游而建立起来的机构将社区作为被动的受益者对待。

3. 心理增权指标：社区的传统文化和自然资源得到外部肯定，旅游发展提高了社区居民的自豪感，有必要进一步接受传统文化、旅游影响等方面的教育和培训，村民积极、主动参与旅游开发。去权包括居民吸纳了外来价值观念并失去对传统文化的尊重，对社区旅游发展感到沮丧或悲观失望。

4. 社会增权指标：社区的凝聚力不断提高和增强，部分旅游收益用于推动社区发展，与旅游相关的基础设施丰富了当地人的休闲活动，旅游收益的增加使妇女和年轻人社会地位提高，社区精英在旅游发展中具有动员和示范作用，社区精英能够带动村民抵制政府不合理的干预，传统的社区组织依然对村民具有很强的约束力，传统的社区组织在旅游发展中具有组织和协调作用，旅游专业合作组织增强了社区成员的凝聚力。去权则包括社区成员之间为了旅游经济利益而相互竞争和嫉妒，弱势群体不仅不能分享旅游收益，而且还要承受旅游发展带来的负面影响。

表4.2　社区居民对旅游增权感知强度的测量指标体系

一级指标	二级指标	三级指标	四级指标（评价因子层）
不同区域社区居民对旅游增权的感知强度	经济增权	增权	促进地方经济发展
			增加就业机会
			增加居民收入
			提高居民生活水平
		去权	未能分享旅游带来的收益
			社区因缺少资本或技能很难找到合适途径参与旅游
			旅游仅带来了少量的、间歇性的收益
			大部分收益流向了地方精英、外来投资商和政府机构
			贫富差距逐渐拉大
			农业生产资料价格上涨
			基本生活用品价格上涨
	政治增权	增权	与旅游相关的组织代表了社区的需要和利益
			与旅游相关的组织提供了供人们就旅游发展进行交流的平台
			社区居民有参与旅游管理负责人选举的机会
			社区居民有被选举作为代表参与旅游决策的机会
			社区居民有参与旅游管理的权利与机会
			社区居民有参与旅游事务监督的权利与机会
		去权	社区拥有一个专横或以自我利益为中心的领导集体
			社区很少或根本没有机会和权利发表关于旅游的看法
			为发展旅游而建立起来的机构将社区作为被动的受益者对待
	心理增权	增权	社区的传统文化和自然资源得到外部肯定
			社区居民的自豪感得以提高
			有必要进一步接受传统文化、旅游影响等方面的教育和培训
			村民积极、主动参与旅游开发
		去权	居民吸纳了外来价值观念并失去对传统文化的尊重
			对旅游发展感到沮丧或悲观失望

续表

一级指标	二级指标	三级指标	四级指标（评价因子层）
不同区域社区居民对旅游增权的感知强度	社会增权	增权	社区的凝聚力不断提高和增强
			部分旅游收益用于推动社区发展（如修建学校、改进道路）
			与旅游相关的基础设施丰富了当地人的休闲活动
			旅游收益的增加使妇女和年轻人社会地位提高
			社区精英在旅游发展中具有动员和示范作用
			社区精英能够带动村民抵制政府不合理的干预
			传统的社区组织依然对村民具有很强的约束力
			传统的社区组织在旅游发展中具有组织和协调作用
			旅游专业合作组织增强了社区成员的凝聚力
		去权	社区成员之间为了旅游经济利益而相互竞争和嫉妒
			弱势群体不仅不能分享旅游收益，而且还要承受旅游发展带来的负面影响

第二节　少数民族村寨社区居民对旅游增权的感知

一　案例地的典型性与研究价值

自20世纪80年代中期进行旅游开发以来，郎德苗寨村民无论在旅游决策与管理、旅游接待与经营以及文化环境保护等方面都占据了主导地位，成为社区旅游发展的核心力量导向。在国内外学者积极倡导社区参与旅游发展的呼声中，郎德人20年前就在实践这种理念并取得了丰厚的物质、制度和精神成果。作为西部民族贫困地区社区主导旅游发展模式的典型代表，这为研究旅游增权提供了一个理想的“试验场”。以郎德苗寨为例，探讨少数民族村寨旅游增权问题显示的理论和实践意义如下所示。

（一）理论意义：增权和旅游增权理论源自西方文明，解决的是西方社会内部的矛盾、冲突及其导致的问题，不能简单地将之视为解决中国旅游问题的现成答案。只有结合我国各地旅游发展实践，加强旅游增权理论本土化研究，才能使“拿来”具有生命力和有效性，以补充、完善旅游增权理论体系，推动国内旅游增权研究向纵深化方向发展。

（二）实践意义：以典型民族村寨为案例地开展旅游增权研究，在一定程度上为客观审视社区主导旅游开发模式下的旅游增权的实际效果提供了范例，对同类型的民族村寨旅游地的可持续发展具有一定的参考价值，有助于构建中国旅游增权的实践框架。

二 研究方法

本项目调查时间为2009年7月24—29日、2010年2月26—29日。调查问卷内容以Regina Scheyvens的旅游增权框架为依据，参考国内外学者对旅游影响的感知与态度[①]的相关指标，结合郎德苗寨实际最终设计而成，共分31个调查项。由于旅游业的综合性特征，旅游增权的各项社会经济数据很难从社区总体社会经济发展的相关数据中剥离出来，尤其是心理、政治、社会领域的增权内容。而社区居民作为旅游增权的作用对象和实际感受者，他们对于旅游增权的感知在一定程度上可反映旅游增权的效果。因此，该项研究将选取社区居民对旅游增权的感知作为衡量旅游增权的指标。在展开全面调查之前，课题组成员首先进行了小范围的调查，在此基础上，对问卷调查指标的科学性和可操作性进行评估，修改后，在社区内部进行发放。问卷调查内容包括被调查居民的人口统计学特征，社区居民对参与旅游的经济增权、政治增权、社会增权、心理增权的感知和态度等内容。调查人员除访谈郎德村民外，还访谈了雷山县旅游局、文宗局等与旅游相关部门，以便全面了解郎德旅游发展的历史和现状。本次调查共发放问卷150份，收回有效问卷138份，问卷回收率为92%。对调查问卷采用社会经济统计分析软件包SPSS 16.0进行统计处理。

---

① 宜国富、陆林：《海滨旅游地居民对旅游影响的感知——海南省海口市及三亚市实证研究》，载《地理科学》2002年第6期；黄燕玲、罗盛峰：《少数民族地区居民对农业旅游影响的感知研究——以广西恭城瑶族自治县红岩新村为例》，载《广西民族研究》2008年第2期；卢松等：《旅游地居民对旅游影响感知和态度的比较——以西递景区和九寨沟景区为例》，载《地理学报》2008年第6期。

三　研究结果

（一）被调查村民的基本情况及信度检验

利用频率频次分析被调查村民的基本情况，获取受访者人口学和社会学特征见表4.3：男性占44.9%，女性占55.1%，年龄以21～30岁、41～50岁、51～60岁占相对多数，文化程度主要集中在初中及初中以下，大部分被调查者家庭收入以务农为主，旅游为辅。

对问卷进行信度检验，研究采用克伦巴赫（L. J. Cronbach）Alpha（a）信度系数法，利用SPSS统计软件对收集的数据进行计算。通常，信度系数越大，表明测量的可信度就越大。而不同研究者对信度系数的界限值有不同看法，一般来说，0.60～0.65认为不可信；0.65～0.70认为是最小可接受值；0.70～0.80认为相当好；0.80～0.90就是非常好①。本次问卷调查的Alpha（a）系数为0.747，介于0.70～0.80之间，说明调查结果具有代表性，算是可以接受的范围。

表4.3　**郎德苗寨被调查村民基本情况表**

调查项		人数（人）	百分比（%）
性别	男	62	44.9
	女	76	55.1
年龄	≤20岁	19	13.8
	21～30岁	30	21.7
	31～40岁	24	13.8
	41～50岁	24	17.4
	51～60岁	19	17.4
	61岁以上	17	12.3
文化程度	小学以下	37	26.8
	小学	33	23.9
	初中	49	35.5
	高中及中专	12	8.7
	大专及以上	7	5.1

①　陈超：《SPSS 15.0常用功能与应用实例精讲》，电子工业出版社2009年版，第337页。

续表

调查项		人数（人）	百分比（%）
家庭收入来源	全靠务农	6	4.3
	务农为主，旅游为辅	121	87.7
	旅游为主，务农为辅	9	6.5
	全靠旅游，农业收入几乎没有	2	1.4

（二）社区居民对旅游增权的感知结果

1. 社区居民对旅游经济增权的感知

经济增权主要研究旅游收益在一定区域内不同利益相关者之间形成与流转的过程。在社区旅游增权的框架内，经济增权是政治增权、社会增权、心理增权的重要基础。统计结果表明：90%以上的村民表示旅游开发后促进了当地经济的发展，增加了当地居民收入，提高了居民的生活水平，近85%的村民表示旅游增加了当地就业机会，仅有15.2%左右的村民表示大部分旅游收益流向地方精英。这显然与郎德苗寨推行的社区主导、全民参与的旅游发展模式息息相关。但有27.5%的村民对旅游仅仅带来了少量的、间歇性收益表示认同。这反映出郎德苗寨旅游经济体量不够大、季节性明显，尤其是自2008年3月以来因修建凯里至雷山路段，造成游客接待量几乎为零，这使得村民对旅游经济增权感到扑朔迷离。另有47.1%的村民对只有少数人或家庭从旅游中获得直接经济收益表示认同，这反映郎德苗寨“农家乐”经营收入的不均衡性。在郎德苗寨，经营“农家乐”是最赚钱的行当，为此，100余户的村寨有20余户经营“农家乐”，但由于接待区位条件、服务质量、硬件设施等差异，仅有3户“农家乐”经常有客人光顾，其余的仅在旺季时才有客人，这使村民感到只有为数不多的“农家乐”接待户从旅游中获得直接经济收益。60.9%的村民感到因缺少资本或适当技能，很难找到适合的途径参与旅游，分享利益。这一方面与村民对社区参与旅游途径认识不够广有关，如许多被访村民都把旅游经营的目标锁定在“农家乐”上。另一方面当然也与村民的现有经济实力有关，如有些“农家乐”经营户，希望扩大经营规模，但受制于资金困境；而有些农家，有宽敞的房屋，却缺乏沟通能力，不懂汉语和烹饪技术，不得不选择放弃接待游客。除此以外，由于集体经济缺乏实力，加上村委会负责人由于能力、水平所限，缺乏创新、开拓能力，难以为村民增收致富寻找出路，导致村民怨声载道。总的来看，郎德苗寨村民对旅游经济增权的感知强于对旅游经济去权的感知。

2. 社区居民对旅游政治增权的感知

政治增权意味着社区居民的诉求和利益具有更广泛的表达渠道和完善的伸张机制[①]。统计结果表明：83.3%的村民表示与旅游相关的组织[*]在相当程度上代表了社区的需要和利益，90.6%的村民表示社区组织提供了一个供村民就旅游发展的相关问题进行交流的平台，84.8%的村民表示不同社区群体有被选举作为代表参与旅游决策的机会。不难发现，自村民自治以来，郎德苗寨社区参与旅游决策与管理加速了以村民资格为基础的传统乡村治理向以公民资格为基础的现代乡村转化，乡村治理在乡村旅游发展的推动下实现了重构，而重构后的乡村治理又将直接作用于乡村旅游，推动旅游发展过程中村民参与意识的变革，这对解决乡村旅游社区参与等关键问题有着重大意义[②]。需要注意的是，19.6%的村民感到社区拥有一个专横的或以自我利益为中心的领导集体，57.2%的村民表示为发展旅游而建立起来的机构将社区作为被动的受益者对待。18.8%的村民感到社区成员缺少参与旅游决策的机会，只有很少或根本没有机会和权利发表关于旅游的看法。我们调查认为，这可能是由下列原因所致：①村委会在制定与旅游相关的村规民约的过程中，虽有部分村民参与却没有经过绝大部分村民的参与和讨论，使得村民们的意见没有得到充分的表达，从而导致村民内心的排斥。②对郎德苗寨与旅游相关的村规民约的解读发现，约束村民的多，而约束村干部的几乎没有。

3. 社区居民对旅游心理增权的感知

心理增权意味着参与旅游经营获益的村民逐渐认识到传统文化与自然资源的价值，村民将从内心深处为自身所拥有的文化和传统而骄傲，并积极主动投入到旅游开发与传统文化保护中来。统计结果表明：90%

① 孙九霞：《赋权理论与旅游发展中的社区能力建设》，载《旅游学刊》2008年第9期。

② 郭凌：《乡村旅游发展中的乡村治理研究》，载《农村经济》2008年第6期。

* 在郎德苗寨，主要是旅游接待小组，即村委会，二者合二为一，两块牌子，一套人马。

以上的村民认为社区的传统文化、自然资源和传统知识的独特性和价值得到外部肯定，自豪感不断提高，有必要进一步接受相关的教育和培训，近 89.1% 的村民表示旅游就业和挣钱机会的增加使妇女和年轻人的社会地位提高，78.3% 的村民愿意积极主动参与到旅游开发与保护传统文化中来。行为心理学家霍曼斯（1961）指出：人们彼此交往的背后，自我利益是一种普遍具有的动机，如果某种行为得到正面强化或奖赏，那么，这类行为将来就有可能重复出现①。郎德苗寨社区主导、全民参与的旅游开发模式，有利于形成闭合式的社区旅游经济增长方式，防止旅游资源的开发收益过多地流向社区外部；使旅游业的发展拥有强大的群众基础，进而唤起社区居民对旅游发展和传统文化、环境保护的激情和意识②。不仅如此，被访谈村民大部分对“吃饭靠农业，生活开支靠旅游”达成了共识，这说明旅游收入已成为当地村民收入的重要组成部分，即村民们对旅游经济的依赖程度加深。这容易使村民们对旅游带来的经济、文化效应表示强烈认同，却不愿承认旅游发展所造成的社会、环境成本。这也就不难理解仅有 10% 左右的村民对社区旅游发展感到沮丧、无所适从、毫无兴趣或悲观失望。此外，在参与旅游接待的过程中，来自村寨之外的游客追求的是与自己日常生活相去甚远的异质文化，他们作为村寨的直接服务对象，对村寨文化的评价与认同也会在一定程度上强化或激发村寨文化主体对自身文化的保护、传承意识。因此，经济上的激励，对旅游经济依赖程度的加深及游客对异质文化的认同与评价使得社区居民对心理增权具有较为强烈的感知。

4. 社区居民对旅游社会增权的感知

社会增权指的是社区的凝聚力和整体感因社区所从事的旅游活动而得到确认和加强的一种状态③。调查表明：有 88.4% 的村民表示旅游提高或维持着当地社区的平衡，89.1% 的村民感到社区的凝集力被提高，86.2% 的村民表示部分旅游收益被安排推动社区发展，91.3% 的村民认

① ［美］戴维·波普诺：《社会学》（第十版），李强等译，中国人民大学出版社 2000 年版，第 131 页。

② 陈志永、周杰：《贵州乡村旅游开发天龙模式和郎德模式的比较》，载《贵州农业科学》2009 年第 6 期。

③ 孙九霞：《赋权理论与旅游发展中的社区能力建设》，载《旅游学刊》2008 年第 9 期。

为因发展旅游而建立起来的相关设施丰富了当地人的休闲活动。可见，改革开放以来，郎德苗寨并没有因为家庭联产承包责任制的确立和市场经济的冲击而逐渐走向“散众”状态，相反，集体参与旅游接待的组织形式和以“工分制”为特征的分配制度再次将郎德村民集聚起来，为建设成功的民族村寨社区而共同努力。不难理解，在郎德这样的乡土社会中，村寨作为乡土社区单位而保持着相对独立的社会圈子，交通不便、信息闭塞使村民的流动极为有限，与外界交往相对较少，村寨生活几乎就是村民生活的全部。在这样的乡土社会中，当社区借助旅游活动对村民个体的身份、行为和意识表示认同时，村民个体便能从中获得心理上的自我认同和群体归属感。因此，仅有较少的村民感到旅游发展导致社会混乱和堕落，社区居民失去了对传统文化的尊重，弱势群体不能公平地分享旅游带来的利益且要承受旅游发展带来的负面影响。当然，也有村民表示，妇女在出售手工艺品等旅游商品时，常常会因为拉客而产生相互竞争、憎恨和嫉妒，但这毕竟是少数，因此，有近20%的郎德村民表示旅游导致了个人、家庭或社会经济群体为了经济利益而相互竞争、憎恨和嫉妒。

四　社区居民对旅游增权项目的感知差异

为综合反映郎德苗寨村民对旅游增权各项目的感知差异，我们对涉及“去权”的项进行了正向转换，以便对村民对旅游增权的感知进行加权平均，结果表明：村民对旅游心理增权的感知最为强烈，总均值为2.8095，对旅游社会增权的感知次之，为2.748，对旅游政治增权的感知为2.4824，对旅游经济增权的感知最弱，仅为2.4538。详见图4.2。

五　不同人口学特征村民对旅游增权感知的差异分析

旅游地居民的人口学特征差异及其与旅游关系密切程度的不同，都可能造成其对旅游增权感知的差异。通过独立样本T检验及单因素方差分析对不同特征村民对旅游增权的感知差异进行分析，结果表明：

（一）性别差异

比较分析表明：男女双方对旅游增权感知存在差异，女性对旅游增权的感知要强于男性，两者总均值相差0.035。从图4.3不难发现，社

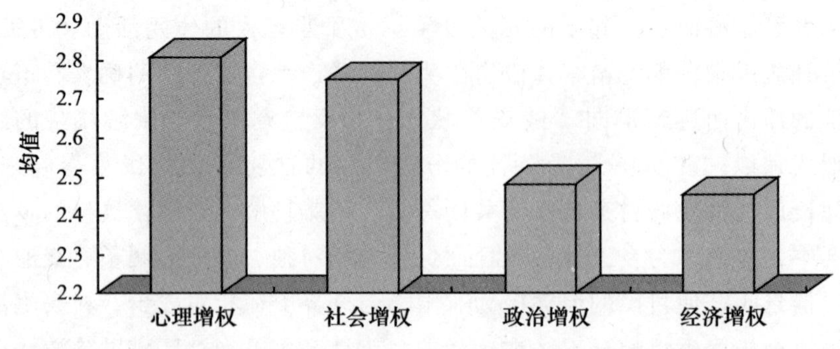

图 4.2　郎德苗寨社区居民对旅游增权项目的感知差异

会增权与政治增权是引起男女双方对旅游增权感知差异的原因所在。

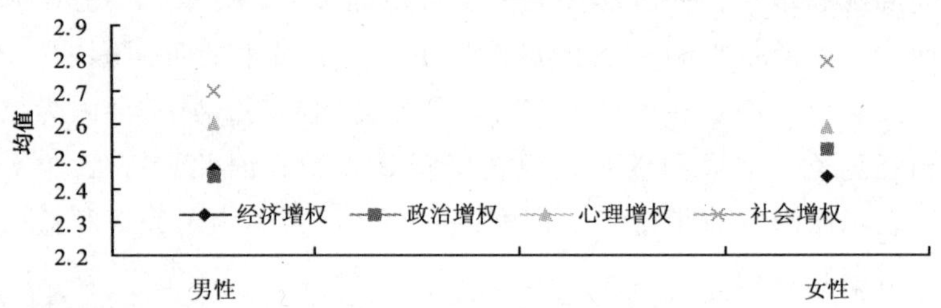

图 4.3　性别对旅游增权的感知差异

（二）文化程度差异

从单个增权项目来看（见图 4.4），大专及大专以上村民对旅游经济增权的感知最为强烈；但对政治增权、心理增权和社会增权的感知强度明显不如小学及小学以下的村民。总的来看，文化程度较低（小学以下）的村民对旅游增权的感知高于文化程度较高的村民。

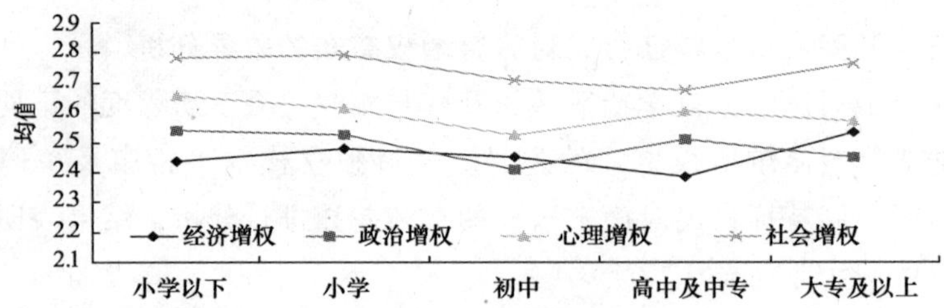

图 4.4　文化程度差异对旅游增权的感知差异

（三）年龄差异

从各增权项目来看（见图4.5），21～40岁、61岁以上年龄村民对旅游经济增权的感知最为强烈；31～40岁的村民对旅游政治增权的感知最为强烈；在心理增权方面，30岁以下的村民，尤其是不足20岁的村民对旅游心理增权的感知不如31岁以上的村民；除20岁以下的村民外，其余年龄段村民均对旅游社会增权感知明显。总的来看，31～40岁村民对旅游增权的感知最为明显，20岁以下村民对旅游增权的感知最弱，两个年龄段村民对旅游增权感知的总均值相差0.203，其他年龄段村民居中。可能的解释是该村20岁以下的村民大部分还在求学，参与旅游的机会相对较少，而31～40岁村民正好是村中旅游发展的中坚力量，这必然导致两者对旅游增权的感知产生差异。

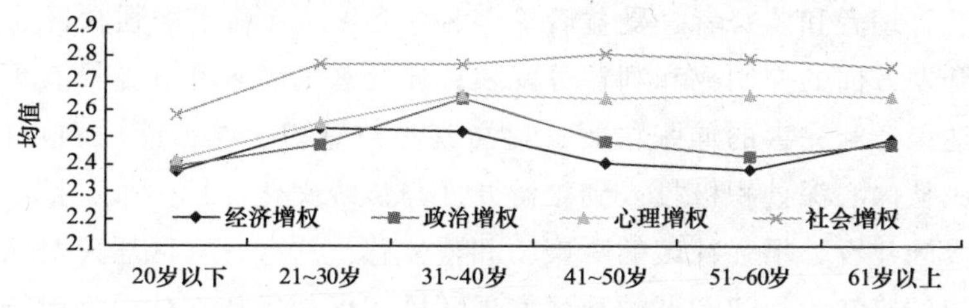

图4.5　年龄对旅游增权的感知差异

（四）家庭收入来源差异

家庭收入来源差异在一定程度上可以反映与旅游业关系的密切程度。从单个增权项目来看，旅游为主、务农为辅的村民对旅游经济增权的感知最为明显；全靠旅游获取收入的村民对心理增权的感知最为明显，而以务农为主、旅游为辅的村民对旅游社会增权的感知最为明显。总体结果是，通过“亦农亦旅”获取收入的村民比单纯务农的村民和完全依靠旅游取得收入的村民对旅游增权的感知强烈。详见图4.6。

六　结论与讨论

该部分以民族贫困地区村寨社区为案例地，以社区居民对旅游增权的感知为测量指标，对少数民族村寨社区参与旅游发展的多维价值进行

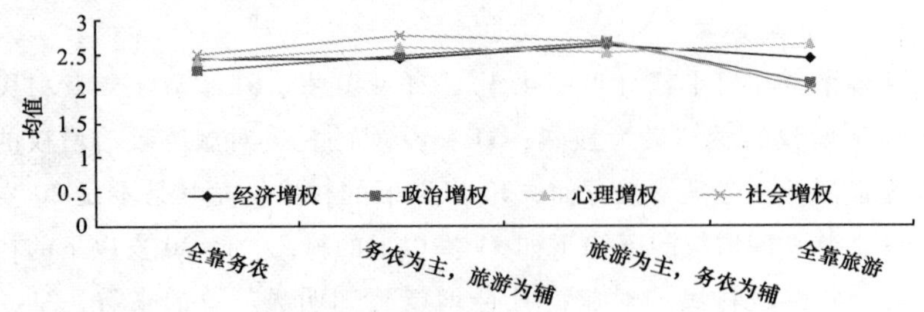

图 4.6　家庭收入来源不同对旅游增权的感知差异

实证研究，从研究结果得出以下结论。

（一）民族贫困地区以社区为核心力量导向的旅游开发，社区居民对旅游增权的感知较强，对旅游去权的感知相对较弱。四个维度的增权将促使社区居民在民族村寨旅游发展中逐步担当起建设者、计划者、执行者、管理者和监督者、受益者等多种角色①，有利于增强社区居民在旅游开发方面的控制权和利益分配权；使社区的诉求和利益具有更广泛的表达渠道和完善的伸张机制；提高其参与意识、参与能力和自信心，使村民从内心深处积极投入到旅游开发与传统文化保护中来；推动社区基础设施建设，增强社区的凝聚力和整体感。这样，社区居民对四个维度增权的感知为构建和谐的社区发展环境，促使民族文化向旅游资本化的快速转换提供了前提和条件，最终实现旅游发展与社区发展的高度整合，推动旅游业可持续发展。

（二）民族贫困地区以社区为核心力量导向的旅游开发，因受资本、区位、传统文化等因素的影响，社区居民对参与旅游发展的社会经济意义价值的感知存在差异，表现为：社区居民对旅游心理增权的感知最为强烈，旅游社会增权、旅游政治增权次之，对旅游经济增权的感知相对较弱，这表明民族贫困地区自我发展能力有限，仅仅依靠社区力量难以实现全面增权。经济增权作为旅游增权核心要素，是其他增权形式的前提、基础和保障，表现为：政治增权领域，经济增权使社区能够分享到旅游带来的利益，经济地位抬升，就有机会参与旅游决策；社会增

① 郭华：《制度变迁视角的乡村旅游社区利益相关者管理研究》，博士学位论文，暨南大学，2007 年，第 145 页。

权领域，社区参与旅游获益后，社区整合度被提高，合作理性大于个人理性，社区公共产品供给不足的矛盾在一定程度上可得到缓解；心理增权领域，参与旅游获益的村民增强了社区资源、文化自豪感，获得了内在驱动力，进而促使他们进一步接受传统文化、从业技能等方面的培训和教育。因此，当地政府应通过进一步完善旅游基础设施、扩大旅游地知名度、加强区域合作以及培训与教育、实现产业链本地化等方式以扩大民族贫困地区旅游经济体量，提高社区居民经济地位，使社区居民真正对旅游开发抱以支持的态度，推动各增权要素均衡发展。

（三）除了更多地将社区居民看作一个整体外，同时必须正视社区居民内部存在的差异性，这种差异源于社区居民的性别、年龄、文化程度、家庭收入等要素，并最终导致对旅游增权感知不一致，表现为：女性强于男性，文化程度较低者强于文化程度较高者，31～40 岁居民强于 20 岁以下的居民，“亦农亦旅”获取收入的居民强于单纯务农和完全依靠旅游取得收入的居民。很遗憾的是，目前“人们还没有认识到社区内部的差异性以及这种差异是如何对生态旅游和自然资源的利用、当地政治以及跨越多个政治层次而形成的联盟的复杂性等方面造成影响的”①。

（四）本文研究的案例地是景区和社区一体化的民族村寨旅游地，对于不同类型的旅游地，如城市型、宗教型、古村落型旅游地及旅游景区和社区分离的情况，应是今后研究的方向。此外，该案例地社区居民为旅游开发的核心力量导向，对因核心力量导向差异而形成的不同旅游开发模式及不同模式下社区居民对旅游增权的感知差异，值得关注。最后，旅游发展是持续动态变化的，旅游地居民对旅游增权的感知会因核心力量导向变化、管理制度变迁、旅游发展阶段不同而随之发生动态变化。因此，只有加强不同区域、不同文化背景及开发模式下社区居民对旅游增权的共时比较研究，以及对旅游发展演化的不同阶段的时间序列归纳研究，才能从纵、横角度更有效地探析旅游增权的现象及规律。

---

① Belsky J. M.，“Misrepresenting Communities：The politics of Community-based Rural Ecotourism in Gales Point Manatee”，Belize［J］. *Rural Sociology*，1999（4）：641－666；转引自郭华《制度变迁视角的乡村旅游社区利益相关者管理研究》，博士学位论文，暨南大学，2007 年，第 145 页。

第三节　少数民族村寨社区居民对旅游增权感知的空间分异研究

——贵州西江苗寨的案例

少数民族村寨旅游发展中，由于受各方面因素的影响，增权在旅游目的地空间上往往呈现出一定的差异性。这种差异呈现何种分异特征，造成这种分异的因素是什么，都是亟待认识和解决的问题。这不仅是贯彻落实科学发展观、构建和谐社会的要求，也是区域旅游业持续、健康发展的保证。

从理论研究来看，国内外关于旅游增权的研究成果停留在定性研究和一般的归纳和总结水平上，研究方法以定性为主，关于旅游目的地社区增权空间分异的实证研究，还未给予足够关注。鉴于此，本节将利用旅游地理学的空间分析优势，以旅游增权为研究对象，以典型民族村寨旅游地社区增权的空间分异为研究内容，以社区居民对旅游增权的感知为测量指标，研究旅游目的地社区增权的空间分异问题，以丰富增权研究内容，完善旅游增权理论体系，拓展旅游地理学对旅游现象的地域分异及其空间结构研究。

一　逻辑框架

根据假设条件，结合样本地旅游发展和空间特点，提出社区居民对旅游增权感知空间分异的假设模型，如图 4.7 所示。

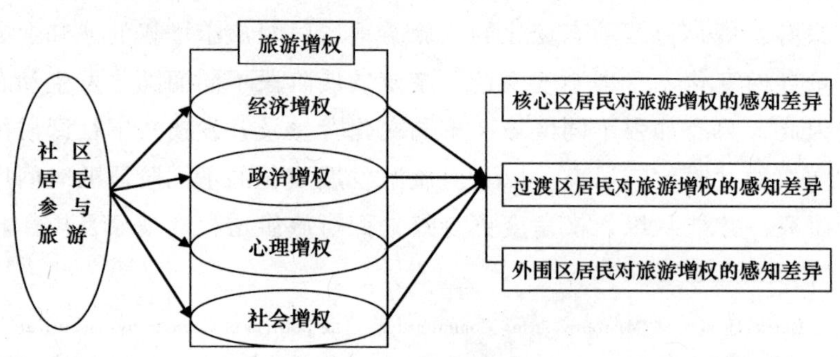

图 4.7　西江苗寨社区居民对旅游增权感知空间分析测评模型图

该项研究将选取社区居民对旅游增权感知结果作为衡量旅游增权空间分异的指标。为反映西江苗寨不同区域社区居民对旅游增权感知的空间差异，根据西江苗寨的旅游业发展实际及空间状况，考虑借鉴雅克松关于旅游者依照空间划分的标准，将西江“千户苗寨”分为三个区域进行调查。在民族村寨社区旅游发展中，社区居民作为旅游资源的主人和旅游吸引力的重要组成部分，其对旅游增权的感知是凸显社区在旅游发展中主体地位，推动社区居民积极参与旅游开发，使旅游目的地获得可持续发展的重要保障。因此，从增权视角出发来思考民族村寨旅游业的空间可持续发展状态是研究民族村寨旅游的一个重要视角，这也正是本书研究的基本逻辑起点。

二　案例地选择和研究方法

（一）案例地的典型性

20 世纪 90 年代初，西江苗寨社区居民依托资源优势，自发从事旅游接待与经营，但因受资金不足、交通基础设施落后等众多因素制约，旅游资源优势未能转化为经济优势。自 2007 年以来，当地政府在深化县情认识、找准比较优势的基础上，以贵州省第三届旅游产业发展大会为契机，将西江苗寨作为重点发展对象，在旅游规划、基础设施建设、资源开发、市场宣传、人员培训等方面积极介入。在当地政府主导下，西江苗寨旅游基础设施环境得以优化，产品内容不断丰富，知名度和影响力得到前所未有的提升和扩张，游客人次呈现“井喷式”增长，旅游市场结构出现了重构。旅游业的快速发展为社区增权提供了前提和保障。然而，西江苗寨较大的空间范围及居民长期以来依山而居形成的垂直型村寨聚落结构，难免造成旅游发展空间上的不均衡性和社区参与的空间差异，这为研究旅游增权的空间分异问题提供了一个理想的样本地。

（二）研究方法

增权是一个涉及经济、政治、社会、文化、心理、制度等多种因素的综合体系，加上旅游业的综合性特征，使得增权的各项社会经济数据很难从区域总体社会经济发展的相关数据中剥离出来。但社区居民作为旅游增权的作用对象和实际感受者，他们对于旅游增权的感知在一定程度上可反映旅游增权的效果。因此，该项研究选取社区居民对旅游增权的感知作为度量旅游增权空间分异的指标。问卷调查分两次进行，分别为2009年8月22—29日、2010年8月20—25日。问卷调查前，对景区管理局相关人员及部分村民进行深入访谈，并根据西江苗寨旅游业发展实际，结合雅克松关于旅游者空间划分的标准，将西江千户苗寨分为3个区域（见表4.4），分别发放问卷展开调查。此次发放的问卷中，核心区80份，过渡区120份，外围区110份，回收有效问卷分别为73份、113份和107份，有效率分别为91.25%、94.17%和97.27%。对调查问卷采用社会经济统计分析软件包SPSS 16.0进行统计处理。

表4.4　**西江苗寨不同区域及其特征**

区域	特点	西江苗寨相关区域
核心区	具有较多旅游餐馆和旅游购物点，在旅游高峰期，街区游客人数超过居民人数	景区主干道两边、芦笙场周边区域
过渡区	介于核心区和外围区之间，是当地居民的主要聚居区，具有旅游者空间和居民活动空间的双重特征	东引下寨、羊排下寨，南贵、平寨的大部分区域
外围区	旅游区特征逐渐模糊，当地居民和非旅游者导向设施的数量超过旅游者设施的数量	东引上寨、羊排上寨，南贵、平寨的小部分区域

三　研究结果分析

（一）不同区域样本的人口统计学特征及信度检验

从调查问卷中不同区域社区居民的人口统计学结果（见表4.5）看出，西江苗寨3个不同区域在人口构成方面，尤其是本地居住时间、旅游就业、家庭收入来源等方面差距明显。从本地居住时间看，核心区居民居住在本地5年以下的占24.7%，而过渡区和外围区分别为7.1%和4.7%，这说明西江苗寨近年来蓬勃发展的旅游业吸引了越来越多的外来经营商到当地投资经营。旅游就业指标中，直接从事与旅游相关的工作和家人从事与旅游相关的工作，核心区分别为75.3%和21.9%，过渡区为4.4%和18.6%，外围区仅为3.7%和7.5%。从家庭收入来源看，核心区被调查居民中全靠旅游获得收入的占21.9%，过渡区和外围区则均为0；从旅游为主，务农为辅的选项来看，核心区、过渡区及外围区居民的选择比例分别为38.4%、2.7%和0.9%。上述指标表明：核心区居民对旅游业的依赖程度明显高于过渡区和外围区，不同区域社区居民对旅游业的依赖程度空间上呈现以核心区为中心向外围递减的趋势。

对问卷进行信度检验，采用克伦巴赫（L. J. Cronbach）Alpha（a）信度系数法，利用SPSS统计软件对收集的数据进行计算。通常信度系数越大，表明测量的可信度就越大。

表4.5 西江苗寨不同区域社区居民的人口统计学特征

		核心区		过渡区		外围区	
		人数（人）	百分比（%）	人数（人）	百分比（%）	人数（人）	百分比（%）
性别	男	34	46.6	60	53.3	60	56.1
	女	39	53.4	53	46.9	47	43.9
年龄	≤20岁	5	6.8	7	6.2	16	15.0
	21~30岁	36	49.3	23	20.4	20	18.7
	31~40岁	14	19.2	22	19.5	20	18.7
	41~50岁	9	12.3	23	20.4	14	13.1
	51~60岁	3	4.1	14	12.4	14	13.1
	61岁以上	6	8.2	24	21.2	23	21.5
文化程度	小学以下	6	8.2	30	26.5	29	27.1
	小学	18	24.7	37	32.7	24	22.4
	初中	28	38.4	31	27.4	37	34.6
	高中及中专	14	19.2	15	13.3	12	11.2
	大专及以上	7	9.6	30	26.5	5	4.7
本地居住时间	<5 a	18	24.7	8	7.1	5	4.7
	5~10 a	6	8.2	4	3.5	6	5.6
	10~20 a	6	8.2	13	11.5	23	21.5
	20~30 a	22	30.1	22	19.5	18	16.8
	>30 a	21	28.8	66	58.4	55	51.4

续表

		核心区		过渡区		外围区	
		人数（人）	百分比（%）	人数（人）	百分比（%）	人数（人）	百分比（%）
旅游就业	直接从事与旅游相关的工作	55	75.3	5	4.4	4	3.7
	家人从事与旅游相关的工作	16	21.9	21	18.6	8	7.5
	自己或家人都不直接从事与旅游相关工作	2	2.7	87	77.0	95	88.8
家庭收入来源	全靠务农	2	2.7	80	70.8	73	68.2
	务农为主，旅游为辅	10	13.7	12	10.6	15	14.0
	旅游为主，务农为辅	28	38.4	3	2.7	1	0.9
	全靠旅游，农业收入几乎没有	16	21.9	0	0	0	0
	其他	17	23.3	18	15.9	18	16.8

而不同研究者对信度系数的界限值有不同看法，一般来说，0.60～0.65 认为不可信；0.65～0.70 认为是最小可接受值；0.70～0.80 认为相当好；0.80～0.90 为非常好①。本次 3 个不同区域调查问卷的 Alpha（a）系数分别为 0.785、0.735 和 0.734，介于 0.70～0.80 之间，调查结果具有代表性，在可接受范围内。

（二）不同区域社区居民对旅游增权感知的空间差异

1. 对旅游经济增权感知的空间差异分析

采用 11 个项目测度西江苗寨不同区域社区居民对旅游经济增权感知的差异（见表 4.6）。结果表明，核心区居民对旅游经济增权的认同度明显高于过渡区和外围区。与此形成鲜明对照的是，对于大多数反映旅游经济去

① 陈超：《SPSS 15.0 常用功能与应用实例精讲》，电子工业出版社 2009 年版，第 337 页。

权的测量项目，外围区居民的感知值明显高于过渡区和核心区居民。为综合反映不同区域社区居民对经济增权的感知差异，对表中涉及去权的项目在进行正向转换的基础上实行加权平均，结果表明，核心区居民对旅游经济增权感知的总均值为2.098，过渡区为1.792，外围区为1.710。

表4.6　　不同区域社区居民对旅游经济增权感知情况

经济增权测度指标	核心区	过渡区	外围区
促进经济发展	2.836	2.540	2.570
增加就业机会	2.740	2.336	2.598
增加居民收入	2.767	2.398	2.355
提高生活水平	2.877	2.566	2.252
未能分享利益	1.444	2.035	2.551
未能找到适合途径参与旅游	1.767	2.797	2.804
分享到少量、间歇性的收益	2.219	2.292	2.187
收益流向地方精英、政府和外来投资商	2.781	2.735	2.953
贫富差距拉大	2.753	2.788	2.991
农业生产资料价格上涨	2.548	2.779	2.664
基本生活用品价格上涨	2.630	2.690	2.813

不同区域社区居民对旅游经济增权的感知差异原因可能是：

（1）参与旅游接待与经营、获益机会差异。样本地的大部分旅游活动是在核心区范围内开展，核心区成为旅游者主要集聚地，这为核心区居民参与旅游接待和经营提供了较多机会。不仅如此，核心区所具有的潜在商业价值同样会吸引外来经营者将经营选址锁定在核心区。这样，不同区域社区居民参与旅游接待与经营、获益机会差异客观上造成了其对经济增权的感知差异。

（2）旅游业对不同区域社区居民的影响差异。基于人口居住空间的分异，旅游发展对不同区域居民具有不同的影响方式[①]，导致经济增

① 刘益：《旅游开发对社区居民经济影响的时空分异特征研究——以丹霞山、世外桃源景区为例》，载《经济地理》2006年第4期。

权的空间分异。核心区居民利用居住上的空间优势很容易融入旅游业经营中，旅游业主要对其产生积极的经济影响，所以他们对经济增权的感知最为强烈。外围区、过渡区居民不仅参与机会与获益能力不如核心区，同时还要承受旅游发展所导致的物资与劳动力短缺、物价上涨等负经济外部性效应，因此对旅游经济增权的感知相对较弱。

（3）旅游政策实施差异。不同区域社区居民获益能力出现分化和贫富差距逐渐拉大的现实，当地政府本应通过税收、补贴、转移支付等办法来缓和社会分配不公引起的矛盾，实现社会公平。然而，为培育市场环境，吸引外来投资商，当地政府曾经一度对核心区商铺进行补贴，这进一步加剧了不同区域社区居民之间的不平等，导致经济增权感知的空间分异。

（4）对旅游经济依赖程度差异。国外有关居民对旅游影响感知和态度的研究表明：旅游对企业、就业机会具有直接或间接影响，并因此影响以此谋生的居民的态度。一些在旅游发展中获益的居民不仅对旅游带来的经济、文化效应表示强烈认同，甚至不愿意承认旅游发展造成的社会、环境成本①。如前所述，3 个区域社区居民对旅游业的依赖程度呈空间递减趋势。这样，在经济利益的驱使和推动下，不同区域社区居民对旅游发展存在强烈的经济偏好，即越是依赖旅游业的社区越强烈地感知到旅游发展的正面影响，对旅游经济增权表现出更积极的态度。

2. 对旅游政治增权感知的空间差异分析

政治增权意味着社区居民的诉求和利益具有更广泛的表达渠道和完善的伸张机制②。表 4.7 表明：3 个区域社区居民对旅游政治增权感知均表现出消极的态度，但政治增权的空间差异同样存在。对表中涉及去权项目在进行正向转换的基础上实行加权平均，结果表明，核心区居民对旅游政治增权感知的总均值为 1.571，过渡区为 1.696，外围区为 1.413。总体而言，过渡区居民对旅游政治增权的感知最强，核心区次之，外围区相对较弱。

---

① 王莉、陆林：《国外旅游地居民对旅游影响的感知与态度研究综述及启示》，载《旅游学刊》2005 年第 3 期。

② 孙九霞：《赋权理论与旅游发展中的社区能力建设》，载《旅游学刊》2008 年第 9 期。

表 4.7　　不同区域社区居民对旅游政治增权的感知差异

政治增权测度指标	核心区	过渡区	外围区
旅游组织代表社区的需要和利益	1.854	1.832	1.710
旅游组织提供就旅游发展相关问题交流的平台	1.740	1.566	1.383
社区居民有参与旅游管理负责人选举的机会	1.507	1.797	1.374
社区居民有参与旅游决策的机会	1.480	1.646	1.336
社区居民参与旅游管理的权利与机会	1.548	1.637	1.430
社区居民参与旅游事务监督的权利与机会	1.521	1.540	1.383
领导集体专横、以自我为中心	1.542	1.611	1.449
很少或根本没有机会发表相关意见	1.219	1.522	1.178
旅游组织将社区作为被动的受益者	1.736	2.115	1.477

2007年，西江苗寨被遴选为贵州省第三届旅发大会主会场。以主办旅发大会为契机，雷山县政府全面介入西江苗寨，除完善基础设施、丰富旅游产品内容、积极拓展市场外，当地政府还先后成立了西江苗寨旅游管理委员会、西江苗寨景区旅游管理局和西江千户苗寨旅游发展有限公司等机构。政府的介入打破了社区原有的权力关系格局，在政府与社区互动过程中，政府掌握着各种资源、机会和权力，且在很多情况下高度地组织在一起，统一行动从而形成更强的合力。而社区居民不仅不具备拥有资源、机会和强有力的实力，且往往单独行动从而造成与政府实力不对等。游离于农民与政府之间的村委会因利益关系在旅游发展中明显转化为当地政府的代言人。如曾经在西江苗寨发挥重要协调作用，代表村民利益的老年协会被村委会个别领导人称为“非法组织”。在这样实力明显不对等的博弈对决中，社区居民的各项权利难免不被削弱或遭到剥夺，因此社区居民对旅游政治增权感知最为低下。

面对权利被侵犯以后的无奈与挣扎，怎样的途径才可能帮助他们解脱维权困境？顺利表达意愿？托克维尔在19世纪曾这样说过，“在民主国家，他们几乎不能单凭自己的力量去做一番事业，其中任何人也不能强迫别人帮助自己。因此，他们如不学会自动地互助，就会全体陷入无能为力的状态”[①]。由此可见，在一个高度组织化的现代社会里，个人的力量是微不足道的，人们通过建立自己的组织或社团，才更有可能实现权利救济和利益保护[②]。西江苗寨，过渡区乃西江苗寨“农家乐”的集聚区，为协调“农家乐”经营户内部关系，增强抗风险和与当地政府博弈的能力，经过协商，“农家乐”经营户于2009年1月13日成立“西江景区苗家乐协会”，并通过制定协会章程，定期或不定期召开与“农家乐”发展相关的会议，从而将当地居民有效地组织起来。“西江景区苗家乐协会”的成立及运行不仅提高了农民对旅游发展的参与程度和组织化程度，培养了农民的参与意识，也反映和表达了社区村民的利益诉求，促进了乡村基层组织的民主化，提升了农民的民主参与意识，还增强了“农家乐”经营户与政府讨价还价的能力。如在争取政府资金支持、对现有门票制度安排的利益争取、水电收费等问题上由协会统一意见后和当地相关部门谈判的效果明显优于单个“农家乐”经营户[③]。从西江苗寨的现有情况看，核心区和外围区明显缺少这样的组织，从而导致其对旅游政治增权的感知不如过渡区。

3. 对旅游心理增权感知的空间差异分析

心理增权意味着参与旅游经营获益的村民将逐渐认识到传统文化与自然资源的价值，使村民从内心深处为自身所拥有的文化和传统而骄傲，并积极主动投入到旅游开发与传统文化保护中来[④]。表4.8表明，3个区域社区居民对旅游心理增权的感知均表现出较高的认同，但不同区域社区居民对旅游心理增权的感知同样存在空间差异。核心区居民对旅游心理增权感知的总均值为2.806，过渡区为2.780，外围区为2.536。

---

① 张时飞：《上海癌症自助组织研究：组员参与、社会支持和社会学习的增权效果》，博士学位论文，香港中文大学，2001年。

② 陈树强：《增权：社会工作理论与实践的新视角》，载《社会学研究》2003年第5期。

③ 姚莉、陈志永：《原生态社区文化旅游开发中的乡村旅游合作组织——以西江苗寨景区苗家乐协会为例》，载《原生态民族文化学刊》2010年第2期。

④ 孙九霞：《赋权理论与旅游发展中的社区能力建设》，载《旅游学刊》2008年第9期。

表 4.8　　不同区域社区居民对旅游心理增权的感知差异

心理增权测度指标	核心区	过渡区	外围区
社区资源的独特性和价值得到外部肯定	2.875	2.947	2.916
增强了社区居民的自豪感	2.781	2.850	2.851
有必要接受传统文化等教育和培训	2.932	2.947	2.879
村民积极参与旅游与资源保护	2.932	2.797	2.598
社区居民失去对传统文化的尊重	2.722	2.770	2.122
社区居民沮丧、悲观失望	2.597	2.372	1.860

行为心理学家霍曼斯指出：人们彼此交往的背后，自我利益是一种普遍具有的动机，如果某种行为得到正面强化或奖赏，那么，这类行为将来具有重复出现的可能①。由于核心区居民是社区旅游发展中最大的受益主体，受益后的居民容易被唤起对传统文化和环境保护的激情及意识。与此同时，对旅游经济依赖程度的加深容易使受益后的村民对旅游带来的文化效应表示强烈认同，却不愿承认旅游发展所造成的社会、文化成本。此外，在参与旅游接待的过程中，核心区居民与外来游客交流的机会明显多于过渡区和外围区，来自村寨之外的游客追求的是与自己日常生活相去甚远的异质文化，他们作为村寨的直接服务对象，对村寨文化的评价与认同也会在一定程度上强化或激发村寨文化主体对自身文化的保护、传承意识。因此，经济上的激励、对旅游经济依赖程度的加深及游客对异质文化的认同与评价使得不同区域社区居民对心理增权的感知表现出空间差异性。

4. 对旅游社会增权感知的空间差异分析

社会增权指的是社区的凝聚力和整体感因社区所从事的旅游活动而得到确认和加强的一种状态。尽管过渡区居民对旅游社会增权中的 5 个项目的感知弱于核心区居民，但总体上对旅游社会增权感知的总均值仍强于核心区，即核心区为 2.172、过渡区为 2.195、外围区为 2.036（见表 4.9）。

① ［美］戴维·波普诺：《社会学》（第 10 版），李强等译，中国人民大学出版社 2000 年版，第 131 页。

表 4.9　　不同区域社区居民对旅游社会增权的感知差异

社会增权测度指标	核心区	过渡区	外围区
社区凝聚力得到增强	2.333	2.690	2.224
部分旅游收益用于社区发展	1.931	1.805	1.879
旅游设施丰富了当地人的休闲活动	2.836	2.708	2.860
妇女和年轻人社会地位因收益增加而提高	2.658	2.708	2.570
旅游合作组织增强了社区凝聚力	2.247	1.974	1.701
社区精英能够抵制不合理干预	1.863	1.673	1.682
社区精英具有动员和示范作用	2.135	2.221	2.047
传统组织依然对村民有约束力	2.384	2.549	2.075
传统组织具有组织协调作用	2.111	1.903	2.028
社区为争夺经济利益而相互竞争和嫉妒	1.699	1.974	2.122
弱势群体难以分享旅游利益却要承受负面影响	1.616	1.938	1.206

孝通先生在其名著《乡土中国》中论述“差序格局”时开篇便写道：“在乡村工作者看来，中国乡下佬的毛病就是‘私’。”① 在近些年的学术研究中，最富影响的论述莫过于曹锦清在河南调查后得出“农民善分而不善合”的结论②。不仅如此，随着国家政权组织向民族地区纵深推进，使得像西江苗寨老年协会这样的传统社区组织失去了原有的权力和功能，导致社区凝聚力急剧下降。然而，人类学族群理论中最具代表性的“情景说”认为，在很多情况下，人们所进行的认同依据和标准并不以血缘、亲族、语言、信仰为条件，而是根据某一特定情境中以获取最大利益作为最终的认同依据③。具体至西江苗寨，旅游开发中如果能实现旅游发展与社区发展的高度整合，就会出现贺雪峰等人所说的“正是高度市场化带来的大量经济资源，复活了传统文化和传统的

① 费孝通：《乡土中国 生育制度》，北京大学出版社 1998 年版，第 6 页。

② 曹锦清：《黄河边的中国——一个学者对乡村社会的观察与思考》，上海文艺出版社 2006 年版，第 166、626 页。

③ 彭兆荣：《旅游人类学》，民族出版社 2004 年版，第 257—258 页。

人际关系，从而强化了社区记忆”[①]。西江苗寨外围区显然缺少这样的特定情景，因此，对旅游社会增权的感知不及过渡区。如果以此对核心区和过渡区的社会增权差异进行分析，情景学说将显得苍白无力，无法令人信服。关于这一点，社会学家关于群体类型的区分或许对理解核心区和过渡区对社会增权感知的差别有帮助。社会学家很早就区分了群体的两个基本类型：初级群体和次级群体。初级群体是一个相对较小、有多重目的的群体，成员间互动是亲密无间的，并存在一种强烈的群体认同感。群体内部成员间的关系是一种初级关系，这样的关系是一种个人的、情感的、不容易置换的关系，它包括每个个体的多种角色与利益，以大量的自由交往和全部人格的互动为特征。次级群体是为达到特殊目标而特别设计的群体，其成员主要以次级关系来相互联系。与初级关系相比，次级关系是一种特殊的、缺乏情感深度的关系，它所包含的只是一个人人格的某些有限方面。这种非人格特征反映了次级群体的目的：达到务实的目标，而不是提供情感支持或作为自我表达的工具。从西江苗寨不同区域社区居民的居住时间以及对旅游业的依赖程度来看，核心区居民具有次级群体的特征，他们中间既有本地居民，周边村寨的居民，还包括近年来到西江苗寨从事旅游经营的湖南、广西等地的居民；因此，群体内部差异造成对社会增权的感知差异。另外，前述农家乐协会的成立与运行以及与当地政府、相关部门的数次成功博弈也是过渡区居民凝聚力增强的重要原因。

5. 社区居民对旅游增权感知空间分异的基本特征

总体而言，核心区居民对旅游增权的感知最为强烈，总均值为2.162；过渡区居民对旅游增权的感知次之，为2.116；外围区居民对旅游增权的感知相对较弱，仅为1.924，远低于核心区和过渡区（见图4.8）。

根据统计结果，按照雅克松关于空间区域的划分标准，初步归纳出西江苗寨不同区域社区居民对旅游增权感知空间分异的基本特征（见图4.9）。

---

① 贺雪峰：《乡村的前途——新农村建设与中国道路》，山东人民出版社2007年版，第147页。

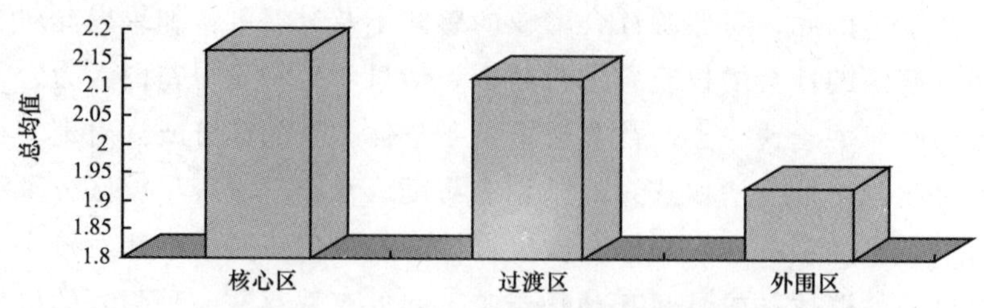

图 4.8　西江苗寨不同区域社区居民对旅游增权的感知差异图

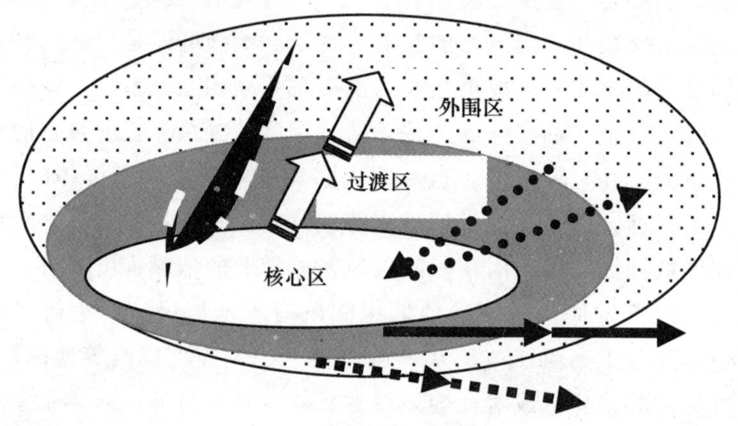

图 4.9　社区居民对旅游增权感知空间分异示意图

社区居民对旅游经济增权、旅游心理增权的感知强度呈现出由核心区→过渡区→外围区依次递减的分异规律。社区居民对旅游政治增权、旅游社会增权的感知强度却呈现出过渡区→核心区→外围区依次递减的分异规律。总体来看，社区居民对旅游增权的感知强度呈现出核心区→过渡区→外围区依次递减的分异特征，符合地域衰减规律。

四　结论与讨论

西江苗寨旅游地社区增权的空间分异揭示了民族村寨旅游地社区参

与旅游机会的不均等，空间分异是社区参与机会差异的表征。因空间地理位置、旅游流、政府政策、旅游影响等客观因素差异造成不同区域社区居民参与旅游经营与接待、获取经济收益机会以及旅游影响存在空间上的差别，众多因素共同叠加导致同一旅游地不同区域社区经济增权的空间分异。同样，参与旅游决策及参与社区组织机会差异导致不同区域社区居民对旅游政治增权及旅游社会增权的感知差异。社区增权空间差异这一结果为客观审视旅游开发及社区参与的空间效应提供了一种新的思路和范例，其所呈现的社区增权空间分异实际对同类型的民族村寨旅游地的可持续发展具有一定的参考价值和借鉴意义。

本节研究表明，在一定的空间范围内，虽然不同区域社区居民对旅游增权的感知强度在个别项目上存在空间差异，但总体来看，社区居民对旅游增权的感知强度符合地域衰减规律。这一特征符合社会交换理论①。

西江苗寨过渡区居民对政治增权和社会增权的感知结果表明：将农民有效组织起来，是民族村寨旅游地社区增权的有效途径。在国内许多民族贫困地区，政府和外来资本的介入既有必要性，也有必然性。外来利益主体不仅拥有资本、机会和权力优势，而且在很多情况下常常高度地组织在一起，统一行动，从而形成强有力的合力。而农民对资本、机会与权力的拥有却很少，且农民是以弱小个体形式出现的。为改变农民的“散众”状态，需要恢复或重建相应的社区组织，以增加社区居民参与旅游发展的社会资本，以组织的力量同外来利益主体发生各种联系，以集体的力量解决社区居民的缺位问题，逐渐与外来利益主体形成较为平等的权力制衡，以实现社区增权的最终目的。

西江苗寨不同区域社区居民对旅游增权感知差异表明，各增权要素相互影响、互为一体。经济增权和心理增权在民族贫困地区旅游发展初期，往往具有高度的一致性；社会增权意味着社区的凝聚力增强，这同时有利于政治权力的增强，从而提高当地居民控制资源和处理外来利益相关者博弈的能力。对像西江苗寨这样的民族贫困村寨，经济增权尤为

① 王莉、陆林：《国外旅游地居民对旅游影响的感知与态度研究综述及启示》，载《旅游学刊》2005 年第 3 期。

重要，它是社区居民获得社会增权、心理增权乃至政治增权的前提和基础。因此，应进一步完善旅游基础设施建设，丰富旅游产品内容，加大旅游市场开拓力度，提高旅游服务质量，尽可能实现旅游产业链本地化，以延长游客停留时间，增加旅游消费额，扩大旅游经济体，并最终达到与政治增权、社会增权和心理增权的和谐统一。

本节研究的案例地是景区和社区一体化的民族村寨旅游地，对于旅游景区和社区分离的情况，以及不同类型旅游目的地及不同旅游开发模式下社区居民对旅游增权感知的对比研究，将是未来需要努力的方向。

第五章　民族贫困地区旅游资源富集区社区主导旅游发展模式的路径选择

雨崩（雨崩藏语意为经书）村是云南迪庆藏族自治州德钦县梅里雪山深山处的一个藏族村寨社区。20 世纪 90 年代末期以来，旅游业逐步代替传统的农牧业，成为了雨崩社区最重要的产业。由于无公路与外界相通，政府和旅游开发商尚未介入，完全由当地居民自主决策、自主经营和自主管理基于社区的旅游业。在对雨崩社区进行实地调研和与课题组成员进行多次研讨后，有两点引起我们思考：

一是，自 Peter Murphy（1985）出版 *Tourism：A community approach* 一书以来，社区参与旅游研究成为国内外旅游研究的新宠。随着研究的不断深入，学者们对社区主导旅游发展的价值和意义产生了分歧。以 Murphy 为代表的乐观派认为，社区居民是社区旅游资源的拥有者、社区文化的承载者和社区旅游资源的主要组成部分。因此，社区旅游开发过程中，应将社区居民作为旅游发展主体和参与主体，以便在保证旅游可持续发展方向的前提下实现社区的全面发展①。然而，以 Taylor G.（1995）②、Cevat Tosun（2000）③ 等为代表的悲观派却认为，社区参与是理论性和实验性很强的一个概念，包括中国在内的广大发展中国家因受多方面条件限制，社区主导旅游发展未必是解决旅游目的地发展过程

---

① 孙九霞：《从缺失到凸现：社区参与旅游发展研究脉络》，载《旅游学刊》2006 年第 7 期。

② Taylor G.，"The Community Approach：Does It Really Work"？［J］. *Tourism Management*，1995（16）：487 – 489.

③ Cevat Tosun，"Limits to Community Participation in The Tourism Development Process in Developing Countries"［J］. *Tourism Management*，2000（21）：613 – 633.

中各种问题的灵丹妙药，不应过分夸大社区的功能。国内学者黎洁（2001）①、潘秋玲（2002）② 也持类似观点。上述不同观点表明，社区主导旅游发展效应是一个极其复杂的问题。这同时引出本章第一个疑问，即如果仅仅依靠社区主导旅游发展未必是解决旅游地发展过程中各种问题的灵丹妙药，那么，是否需要外来利益主体的介入或外来利益主体介入是否有其必要性呢？

二是，像雨崩社区这样，旅游资源优势明显，市场潜力巨大的少数民族贫困地区，出于对地方经济发展的整体考虑和外来企业对市场潜力的良好预期，预示着外来利益主体的介入有其必然性。如果上述第一个问题的答案是肯定的，那么外来利益主体介入后，什么样的社区主导旅游发展模式是适宜的，能够在维护社区利益的同时，有效地促进当地旅游业持续发展？本部分通过对云南梅里雪山雨崩藏族社区旅游发展的个案剖析来揭示上述疑问。本章的资料主要来自本人在雨崩社区所做的田野调查以及涵盖雨崩社区的梅里雪山国家公园发展历年规划与修建性详细规划（主要取自云南大学旅游研究所与中国建筑西南设计研究院联合编制的《香格里拉梅里雪山国家公园雨崩旅游区修建性详细规划》），核心样本是德钦县云岭乡的雨崩上村和雨崩下村。

第一节　雨崩藏族社区居民参与旅游现状

一　参与旅游经营并获取收益

依托当地资源优势，雨崩社区参与旅游经营的方式主要有牵马托运和提供简易的食宿接待。用骡马托运旅游者及货物以解决交通不便的问题是云南西北部少数民族贫困地区常见的旅游参与方式（见图 5.1）。雨崩村每户均参与马匹运输经营，上、下两村参与运营的马匹达 140 多匹。马匹托运包括运人和运货。运货主要是运送村民和旅游者所需的生活资料和生产资料，运人主要负责为旅游者提供由雨崩前往大本营、神

① 黎洁：《社区参与旅游发展理论的若干经济学质疑》，载《旅游学刊》2001 年第 4 期。

② 潘秋玲：《社区参与和旅游社区一体化研究》，载《人文地理》2002 年第 4 期。

瀑两个景点和往外的交通，旅游者由外面进入雨崩村的交通则由外边的西单村负责。牵马托运根据距离远近、路况和来回路段坡度差异，托运费 30 ~165 元不等（具体见表 5.1）。

表 5.1　　雨崩社区牵马托运费用一览表

托运地点	西当温泉	雨崩下村	雨崩上村	神瀑	大本营
西当温泉	—	17 千米；145 元	—	—	—
雨崩下村	18 千米；165 元	—	—	7 千米；30 元	12 千米；50 元
雨崩上村	17 千米；145 元	—	—	—	—
南宗垭口	12 千米；105 元	6 千米；75 元	7 千米；75 元	—	—
神瀑	—	7 千米；75 元	—	—	—
大本营	—	12 千米；85 元	—	—	—

资料来源：云南大学旅游研究所、中国建筑西南设计研究院联合编制的《香格里拉梅里雪山国家公园雨崩旅游区修建性详细规划》，2007 年。

家庭接待是雨崩村参与旅游经营的另一种形式。经过十余年的发展，雨崩社区村民经营的家庭客栈已具备了一定的接待能力。34 户家庭有 24 户开有家庭客栈，还有一部分虽没有开客栈，但在旅游旺季也会为游客提供食宿服务。雨崩村目前比较正规的客栈有 10 家，但设施简陋，仅能提供简单的饮食和沐浴，一般一个房间配有 2 ~5 个不等的床位，除此以外，房间内几乎没有其他设施；只有少数客栈有自备的小型发电机，仅能照明。由于游客人次过少，全村客栈只有在旅游旺季才会住满，平时只有几个规模稍大、位置较好的客栈可以经常接待客人。近年来，随着旅游者的不断增加，村民收入增长明显。2006 年，雨崩村旅游牵马运输服务和家庭接待服务的总收入约为 148 万元，牵马运输服务约 60 万元，家庭接待 88 万元，平均每户获利 4.5 万元。相比之下，1999 年旅游总收入仅为 1.3 万元①。

① 陈飙、杨桂华：《梅里雪山雨崩村旅游社区参与的组织形式与分配制度》，载《思想战线》2008 年第 3 期。

图 5.1　雨崩村为游客提供马匹托运服务的藏族女孩

二　参与旅游决策与管理

1998 年国家颁布的《村民委员会组织法》取消了将村委会设在自然村的法律条款，构成中国农村管理的基层组织并从自然村上升至行政村一级，在自然村一级实行村民自治。在梅里雪山一带，曾经一度消失的"村众会"重新在藏族乡村出现，成了村民参与民主决策、民主管理和民主监督的基本民主政治制度，并以此实现乡村社会自我管理、自我教育、自我服务的村民自治目标①。在雨崩村，以 34 户农户为基本社会单位和权力单位组成的"家长会议制"是历史上"村众会"民主化管理的现代版本，是雨崩乡村社会的权力基础，负责本村重要村务的决策与管理。其中社区参与旅游经营中的"户均轮流制"及再分配制度就是由"家长会议制"确立下来的村民参与旅游服务的组织形式和分配制度②。户均轮流制（以下简称轮流制）规定：34 户家庭都参与马匹运输，分配为 1～34 个序号，一个家庭所

---

① 陈飙：《乡村旅游管理制度与旅游社会文化影响研究——基于梅里雪山雨崩村的调查》，博士学位论文，云南大学，2008 年，第 73 页。

② 陈飙、杨桂华：《梅里雪山雨崩村旅游社区参与的组织形式与分配制度》，载《思想战线》2008 年第 3 期。

有的马匹都是使用同一个序号，每家按序号连续轮流，各户抽签决定被承载的旅游者，不得随意更改，旅游者无权自行选择马匹。如果某天有50个旅游者要骑马进山，则34户家庭都有一次机会接待一个旅游者，同时1～16号家庭还有第二次机会接待旅游者。第二天则是从17号家庭开始接待旅游者，以此类推。雨崩村家庭接待实行的是轮流接伙制度。“伙”是对自发进山旅游者小团体的俗称，轮流接伙就是每户按顺序轮流接待进山的旅游者团体。与牵马略有不同，旅游者可以自由选择客栈。为了解决旅游者自由选择客栈所造成的收入不均问题，雨崩村采取的措施是：旅游者选择的是被轮到接伙的客栈，住宿费全部归接待户；如果旅游者选择到没有轮到接伙的客栈，则接待户须将50%的住宿费分给被轮到接伙的家庭。在接待过程中，一般不考虑伙的大小，即不考虑自发团队的规模，每户村民接待到的团队的大小是随机的。

第二节　雨崩社区主导旅游发展的社会经济效应

一　雨崩社区主导旅游发展的正面效应

社区主导旅游发展是把社区作为旅游发展的主导力量和核心利益主体参与到旅游发展与经营、决策与管理等活动中，缺少外来利益主体的参与。雨崩社区成为旅游业发展的主导力量，其社会经济效应表现为：

（一）社区居民成为经营与受益主体，旅游发展拥有强大的群众基础

雨崩村民组成的“家长会议制”确立的“户均轮流制”和“轮流接伙制”保证了每家每户拥有平等的参与权，即使由于旅游者自主选择和经营者经营差异的原因，造成村民之间经营收入存在的差距，也可通过再分配制度加以弥补。在旅游发展所产生的利益驱动下，雨崩村民组成的“家长会议制”沿袭着传统的乡村管理制度进行旅游经营和管理，旅游发展所形成的收益只在社区内部分配，用于改善社区居民的福利。这种具有浓烈乡土或地方气息的居民自主经营模式，有利于形成闭合式的社区经济增长方式，防止旅游资源的发展收益过多地流向社区外部，使旅游业的发展拥有强大的群众基础，进而唤起社区居民对旅游发

展和传统文化、环境保护的激情和意识[①]。课题组对雨崩村民所做的调查表明，旅游业发展带来的好处得到当地社区的认知，旅游业发展所产生的环境问题已引起当地村民的关注（见表5.2）。

表5.2　　　　**雨崩村民对旅游影响的认知程度**

认知	对旅游产生的积极影响的认知	对旅游带来的消极影响的认知
内容	增加收入，提高藏民生活水平 可以跟外面人学到很多东西，提高文化素质 增强了对当地自然和文化的自豪感 改善了当地人的生活环境	环境遭到了一定的破坏，尤其是垃圾越来越多 游客对神山神湖不尊重，如在冰湖洗手洗脚、游客不合适的登山运动等 山上的植物、药材、石头会被游客带走 游客会把外面不好的东西传进村中，如疾病、病虫害等

资料来源：云南大学旅游研究所、中国建筑西南设计研究院联合编制的《香格里拉梅里雪山国家公园雨崩旅游区修建性详细规划》，2007年。

（二）为游客提供了友好的体验环境

根据社会交往理论，个人或群体采取某种方式彼此交往，这种交往旨在获得报酬或回报[②]。按照该理论，许多人类社会交往可以还原为某种关于酬赏与成本的计算。这一逻辑如果用来考量社区居民与游客之间的交往关系，我们不难得出如下结论：社区原有的经济发展水平越低，从旅游业中获得的收入在居民收入结构中所占比例相对越大，社区居民对旅游业的依赖性就越强，并且他们还会将收入增加的希望寄托于旅游者数量的持续增长和旅游支出的增加[③]。因此，社区经济发展水平越低，从旅游发展中获益的社区居民经历Doxey“愤怒指数模型”中“欣

① 郭华：《制度变迁视角的乡村旅游社区利益相关者管理研究》，博士学位论文，暨南大学，2007年，第120页。

② ［美］戴维·波普诺：《社会学》（第十版），李强等译，中国人民大学出版社2000年版，第131—132页。

③ 王洁、杨桂华：《影响生态旅游景区社区居民心理承载力的因素探析——以碧塔海生态旅游景区为例》，载《思想战线》2002年第5期。

然接受”阶段的期限越长，他们会在相当长时间内对旅游者的到来持欢迎态度，甚至会对旅游者的不当行为表现出宽容与忍耐。如火塘对于藏族人民来讲具有生命生生不灭、代代不息的象征意义，一个人丁兴旺的藏族家族其火塘应是永不会熄灭的，这好比汉族人信奉的香火不断。因此，藏民对火塘相当尊重，不洁的东西绝不能塞到火塘里烧或放在火上烘烤，如旧衣物、烟蒂等。然而，我们在调研期间所住的徒步者之家，傍晚时接待了几个从神瀑回来的外地游客，他们将爬雪山而湿透的裤子、鞋子放在火塘上烘烤。当时正值该客栈男主人在火塘边为游客做饭菜，游客的“不轨”举止并没有遭到男主人的呵斥。

（三）培养了社区居民的民主参与意识

旅游发展以来，社区经常召开与旅游发展有关的会议，与旅游发展相关的重大事件必须听取村民的意见，并由村民组成的“家长会议制”表决通过。陈飙（2008）[①] 对雨崩社区乡村旅游管理制度变迁的研究结果表明：无论“户均轮流制”、“轮流接伙制”还是再分配制度，包括负责马队管理的马队长的选出，无不是村民集体讨论，共同协商的结果。这不仅提高了农民对旅游发展的参与程度，培养了农民的参与意识，反映和表达了社区村民的利益诉求，而且也促进了乡村基层组织的民主化，提升了农民的民主参与意识。

（四）社区内部自我调节一定程度上能规避因参与行为失序而造成的社会失范

在部分接待户的带动、鼓舞下，雨崩村民参与旅游发展活动的积极性高涨。然而，由于村寨文化起源相同，同质性强；加上村民对藏文化理解片面，眼光局限在一些看得见的既有文物上，忽视对文化内涵尤其是旅游产业要素的深入挖掘，旅游接待户之间仅以趋同性较强的古民居、未经过专门培训的劳动力以及同一渠道采购的食品等作为旅游产品投放市场。这实际上进入了产业组织理论中的均质产品市场，即典型的Bertrand竞争市场。不难看出，雨崩村牵马托运同样具有均质产品市场特征。在Bertrand竞争模式下，产品差异化程度较小，价格成为影响消

---

① 陈飙：《乡村旅游管理制度与旅游社会文化影响研究——基于梅里雪山雨崩村的调查》，博士学位论文，云南大学，2008年，第73页。

费者购买行为的重要变量，农户间博弈的唯一稳定结果是选择将价格降至其可以维持的最低水平。而有限的游客数量与旅游接待设施的不可移动性特征无疑使上述竞争行为发生的可能性大为增强。然而，在类似雨崩这样的不发达的少数民族贫困社区，经济活动是嵌入于社会之中的。村民间不完全是经济竞争关系，而是伴随着各种连带关系，诸如亲戚、邻里、同学、朋友等。这样，熟人社会中人情和好关系所具有的认同，大大减少了农户在参与旅游发展活动中进行合作的协调成本，从而可能在只有较少利润空间的情况下，共同受益。不仅如此，雨崩社区制定的乡村旅游管理制度作为雨崩社区的乡村“习惯法”一定程度上规避了农户之间的恶性竞争，短期内有利于维护旅游接待市场秩序和村民间稳定、和谐的社会关系。

二　雨崩社区主导旅游发展的负面效应

缺少政府引导、支持以及外来资金的推动，雨崩藏族社区仅仅依靠自身力量主导旅游发展运行中隐藏的弊端随着时间的推移而不断暴露出来，表现为：

（一）社区参与方式单一，经济体量低下，难以实现产业链本地化，经营风险大

雨崩社区旅游资源品味极高，独特性、唯一性有目共睹。但社区居民没有实力，也没有承担风险进行大型旅游项目的发展投资的能力。这使得社区旅游资源优势未转化为经济优势，旅游发展基本处于初始状态，村民们并不能从高品位的资源优势中获取较高的经济收益，仅仅通过牵马和开客栈来获取微薄的经济利润。从经营效果来看，“轮换制”为当地村民参与旅游提供了平等机会，却在一定程度上限制了市场竞争，其结果必然以损失部分效率为代价，难以培养社区居民市场意识。表现为：客栈都是家庭式的作坊，只能提供简单的食宿，旅游从业人员受教育程度低，经营者缺少现代的科学管理知识，对于改善服务水平，提高服务技能的意识不强，其提供的食宿服务无法满足高端游客的需求，住宿价格始终停留在20元/晚。虽接待的游客有超过一半来自国内出游能力强、购买力强的东部沿海、京津冀市场，但现有的软、硬件条件无法延长游客停留时间，众多游客在体验完徒步的艰辛，观看了神

瀑、大本营、冰湖等旅游景点后，就匆匆离去。而参与牵马的藏民基本没有经过培训，许多人不懂汉语，语言上的沟通障碍使得他们与游客之间缺乏交流，还不免发生不愉快，这就很难从游客身上获取托运费之外的其他收入，如小费等。

在雨崩社区，这种单一的社区参与方式与收入结构已凸显出自我强化机制，容易沉淀为以旅游服务为主的单一经济结构。牵马运输与家庭接待经济效益明显好于传统农业、畜牧业，且收益大、见效快，这往往使村民只顾眼前利益而放弃与旅游相关的其他生产要素的长远投入，这可从雨崩社区村民 6 年间收入结构的变化得到证实（见表 5.3、表 5.4）。其结果将不利于实现“产业链本地化”①，即在为游客提供吃、住、行、游、购、娱过程中无法较好地利用本地原材料和人力资源，无法以旅游业为龙头优化配置相关产业，在本地生产和销售产品，因此不能达到最大限度地当地参与，难以使旅游收益最大程度地留在本地。不仅如此，单一的经济结构还会因为旅游业所固有的脆弱性、敏感性特征而增加当地村民的经营风险。2008 年 3 月，因西藏藏独分子发动暴乱，各地政府要求取消到藏区旅游的行程，造成以旅游业为主导产业的藏区损失惨重。课题组成员 4 月初到迪庆州进行市场调研期间就亲眼目睹了迪庆州范围内各大景区惨淡的景象，直到 5 月中旬藏区旅游市场才随着政府禁令的解除和藏区社会治安的好转而得到恢复和发展。

表 5.3　　**雨崩村 1999 年经济收入情况表**

雨崩	林副业收入（元）			畜牧业（头、斤）						旅游收入（元）	
	核桃	竹木农具	采集收入	牛	马	猪	羊	酥油	奶渣	牵马	住宿
上村	276	260	3280	151	25	57	50	2140	1280	40680	7200
下村	100		2060	159	23	69	7	1488	810	16710	800
合计	376	260	5340	310	48	126	57	3628	2090	57390	8000

资料来源：云南大学旅游研究所、中国建筑西南设计研究院联合编制的《香格里拉梅里雪山国家公园雨崩旅游区修建性详细规划》，2007 年。

① 邹统钎：《乡村旅游发展的围城效应与对策》，载《旅游学刊》2006 年第 3 期。

表 5.4　**雨崩社区典型农户 2006 年家庭年收入构成表**　（单位：元）

自然村	户名	旅游收入		其他收入	
		牵马收入	开客栈（包括分钱）	捡松茸	卖酥油
雨崩上村	ANX	20000	10000		
	DZJC	30000	70000	600	
	DZ	30000		1000	
	SNYZ	20000	8000	1500	
	LH	10000	3500	1500	
雨崩下村	AQKZ	30000	3000	1000	
	PZC	20000	600		1000
	YSB	16000	4500		
	RG	12000	1000		500
	NSM	20000	1000		

资料来源：云南大学旅游研究所、中国建筑西南设计研究院联合编制的《香格里拉梅里雪山国家公园雨崩旅游区修建性详细规划》，2007 年。

（二）基础设施供给不足所引发的高交易费用限制了市场规模的拓展

雨崩社区居民虽是社区旅游发展的主导力量和获益主体，但却无力改善当地的交通、通信等基础设施条件。这样，不便的交通及较高的马匹托运费用使得雨崩村从事旅游接待的农户需投入相对较高的资本修建客栈、整治环境、购买接待设施设备。上述投资成本的顺利回收是建立在一定规模数量的游客基础之上的，而如果游客不来或人数较少，农户将面临较高的资产专用性风险，因而为游客服务的资产投资一旦改变其用途将导致严重的贬值。除此以外，接待户还需在游客到来之前购入相应的食品、蔬菜作为接待备用。然而，当地恶劣的自然生态环境只能依靠从云南大理等地购进蔬菜、食品，运输至德钦县城后，再经过西当到达雨崩。缓慢的马匹托运不但不利于运送新鲜食品，还使得运输成本大大增加。当地电信部门虽已在梅里雪山修建了通信设施，但由于海拔太高，微弱的信号常常割断接待户与外界的联系，他们只能“守株待兔”式地等待游客的到来。如果游客不能在短期内到来或到来的游客人数较少，接待户又不能自己消耗先前购买的物资，他们将被迫承担相应损失。为减少资产专用性投资所造成的经营风险，降低成本，接待户不得不以通过提高物价的方式把成本转嫁给短期消费的游客，以获取收益。由于旅游消费多属一次性消费，加之众多农户缺乏长远考虑，在缺乏正确引导与有效约束的情况下，当地农户提高价格降低服务质量的机会主义行为发生的可能性大大增强。如雨崩村一盘蔬菜的价格通常为 10 元，旺季为 15 元左右，但味道与数量却难以使游客满意。对游客而言，除了承受当地低质高价的服务以外，不便的交通同样增加了游客进入雨崩的经济成本、体力成本和时间成本，甚至以牺牲生命为代价。张五常(2000)[①] 认为，过高的交易费用会使许多潜在的交易难以转化为现实的交易。偏僻的区位、不便的交通使得游客与旅游接待户不得不面对较高的交易成本，这无疑提高了游客的进入门槛，不利于市场规模的拓展。

（三）产权不明导致社区公共资源利用过度，“公地悲剧”明显

民族贫困社区旅游发展中，由于社区环境产权界定不明晰，如果没有相应的制度约束，社区居民为追求个人利益的最大化，不可避免地会过度利用社区公共资源，从而酿成“公地悲剧”[②]。雨崩社区资源产权具有混合性特征，即居民的房屋是私有的，而民俗文化、社区环境等旅游资源则具有公共性特征。居民房屋虽为私有，却是社区景观资源的重要组成部分，它的变化，将导致整个社区资源发生变化。随着游客数量的增多，部分接待户对自家的房屋进行改建和扩建。由于缺乏约束和相应指导，现有藏居风格已与传统的藏居建筑风格大相径庭，一批批带有其他民族风格的客栈不断出现，传统的民居建筑风貌开始发生变化。另外，由于当地所有的客栈均不具备污水处理能力，大量游客涌入所引发的废水、废物直接排入雨崩河；简陋的厕所使得人与动物粪便随处可见。可见，由于产权不清，管理制度缺失，导致社区群众仅把当地资源与环境作为可索取的对象，旅游发展已给当地脆弱的文化与自然生态环

① 张五常：《经济解释——张五常经济论文选》，商务印书馆 2000 年版，第 2 页。

② 刘旺、吴雪：《少数民族地区社区旅游参与的微观机制研究——以丹巴县甲居藏寨为例》，载《四川师范大学学报》（社会科学版）2008 年第 2 期。

境带来巨大威胁。

（四）村民参与难以实现平等，信息不对称引发的有限理性及熟人社会中产生的机会主义造成再分配制度失效

在市场经济中，公平分配必然与效率准则相矛盾，二者之间的关系也成为经济学伦理问题研究的重要课题。厉以宁（1999）[①] 认为，公平既不是指收入的均等化，也不是指财产的均等化，而是指生产要素供给者在机会均等的条件下参与市场竞争。机会不均等的竞争会导致收入差距过大，而机会均等的竞争使收入分配的差距不至于扩大到那种程度，所以强调机会均等是十分必要的。在雨崩，马帮服务是同质的，户均轮流制度不仅保障了马帮服务良好的运行秩序，也赋予了社区居民平等参与旅游接待的机会。与马帮服务相比，家庭接待因其在区位、资金、技术、知名度等方面的差异而难以保障参与机会的平等。如进入雨崩的游客大部分经西当、南宗垭口到达雨崩村，这一线路首先到达雨崩上村，长时间徒步的劳累将使旅游者优先选择最近的客栈，所以，雨崩上村接待游客的机会明显好于下村。家庭接待的差异性竞争形成了两个明显的社会阶层：拥有区位优势、资本与技术优势以及人缘关系的农户经过几年的积累，迅速崛起，形成了6家独立客栈，剩下的是没有独立客栈的28户村民。2006年，6户客栈接待量占到全部接待市场份额的90%，旅游总收入约为80万元，其中最高1户达15万元。而剩余27户（2006年还尚未分离为28户）村民的家庭接待仅占10%的份额，共获利约8万元，其中收入最少的仅有1000元[②]（不包括再分配的收入）。最高是最低的150倍，照此下去，必将影响雨崩社区的和谐与安定。

当然，即使是机会均等条件下的竞争，收入分配仍会有差距，所以“效率优先，兼顾公平”中的“兼顾公平”是指需要在保证效率居于优先地位的同时兼顾机会均等条件下的收入分配的协调，以避免出现收入分配差距过大[③]。为解决家庭接待差异和消费者自由选择所造成的收入不均问题，“家长会议制”确定的再分配制度无疑起到了重要作用。然

① 厉以宁：《经济学的伦理问题》，生活·读书·新知三联书店1999年版，第40页。

② 陈飙、杨桂华：《梅里雪山雨崩村旅游社区参与的组织形式与分配制度》，载《思想战线》2008年第3期。

③ 厉以宁：《经济学的伦理问题》，生活·读书·新知三联书店1999年版，第40页。

而，由于信息不对称并由此造成的有限理性[①]以及机会主义[②]的存在，非当值接待户常常会虚报或不报游客接待数量信息，从而导致雨崩社区以再分配制度调节收入差距过大的良好愿望付诸流产。

上述研究表明：在无外来利益主体介入下，社区主导旅游发展保证了社区“内源式”的持续滚动发展，培养了社区居民的民主参与意识，并为游客提供了良好的人文体验环境，其出现具有一定的合理性及积极意义。然而，仅依靠社区“内源式”发展无法解决旅游资源发展深度不够、公共产品供给不足等问题，并由此带来旅游经济体量过小，经营风险大，交易成本高，难以拓展市场规模等一系列问题。从社区内部来看，随着旅游业规模的逐渐扩大，村民们的经营思路会愈加拓宽，竞争也将更加激烈，由于制度供给不足所引发的“公地悲剧”、贫富差距不断扩大等问题也将日益严重。依靠社区村民自发地由个人理性走向集体理性是不明智的，需要一个长期认知和博弈的过程；而社区赖以生存的公共资源是极其珍贵和脆弱的。因此，有必要引入外部力量并进行合理的制度设计以解决社区主导旅游发展中存在的诸多问题。

第三节　从雨崩社区旅游发展看我国民族贫困地区社区主导旅游发展模式的路径选择

一　雨崩社区旅游资源优势及市场发展潜力分析

梅里雪山国家公园的旅游资源是云南旅游资源皇冠上的明珠，雨崩社区所拥有的旅游资源正是这一极品资源的代表。该区域旅游资源类型全、品位高、组合好、潜力大，容易形成不同的旅游产品簇群，对于延长游客停留时间，提高旅游经济综合效益具有重要的作用。不仅如此，该区域还拥有良好的资源品牌优势。由《中国国家地理》杂志主办，

① 如旅游者很晚才到达客栈，由于当地不通电，晚上行走极为不便，雨崩“家长会”委派的值班管理人员及当值接待户很难确切知道非当值接待户接待游客的信息，而有些游客第二天一大早就会离开客栈。

② 当值接待户、值班管理人员不一定确切地知道非当值接待户接待游客的信息，即使知道，也会碍于邻里、亲戚或朋友关系而不一定向“家长会”反映。另外，非当值接待户即使违反了相关乡村管理制度，制度的实施效果也会因为社区内部的利益、亲属关系或借助游说而全部或部分失效。

全国36家主流媒体共同协办的“选美中国”活动中，梅里雪山国家公园被评为“中国最美的十大名山”之一，梅里澜沧江大峡谷被评为“中国最美的十大峡谷”之一。该区域还是世界知名非政府组织和世界知名媒体关注的焦点。美国大自然保护协会成立了梅里雪山国家公园项目部；《纽约时报》、《时代周刊》等报刊都曾对梅里雪山国家公园和雨崩社区进行过深度的宣传报道。这些名誉和关注既是对雨崩社区优良资源的充分肯定，也使得雨崩社区旅游资源在国内外树立了良好的品牌优势。另外，由于本社区长期与外界相对隔绝，极少受到外来商业文化的冲击，这也培育了当地居民好客、朴实的性格特征，基于这种朴实的性格特征，加上大部分居民直接或间接从旅游发展中获得收益，当地居民对区域旅游发展普遍持欢迎态度，这样就营造了区域旅游发展的和谐人文环境。

随着人们生活水平的提高和游客体验的升级变化，旅游市场个性化需求越来越明显，拥有世界级高山群和完美垂直地带谱的梅里雪山国家公园正逐步成为现代探险和登山的终极目标，也成为现代人回归自然、追求个性的绝佳场所。尤其是1997年以来，随着“香格里拉”这一世界品牌落户迪庆州和99昆明世博会的成功举办，在国内外掀起了香格里拉旅游热潮。作为香格里拉环线上重要组成节点的雨崩旅游区必将面临着更好的发展机会。

二　外来利益主体介入的必要性与必然性

国外社区生态旅游发展的过程和现状表明：成功发展社区生态旅游的初期往往需要外界支持[①]。我国旅游发展进程中，市场的不完全性、信息不对称、自然垄断现象、外部性及公共产品的存在，有必要引入政府参与，使旅游资源得到有效配置。从实践来看，国家旅游局提出政府主导型的旅游发展模式已经多年，对此很多专家学者持有不同看法，有些部门也提出了不同意见。但客观来看，旅游发展政府主

① 何艺玲：《如何发展社区生态旅游——泰国乡村社区生态旅游（CBET）的经验》，载《旅游学刊》2002年第6期。

导型的因素很多，即使从长远发展来看也无可替代[①]。缺少外来利益主体参与，仅仅依靠雨崩社区支撑而兴起的旅游业经济体量低下，对德钦县、迪庆州地方经济和政府财政的贡献率十分有限，世界级的旅游资源并没有给这个国家级贫困县带来相对应的经济收益，旅游业的发展只是造福了局部的社区和居民，对于梅里雪山国家公园内的其他社区而言，是有失公允的，与现阶段我国所提倡的建设和谐社会的发展理念不符。

梅里雪山国家公园丰富的旅游资源在全国旅游资源体系中的重要地位和区域旅游经济发展中巨大的潜力优势已引起各级政府部门的关注。国家旅游局已将梅里雪山国家公园确定为“中国大香格里拉旅游区”的重点旅游区。云南省已将梅里雪山国家公园确立为国内首批建设的国家公园之一，利用云南旅游“二次创业”的机会，以大手笔、高标准的气魄，重点建设通往梅里雪山国家公园的交通基础设施。当地政府同样寄希望于通过梅里雪山国家公园旅游资源的深度发展来带动当地经济的发展，摆脱贫困，增加地方财政税收。自 2002 年以来，迪庆州人民政府提出了把梅里雪山国家公园建成藏区最好的雪山旅游区的奋斗目标，并付诸了重要的实际行动和战略部署，包括：

（1）迪庆州、德钦县各级政府领导多次深入雨崩旅游社区进行实地考察。

（2）2004 年 7—8 月，由州旅游局牵头，邀请省内外知名专家学者和州县相关部门组成雨崩旅游区规划课题组，深入实地考察，并形成了《梅里雪山国家公园雨崩生态旅游区发展策划纲要》。

（3）成立迪庆州梅里雪山景区管理局，从组织上保障梅里雪山国家公园的成功发展和后续管理。

（4）在经费极度紧张的条件下，景区管理局为避免无序旅游发展所带来的对生态、文化及社区利益的负面影响，特别委托云南大学旅游研究所和中国建筑西南设计研究院完成《香格里拉梅里雪山国家公园——雨崩旅游区修建性详细规划》。

区域旅游竞争的加剧及以交通、通信为主的公共产品供给不足引发

① 魏小安：《中国旅游发展大趋势探讨》，载《旅游管理》2007 年第 10 期。

的信息不对称、高交易费用需要投入巨资作为旅游发展的支撑和保障。然而，当地落后的经济发展水平造成政府公共资金不足，无法给区域旅游业的发展太多支持，自我发展能力较差，需要依赖大量外部资金的注入；否则，区域旅游发展将以粗放式经营或以降低旅游品质和破坏环境为代价。当然，垄断性的旅游资源及潜在的市场优势也会吸引外来投资商加入到当地旅游发展中来。云南某旅游集团公司已明确表示要进入梅里雪山国家公园，并做好了发展的准备。

可见，不管社区接纳与否，外来利益主体介入已趋于必然，如何处理好与外来利益主体之间的关系已成为雨崩社区不得不面对的问题；如果不积极应对，在资本、技术与市场竞争等方面的劣势将会使当地社区被排除在利益主体之外，这样的结果必将给当地旅游业可持续发展和社会稳定带来威胁。

三　雨崩藏族社区主导旅游发展模式的路径选择

民族贫困地区社区参与旅游发展的实施效果事关民族地区新农村建设的步伐，事关民族关系的和谐发展和社会的良性运行以及边疆的长治久安。2008 年 4 月 3—4 日，笔者分别参加了迪庆州维西县旅游发展总体规划中期咨询会、迪庆州香格里拉旅游总体规划修编咨询会。在咨询会上，州各级领导、地方专家反复强调，要把社区参与旅游发展作为规划重点。迪庆州旅游局阿哇局长指出：“年初国内多处发生暴乱，而云南迪庆藏区自始至终没出现暴乱问题，这与近年来迪庆州蓬勃发展的旅游业日益向民族社区纵深化推进，使藏民不断受益有着密切的联系。”因此，雨崩旅游业的可持续发展以及当地居民受益情况不仅关系到旅游业的可持续发展，也关乎我国西部少数民族边疆地区的稳定与发展。

雨崩村虽通过社区主导旅游发展维持着社区内部短暂的公平与和谐，但仅依靠社区力量难以将资源优势转化为经济优势。因此，有必要引入外来利益主体以增强旅游发展的资本优势。但现有的资源评价制度缺陷以及招商引资中存在的政策偏向往往会造成外来利益主体引入后对社区居民现有利益进行侵蚀，引发社会矛盾与冲突。因此，在处理社区居民与外来利益主体关系时，只有在一个合理的制度安排下，建立相对公平的利益平衡机制才能确保利益相关者个体理性的主观动机并最终带来集体理性的客观结果。理论和实践均表明：企业型股份合作制是完成上述目标的较好方式之一[①]。企业型股份合作制是指以企业为依托，以社区土地、资源、技术等入股组建形成的股份合作制[②]。作为既保护当地居民利益又实现居民有效参与的一种方式，企业型股份合作制目前在国内一些景区已经得到成功应用。如九寨沟自然保护区采用纳入居民利益的股份制经营模式，不仅保障了居民利益，还更好地保护了自然资源，吸引了国内外保护地管理者前来学习和寻找可持续的资源供给方式[③]。上述地区的成功实践为梅里雪山股份合作制的成功推行提供了可借鉴的宝贵经验。

四　雨崩藏族社区建立企业型股份合作制的意义

从维护社区利益、促进社区有效参与和旅游业持续发展的目标出发，推行企业型股份合作制模式的主要意义有：

（一）维护社区利益，保证社区居民的主人翁地位

企业型股份合作制糅合了合作制和股份制的特点，其优点体现在以下几方面：

1. 在参与机会上，它涵盖了资金联合和劳动联合，资金和劳动都处于平等地位，这确保了社区居民不会因资金不足而丧失参与旅游发展

---

① 之前很多学者提出，社区内部可通过建立股份合作制来推动旅游业持续发展，但对股份合作制的具体实行形式并没有作进一步的阐释和分析；也有学者提出，社区内部可通过建立社区型股份合作制来解决社区旅游开发的问题。但在雨崩这样的民族贫困地区旅游资源富集区不适合推行社区型股份合作制。原因有三：首先，从社区型股份合作制的发源地来看，它主要发生在经济发达地区集体经济力量比较强大的少数农村，最具有典型代表性的社区型股份合作制出现在广东的珠江三角洲地区以及江浙少数大城市的郊区。显然，在少数民族贫困地区，并不具备推行社区型股份合作制的社会土壤，离开这一背景强行推行该模式将会使社区主导旅游发展的未来变得扑朔迷离。其次，通过比较，企业型股份合作制优于社区型股份合作制，企业型股份合作制是社区型股份合作制的一个发展方向或过渡形式，但最终仍必须建立现代企业制度。最后，事实上，随着外来利益主体的介入，社区型股份合作制的封闭状态必将被打破，向外来利益主体开放，形成产权结构的多样性。

② 罗必良、潘光辉：《社区型股份合作制：改革面临创新——基于“龙岗模式”的理论与实证研究》，载《华南农业大学学报》（社会科学版）2004 年第 4 期。

③ 任啸：《自然保护区的社区参与管理模式探索——以九寨沟自然保护区为例》，载《旅游科学》2005 年第 3 期；石璇、李文军：《保障保护地内居民受益的自然资源经营方式——以九寨沟股份制为例》，载《旅游学刊》2007 年第 3 期。

的机会。

2. 在决策与管理上，实行一股一票加一人一票制，既体现了合作制的民主管理特色又体现了股份制资本的重要性。

3. 在分配上，实行按劳分配和按股分配相结合的原则。这种主体身份的双重性特征，有利于维护社区利益，保证社区居民的主人翁地位。在企业型股份合作制运作模式下，社区主导旅游发展的内容和形式都将发生变化（见表5.5）。

表5.5 **雨崩社区主导旅游发展模式变化表**

社区主导内容	缺少外来利益主体参与下的社区主导旅游发展模式	外来利益主体参与下的社区主导旅游发展模式
旅游经营	开客栈、牵马	成为企业股东与员工，与企业形成利益共同体
旅游决策与管理	通过“家长会议制”参与旅游事务的决策与管理	通过股东大会参与企业的经营决策与管理
利益分配	通过牵马、开客栈获取经济收益，借助再分配制度解决收入差距过大的问题	实现按劳分配与按股份分配相结合的原则，享受企业盈利的分红

（二）有利于扩大市场规模，增加回头客

外来利益主体介入为梅里雪山开展对外营销提供了资金保障，基础设施的建设与完善大大提高了景区的可进入性，这必然吸引更多的游客到梅里雪山旅游。企业型股份合作制的推行，必然采取企业化管理方式。作为公司股东和公司员工，雨崩村民的现有文化素质以及其长期在农村养成的自由、散漫的农作生活习惯明显不能适应公司管理和旅游服务的需要，旅游企业将对其进行旅游知识、服务礼仪、本地民俗文化知识等方面的培训、教育，按公司或行业制定的服务标准为游客提供服务，这必将提高旅游者的体验质量，增加回头客。

（三）有利于实现产业链本地化，增加农民就业机会，提高农民收入

公司化管理会使服务工作专门化，从服务接待到环境维护以及物质

生产等都有专人负责。另外，公司还会利用其实力，采用先进的农业科技技术在当地社区培育、种植有地方特色的蔬菜水果，饲养动物等，以服务于蓬勃发展的旅游业，这必然会延长旅游产业链，增加农民就业机会，进而提高其收入。另外，股份合作制运营模式下的股份分红、薪金收入和保障金收入等也是提高当地收入的重要渠道。

（四）有利于保护当地环境，传承当地民族文化

在股份制模式中，社区居民拥有的双重身份有利于较好地引导受益的村民实现外部性较大的内在化激励，从而达到优化资源配置，增强村民文化自信、自强和文化、环境保护的自觉意识，将传承文化与保护环境真正当成是自觉行为，把最具区域特色的藏族文化产品和区域环境推介给市场，这就创造出文化传承、环境保护和旅游发展双向互动、良性循环的机制。

（五）有利于培育市场主体

实行企业型股份合作制改造，当地农民投资入股，成为企业股东，通过股东大会参与旅游企业经营决策，享受企业盈利分红所带来的快乐，承担企业亏损使农民财富减少所带来的痛苦。农民与企业形成一荣俱荣、一损俱损的利益共同体，在市场共沉浮的过程中，慢慢地培养起商品意识、风险意识和市场意识，真正成为市场中的主体。

（六）有利于扩大社区受益面，共同走向富裕

首先，雨崩社区内会因为股份合作制的推行而使过去未能充分参与家庭接待的村民加入到旅游经营中来，有利于缩小雨崩社区内居民间的贫富差距。

其次，拥有梅里雪山国家公园内土地、山林的其他社区由于可发展利用的旅游资源分布不均，以及地理位置差异而形成的贫富差距，也可通过土地、山林面积比例分配股份额来均衡，使远离国家公园内旅游资源的其他社区也能从中受益，走出一条共同富裕的道路。

五　目标模式的实施方略

从社区主导旅游发展的“轮换制”、“轮流接伙制”过渡到“企业型股份合作制”，其实质是一个制度变迁的过程。新制度经济学认为，制度变迁离不开政府的参与，除了制度变迁的“搭便车”问题使制度

供给不足，需要由政府矫正以外，另一个重要原因是政府的制度供给具有强制力，可以减少制度变迁的组织成本，提高创新收益①。为了让企业型股份合作制模式在梅里雪山及雨崩社区顺利运行，确保社区受益，在运营模式建立的前期阶段，政府要发挥它的宏观调控和协调作用，提前做好以下几方面的工作：

（一）加强对社区居民的宣传、教育和培训

雨崩社区居民现有的文化、语言与技能方面的劣势很难适应股份合作制模式运行后所释放的大量就业机会。为较好地解决社区居民的就业问题，使股份合作制能够高效运行，需由政府牵头，企业负责对村民进行旅游专业知识及岗位培训，尤其是普通话方面的培训，使每一个具有劳动能力的居民都掌握一定的专业技能，在旅游发展中体现自身的价值。与此同时，还应做好现有旅游接待户，尤其是像徒步者之家等接待大户的耐心解释和宣传工作。让他们意识到，若改变现有的制度框架，他们能获得在原有制度框架内无法得到的利益，以争取他们的支持与配合，为企业型股份合作制的正式建立和运营创造一个良好的人文环境。

（二）尽快规划实施《梅里雪山国家公园总体规划》，以规划为蓝本进行外部招商引资

在外部资本的选择上，除了考虑投资者实力以外，其战略规划中所包含的社会责任也是考量的重要因素。

（三）合理界定产权，明确股权设置

根据股份合作制的相关规则，明晰的旅游资源产权和科学公正合理的资产评估是股份合作制顺利运行和维护、保障社区利益的根本前提。为此，政府需首先将梅里雪山国家公园旅游资源产权进行合理的界定。在此基础上，采取国家、公司、集体和村民合作的方式，把旅游资源、土地、资本、技术、民族文化禀赋等量化为股本入股参与旅游发展，入股形式应以旅游资源、劳动为主，配以适宜的资金股，这样才有利于社区居民成为旅游资源经营管理的主人，充分发挥其积极性。

---

① 傅晨：《中国农村合作经济：组织形式与制度变迁》，中国经济出版社2006年版，第136—139页。

（四）引入第三方力量及相应的制度设计来平衡各利益主体之间的利益关系[①]

第三方力量主要指独立于政府之外又区别于市场部门的非政府组织（NGO）、非营利组织（NPO）、行业协会、自愿团体、学者阶层、新闻媒体等组织和群体。这些组织和群体具有民间性、自主性、自愿性、公益性等特征，它们的发展和壮大是公民社会的重要体现。它们不仅能通过知识和技能的教育和培训以辅助相对弱势的社区，还将参与式发展的理念带给社区，是社区农民参与能力迅速成长的重要外部推动力。同时还能为政府提供咨询和服务，监督、制衡政府滥用权力，防止居民参与流于形式。在企业型股份合作制运作过程中，合同等法律手段至关重要。首先，合同可以作为相对弱势的社区居民利益保障的手段和渠道，同时也保护了政府和旅游企业的有序经营和合理发展。其次，法律规则也对社区各利益相关者的参与活动起到约束作用，保障社区和旅游发展的可持续性。

六　简要的结论

我国旅游资源优势明显，市场潜力巨大的少数民族贫困地区，社区主导旅游发展有利于维护社区利益，培养社区居民的民主参与意识，使社区旅游发展拥有强大的群众基础，并为旅游者提供良好的人文环境，社区内部也可通过一定的非正式制度安排来保护社区居民公平地参与旅游经营，规避因参与行为失序而造成的社会失范。然而，缺少外来利益主体的介入，仅仅依靠社区难以拓展市场规模，提高旅游目的地综合经济效益，社区内部由于村民追求个人利益最大化所引发的“公地悲剧”、贫富差距无限扩大的问题与矛盾将日趋突出。因而有必要引入外来利益主体并进行相应的制度安排设计以解决民族贫困地区社区主导旅游发展中存在的诸多问题。

以梅里雪山雨崩社区为代表的少数民族贫困地区旅游资源富集区，旅游市场发展潜力巨大，外来利益主体介入有其必要性与必然性。这

---

① 孙九霞、保继刚：《中国社区参与旅游发展的模式构建——以云南、广西的案例分析为基础》，载《中国旅游研究》（香港）2006 年第 1—2 期。

样，过去仅由社区居民主导的旅游发展将会被多个利益主体的共同参与所取代。从维护社区利益，推动旅游持续、健康发展的目标出发，企业型股份合作制成为承接外来利益主体介入后社区主导旅游发展的较好模式。

由于中国特殊的国情和西部民族贫困地区农民的有限认知水平与参与能力，目前社区主导旅游发展在理论上尚在探索之中，在实践上处于方兴未艾的初级阶段，还有很多问题需要深入研究、探索。

第六章　少数民族村寨社区参与旅游发展模式比较研究

少数民族村寨旅游资源、土地、资金、人力资源等是旅游开发的基本要素。然而，在不同的民族村寨旅游地，各利益主体在开发中的角色、能力、权力结构等方面存在差异，在旅游资源配置中扮演着不同的角色，实践中形成不同的民族村寨旅游开发模式。对不同旅游发展模式下民族村寨旅游地的市场拓展能力、社区居民获益方式与状况、传统文化保护与传承及其旅游开发模式的形成原因进行横向比较剖析，有助于为国内少数民族村寨旅游地提供经验借鉴和理论指导，推动社区参与旅游研究的深入。

第一节　少数民族村寨社区旅游开发核心力量导向及运行模式

作为民族（俗）村寨（镇）旅游开发的典型代表，天龙屯堡、郎德苗寨、西江苗寨三地的社会经济文化背景见表6.1。

表6.1　**天龙屯堡、郎德苗寨、西江苗寨旅游开发背景情况比较表**

旅游地	天龙屯堡	郎德苗寨	西江苗寨
文化背景	屯堡文化	苗族文化	苗族文化
资源特征	明代古风、江淮余韵	全国百座特色博物馆	千户苗寨、苗都、苗族文化艺术馆
社区居民人数	1215户、4320人	134户、540人	1285户、5120人

续表

旅游地	天龙屯堡	郎德苗寨	西江苗寨
区位与可达性	位于贵州省安顺市平坝县境内，与国家级风景名胜区黄果树、龙宫、红枫湖、织金洞相邻，属贵州西线黄金旅游线路的必经之地，贵黄高速公路、滇黔公路、贵昆铁路和清黄高速公路均从寨边穿过，素有“滇之喉、黔之腹”之称	位于贵州省黔东南苗族侗族自治州雷山县西北部，西距贵阳260千米，北距州府凯里27千米，南距雷山县城13千米，与怀恩堡、南花、南猛、脚猛、季刀、猫猫河共同组成巴拉河苗族村寨群，属贵州省东线民族风情游的重点村寨之一	位于贵州省黔东南州雷山县境内，距州府凯里35千米处，雷山县城东北36千米处，与雷公山国家级自然保护区相邻，属贵州省黔东南州最大的原生态民族风情旅游中心
旅游启动时间	2001年9月25日	1982年，贵州省文化厅发出《关于调查民族村寨的通知》。1986年，郎德上寨被列为民族村寨保护重点，并获得资助用于整治村寨容貌。1987年，以上郎德民族村寨博物馆的名义，打开山门，接待游客	1982年被省政府列为全省乙类农村旅游区。1987年被列为东线民族风情旅游景点。1999年至今一直列为省重点保护与建设民族村镇。2007年，被遴选为贵州省第三届旅游产业发展大会主会场，雷山县政府全面介入
旅游管理与经营主体	旅游公司、地方政府、村委会、社区居民	社区居民、地方政府	地方政府、社区居民
旅游产品与项目	参观寨容寨貌、观看地戏表演、参观傩戏文化陈列馆、参观沈万三生平展馆、购买屯堡文化商品、品屯军驿茶、吃住农家	体验苗寨拦路敬酒、参观寨容寨貌、观看苗族歌舞表演、参观民族陈列室和杨大六故居、购买民族工艺品和吃住农家	体验苗寨拦路敬酒、参观寨容寨貌、观看苗族歌舞表演、参观中国民族博物馆西江千户苗寨馆、购买民族工艺品和吃住农家

续表

旅游地	天龙屯堡	郎德苗寨	西江苗寨
级别与荣誉	先后获得中国历史文化名镇、国家文化产业示范基地、全国农业旅游示范点、中国十大古村等荣誉或称号	先后获得全国重点文物保护单位、全国农业旅游示范点、世界级乡村旅游村寨等荣誉或称号	2006 年西江苗族刺绣、苗族银饰锻制技艺、苗族古歌和苗族吊脚楼营造技艺被列入首批国家级非物质文化遗产名录。2007 年被列为世界文化遗产预选地，同年被列入“中国历史文化名镇”和获得“中国景观村落”殊荣

第二节　案例地旅游开发核心力量导向及运行特征

社区旅游资源、土地、资金、人力资源等是旅游开发的基本要素。然而，在不同的社区旅游地，各利益主体在开发中的角色、能力、权力结构等方面存在差异，在旅游资源配置中扮演着不同的角色，实践中形成不同的社区参与旅游开发模式。

天龙屯堡的社区旅游开发主要由旅游公司负责整个景区的经营管理和商业运作，具体为：负责村中环境改造与整治、旅游产品开发设计、市场推广、接待团队游客及收取门票。地方政府主要负责旅游发展总体规划和基础设施建设；天龙村村委会代表村民将天龙村旅游资源开发与经营管理权转让给旅游公司，从门票收入中提取一定比例作为村委会运转的经费并负责景区治安，协调村民与公司关系；社区居民主要通过到旅游公司就业、开设家庭旅馆、出售手工艺品和农特产品以获取收益。从天龙屯堡社区旅游开发的运行特征来看，旅游公司在旅游开发中发挥着核心导向作用，属公司主导，社区参与型旅游开发模式。

郎德苗寨旅游是依靠社区居民自身的力量来实现自我发展的，具体操作中，由村委会代表村民行使旅游资源经营与管理权，通过组建旅游接待中心作为运营主体，统一组织、统一管理、统一服务与统一培训，对社区居民进行监督和协调。而当地政府则在旅游规划、基础设施建设、形象宣传及旅游市场规制等方面实行有限主导。从整个景区运行来看，属社区主导，政府引导型旅游开发模式。

在西江苗寨，地方政府不仅在基础设施建设、旅游规划、市场宣传与形象打造、人员培训、市场规制等方面发挥着积极作用，而且还通过组建旅游开发公司来负责整个景区的开发、经营与管理，并收取门票。社区居民则通过到旅游开发公司就业、开设家庭旅馆、出售本地出产的土特产品及旅游商品等方式参与旅游。从整个景区的运行特征来看，属政府主导，社区参与型旅游开发模式。

第三节　少数民族村寨社区参与旅游发展模式比较分析

比较分析主要选择市场开拓能力、社区居民获益方式与状况、传统文化保护与传承3个要素，选择上述要素进行比较的原因如下：

（1）市场开拓能力是维系社区旅游可持续发展的根本保证；

（2）社区居民作为旅游资源的重要载体和参与主体，其获益方式与状况是当地旅游业可持续发展的内在动力；

（3）传统文化的保护与传承是社区旅游可持续发展的前提。

一　市场开拓能力比较分析

（一）天龙屯堡公司主导下的市场开拓能力

天龙屯堡旅游启动前，旅游公司高薪聘请省城贵阳旅行社的管理者到公司任职，利用管理者的人脉关系和销售网络组团，这为天龙屯堡旅游业的成功启动奠定了坚实的基础。为扩大市场规模，旅游公司又果断加入到由黄果树、红枫湖、龙宫、马岭河峡谷4个国家级风景名胜区和西南航空贵州分公司组成的贵州旅游新联盟，这样，以屯堡文化为特色的天龙屯堡与4个国家级风景名胜区形成鲜明的产品互补关系，力量整合后的区域产品竞争力和市场营销力度大大增强，天龙屯堡随即步入旅游发展快车道，成为贵州西线旅游新星。2004年3月，天龙屯堡被遴选为世界乡村旅游论坛分会场，“天龙模式”得到世界旅游组织秘书长及国家旅游局资深专家学者的高度评价，他们称“天龙模式”算得上全国旅游产业公司化运作的范本。

（二）郎德苗寨社区主导下的市场开拓能力

缺少外来资本，郎德苗寨的旅游资源开发与市场拓展主要依靠社区来完成。然而，像郎德这样的西部民族贫困村寨，社区自我发展能力较弱，经营扩展与创新在根本上受到社区所拥有的资源数量和自身能力的极限约束，村民们没有实力进行大型旅游项目的投资开发和市场运作，旅游开发运转的经费主要依靠村寨集体接待表演收入中提取的25%，在区域旅游市场竞争激烈、旅游消费者不断成熟的市场环境下，25%的经费显然是杯水车薪。因此，郎德苗寨旅游开发虽起步较早，但产品却长期停留在参观寨容寨貌、观看歌舞表演等传统旅游项目上，单调、陈旧的旅游产品难以吸引回头客，有限的经费难以开展市场宣传，客源主要依靠旅行社间的相互介绍与推荐。自20世纪80年代中后期乡村旅游启动以来，一直到2000年，年游客量一直未能突破万人次。直到2008年在当地政府的积极努力下，奥运火炬在郎德苗寨传递，郎德苗寨的知名度大增，游客人次于当年取得重大突破，达23.8万人次。

（三）西江苗寨政府主导下的市场开拓能力

2007年以前，西江苗寨旅游业基本处于自发状态。由于基础设施落后，直到2000年，游客人次不过0.23万，2003年首次突破1万人次，达10763人次，且大部分是到西江从事研究的专家学者或实习的在校学生，仅有少量的零星散客到西江观光体验，这种自发状态下的旅游活动在西江持续了多年。2007年，西江苗寨被遴选为贵州省第3届旅游产业发展大会主会场（以下简称旅发大会），以主办旅发大会为契机，雷山县政府在基础设施建设、旅游资源开发、国内外市场拓展等方面积极介入。在当地政府主导下，西江苗寨旅游基础设施环境得以优化，产品内容得以丰富，知名度和影响力得到了前所未有的提升和扩展，旅游人次呈现“井喷式”增长，旅游市场结构出现了重构。2008年旅发大会召开的当年，旅游人次达77.23万；旅发大会前80%以上游客来自省内贵阳及雷山县周边县市，如今省外和国际游客接近50%（省外占40%，国外和港澳台占60%）；团队游客从政府介入前的零组团增加至2009年的4429个团队。

（四）市场拓展能力比较分析

在天龙模式下，旅游公司成为旅游资源开发与经营管理主体，凭借其资本优势，天龙屯堡社区旅游环境得以优化，产品内容从无到有，这为旅游的成功启动奠定了基础。对公司而言，市场开拓能力直接决定了其生存状况，回收成本与创造利润的动机使其市场性更为明确。因此，旅游公司介入后，短短数年，通过高薪聘请业内人才和与区域旅游市场合作，使天龙屯堡旅游市场步入快车道，并一直保持快速增长。

在西江模式下，地方政府利用行政优势，通过人力、物力、财力集中突击，在短短1年左右的时间里，使得旅游资源价值成功提升，游客人次实现了“井喷式”增长，市场出现了优化重构。

与上述两地相比，郎德苗寨社区主导式的旅游开发模式难以在产品开发和市场规模上取得重大突破，旅游人次增长缓慢。然而，郎德苗寨幽静的乡村自然环境与原生态的民族文化却长期受到专家学者和高校师生青睐。据不完全统计，郎德苗寨已相继接待了北京大学、清华大学、美国华盛顿大学、中国社会科学院、中国国家博物馆、法国巴黎人类学博物馆等著名大学和科研单位的在校师生和专家学者数千人次。不少音乐学院、美术学院、戏剧学院的在校师生，前往郎德上寨采风，将其视为不可多得的第二课堂。一些高等院校和科研机构的研究人员以郎德的苗族文化及“郎德模式”为研究对象，在实地考察中撰写学术著作①。

二 社区居民获益方式与状况比较分析

（一）天龙屯堡社区居民获益方式与状况

天龙屯堡社区旅游的成功启动与蓬勃发展为村民获益提供了机会和可能。村民获益的方式来源于：

1. 房屋出租收入。

2. 参与旅游接待与经营。主要有开设家庭旅馆，出售地方农产品及蜡染、银器、屯堡古酒等。

3. 到公司就业。公司有员工130余人，除公司管理层外，大部分来自本村或周边村寨居民。

4. 补偿性收入。2005年以来，天龙村全体村民的农村合作医疗保

① 吴正光：《郎德上寨成为民俗学教学科研基地——专家学者纷纷前往考察》，载《贵州日报》2005年2月3日。

险费由旅游公司负责缴纳，作为对使用乡村旅游资源的补偿，旅游公司指定供游客参观的部分民居建筑，被参观户还将获得旅游公司的额外补偿。

（二）郎德苗寨社区居民获益方式与状况

在村委会的组织安排下，郎德苗寨村民获益的主要方式有3种：

1. 参与集体接待表演。集体接待表演是郎德苗寨最主要的旅游收益项目，本寨村民均有机会参与。村委会为鼓励群众积极参与旅游接待，制造、烘托村寨浓厚的民族文化氛围和热情好客的隆重场面，探索出了一套社区参与和利益分配的机制——“工分制”。规定如下：

（1）以工分制计酬，按劳分配。每场旅游接待以家庭为单位，按家庭实际出工人数，记工分一次，多来多得，少来少得，不来不得，每月结账一次。

（2）参与人员按职位、角色及着装记不同的工分。经村民代表大会同意，每一次集体接待，组织表演队的队长获得22分，旅游接待办成员18分。会计由于计算量较大，除享受接待办成员的工分收入外，计算每本账另有3元的额外报酬。另按规定，表演队男演员22分，女演员20分，群众演员根据穿着服饰给予不同的工分。为鼓励村民参与旅游接待，保证无法通过合适途径参与旅游活动的村民能够从旅游业中获取经济收益，营造文化氛围和隆重场面，规定只要穿上民族服饰站在铜鼓坪周围的群众均可得到工分。

（3）工分牌分阶段发放[①]。为保证群众能按时和自始至终参与旅游接待，接待小组根据参与人员的不同制作不同分值的工分票，以穿戴是否整齐和是否按时到岗分三阶段发放。

（4）工分统计与月底分红。表演结束后，各组发牌人负责收缴登记，再到会计处汇总，然后以当月总收入确定当月每个工分值多少钱，再算出每户村民应分得的金额为多少。旅游收入和分配情况定期公布，受村民监督。

（5）村级旅游发展基金的提取。全村集体接待表演的收入，由接

① 工分牌的发放经历了三个阶段的演变，经过村民的不断调适并最终确定下来。因过程与内容较为复杂，这里不再赘述。

待小组提取25%作为村寨旅游发展基金，用于维修道路、铜鼓坪，购买芦笙以及其他与旅游有关的集体性支出。

2. 近20户农户开办家庭旅馆接待来访游客。

3. 90余位村民（以户为单位，均为女性）在集体接待表演后向游客出售手工艺品、苗族盛装及本地出产的葡萄、农产品等。

（三）西江苗寨社区居民获益方式与状况

西江苗寨旅游业的突变为社区居民参与旅游接待与经营，获取旅游收益提供了前所未有的机会和条件。居民获益的方式主要有4种：

1. 房屋出租。旅游业蓬勃发展蕴含的潜在商机吸引着众多外来经营者，每月租金根据面积大小及地理位置有所不同。

2. 参与旅游接待与经营。开设家庭旅馆是村民参与旅游接待与经营的主要方式。2008年旅发大会以后，家庭旅馆数量由之前的50余家迅速增至140余家。除此之外，还包括开办旅游购物店、经营小吃摊、出售与出租苗族服装、生产与销售米酒及地方农特产品。

3. 到旅游公司就业。由旅游公司负责招聘的当地村民共302人，其中男性108人、女性194人，主要从事清洁、售卖门票、导游、歌舞表演等服务。

4. 政府补贴与奖励。主要有：

（1）为鼓励村民参与旅游接待与经营，由政府给开办家庭旅馆经营者物质上的帮助和支持，如免费提供电冰箱。

（2）为营造市场氛围，由政府给予景区主干道居民每月300～500元不等的补贴。

（3）旅发大会后，为使传统文化的传承与保护深入人心，雷山县政府联合西江苗寨博物馆对村寨居民自建的家庭博物馆进行等级评定，对等级优良的家庭给予800～2000元不等的奖励。

（4）旅发大会后，为调动村民保护村寨建筑群的积极性，西江景区管理局根据房屋年代、结构、面积等指标对村民居住的吊脚楼进行年度评分，每年从门票收入中提取10%用于奖励在房屋建筑保护中成绩突出的村民户。

（四）社区居民获益方式与状况比较分析

从以上论述不难发现，在郎德模式下，村民获益方式单一，获益途径较少。然而，在该模式下，权力主要掌握在社区居民手中，这种具有浓烈乡土或地方气息的社区主导模式，有利于形成闭合式的旅游经济增长方式，防止旅游发展收益流向社区外部，使旅游业的发展拥有强大的群众基础[①]。与郎德相比，天龙屯堡和西江苗寨在外来利益主体的介入下，产品内容得以丰富，旅游经济体量迅速扩大，这为社区居民获益提供了较多机会和可能。然而，外来利益主体的介入必然产生对社区旅游利益的瓜分。与外来利益主体相比，适合于当地居民自主经营的项目多为风险小、利润低且竞争激烈的诸如旅游商品制作与生产、餐饮以及围绕商品销售和餐饮经营的相关生产活动。而地方政府与旅游公司却能依托公共资源，携带雄厚的外来资本通过对旅游资源开发权、使用权的控制和大型项目投资建设，获取高额的利润回报。在西江苗寨，地方政府从农民手中低价收购土地，投资建成营业性设施后高价租售给外来经营者。通过成立旅游公司收取门票；虽许诺将门票收入的10%作为对居民的补偿，但由于信息不对称，村民们对门票的收支情况无法了解，导致本应有的补偿得不到兑现。另外，从事家庭旅馆经营的业主反映，政府介入后，游客量虽有大幅度上升，但多为团队游客，其停留时间短，游客量的上升并未能提高其收入；相反，过去停留时间长、消费高的散客及自驾车游客因为收取门票，数量急剧下降。即使有散客、自驾车游客，也因为门票开支导致在景区内的消费降低，以致造成之前经营如火如荼的家庭旅馆如今入不敷出。在天龙屯堡，旅游公司通过收取门票，接待团队游客到其开办的餐厅就餐控制着旅游收益的大部分。如此可见，外来利益主体的介入虽为社区居民获益提供了较多机会和可能，但不可避免地导致了旅游开发收益外流。

三　旅游开发背景下传统文化保护与传承比较分析

（一）旅游开发背景下天龙屯堡传统文化保护与传承

旅游开发前，天龙屯堡因为交通区位上的优势，商品经济浪潮逐步向屯堡文化区渗透，广播、电视等大众传媒开始进入屯堡家庭，科学技

① 郭华：《制度变迁视角的乡村旅游社区利益相关者管理研究》，博士学位论文，暨南大学，2007年，第120页。

术不断应用于当地农业生产，诸多因素导致了天龙村“传统文化复兴”与“社区经济发展”之间难以找到结合点。因此，屯堡文化曾一度走向低迷。旅游公司介入后，将散乱、零碎的屯堡文化进行了系统的收集和整理，建立了傩文化研究基地，为天龙屯堡社区旅游开发奠定了坚实的基础，客观上促进了传统文化的保护与传承。在旅游公司资助下，过去曾长期无人居住、院落内杂草丛生、青苔铺天盖地、摇摇欲坠的屯堡民居得到了保护与修缮，重新凸显出江南韵味与贵州山地相结合、族群生存防御和自保需要相结合、军事城堡与喀斯特地形相结合的特色民居建筑。

在屯堡文化的复兴历程中，地戏较为明显地体现了旅游业的积极功能。地戏曾经是屯堡文化社区普遍盛行的民间传统艺术，在屯堡文化中占有很重的分量，是屯堡人的一种精神寄托和精神象征，是研究明清历史特别是中国戏剧史的活标本。天龙屯堡旅游业的发展为当地民间艺术的恢复和繁荣提供了经济支撑，为村中喜爱地戏的老艺人发挥余热、传承艺术搭建了良好的平台。过去闲置在家、痛苦煎熬晚年的几位老艺人由公司高薪聘请，专门负责编排节目，为年轻人传授技艺，并通过地戏大赛提高年轻人学习地戏的积极性和主动性。在旅游公司努力下，天龙地戏获得了国家级非物质文化遗产等荣誉。

不可否认，旅游公司在保护与传承传统文化方面发挥着重要的作用。然而，在中国民俗文化资源产权模糊，社区“无权”，缺乏监督的环境下，受利润第一驱使，旅游公司难免存在文化过度利用的问题。同样以地戏为例，由于时间和地域限制，地戏文化丰富的内涵无法全部向游客展示，旅游公司就优先选择那些能吸引游客眼球，为其带来短期经济效益的部分，通过“舞台化”的形式向游客集中展示。对于那些深层的规定，有利于改善社区精神面貌的社会秩序等富有社会重要意义的内涵，常被忽略或抛弃①。研究发现，旅游开发前后地戏演出的时间、程序、目的、观众均已发生了本质性变化（见表 6.2）。不难发现，天龙地戏在屯堡社会、文化系统中原有的结构功能发生了变异，原有价值

① 陈志永、周杰、况志国：《贵州乡村旅游开发天龙模式和郎德模式的比较》，载《贵州农业科学》2009 年第 6 期。

功能受到了侵蚀。可以推论，天龙村体现屯堡文化特色的建筑、服饰、用具和礼仪、节庆等文化符号已不再是屯堡文化的自然显露，而是出于商业目的的着意夸饰甚至扭曲，与屯堡文化的本色已相去甚远。久而久之，游客当然会从这些已经商品化了的外在形式中品味出浓浓的商品含义，旅游人次不断减少也就在所难免了。

表 6.2 **旅游开发前后天龙屯堡地戏差异**

项目	旅游开发前	旅游开发后
表演地点	以村中院坝、田土、平地为戏台围场演出而得名	固定的、搭建好的戏台
表演时间	一年只有农历正月和七月份进行两次地戏演出，农历正月演出历时半个月至1个月，七月份持续时间为3~5天	不固定，游客到达以后随喊随演，演出时间通常为0.5~1 h，也可根据客人需要延长演出时间
表演程序	历经“开箱”、“参庙”、“扫开场”、“跳神”、“扫牧场”、“封箱”等	只有“跳神”，即正式演出，无其他仪式
表演目的	七月十五中元节“开箱”跳“米花神”以祈求一年的辛勤耕作能获得粮食的好收成。农历正月初二开始的地戏表演为欢庆丰收，祈求来年风调雨顺、村寨平安；同时为增进全屯堡村寨之间的交往，交流表演艺术	作为天龙屯堡文化旅游的闪光点，地戏表演主要为吸引游客，获取经济收益
参与观众	演出期间，全村村民倾家参与，如痴如醉，欢歌笑语，给屯堡带来独特的喜庆氛围	仅有旅游者观看，实际上大多游客觉得“云里雾里”，偶尔伴有零散的掌声，舞台化氛围较浓

资料来源：陈志永、吴亚平、李天翼：《乡村旅游资源开发的阶段性演化分析与产权困境——以贵州天龙屯堡为例》，载《热带地理》2012 年第 2 期。

此外，作为屯堡文化资源重要组成部分的村民，发现自身所获收益并未随着游客人次的不断上升和旅游规模的扩大而提高。相反，旅游公司却能凭借对资源开发和经营管理权的控制以及接待团队游客得到大部分旅游收益。获益差距产生的心理失衡与权利意识的凸显导致村民保护与传承文化的积极性逐渐消减。在屯堡文化中，女性服饰是其亮点。为充分展示屯堡文化，吸引游客，在旅游公司和村委会的组织协调下，当地成立了由屯堡女性组成的农民旅游协会，成员最多时达200余人。社区旅游启动初期，协会成员常常放弃自己家中的农活和家务，身着明代“凤阳汉装”，参与社区旅游的各项重要接待和活动。在旅游公司组织下，农民旅游协会200余人曾浩浩荡荡到省城贵阳开展屯堡文化的宣传、促销活动，这对于烘托屯堡文化氛围和吸引外来游客发挥着重要作用。然而，随着社区旅游的发展，社区居民对社区旅游资源价值及自身权利的了解逐渐增多，利益驱动激发了社区居民的利益诉求，农民的权利意识、民主意识和资本意识明显增强，他们逐渐意识到自身人力资本价值并未随着游客人次的不断上升和旅游规模的扩大而提高。权利与资本意识的凸显导致村民参与旅游的积极性消退，人力资本所有者逐渐关闭其利用价值，导致天龙屯堡的文化氛围大不如启动初期，吸引力大打折扣。调研中发现，村中的妇女多数脱去“凤阳汉装”，重新捡起家务和农活，从农民旅游协会中逐渐淡出。与此同时，景区主干道边多年未见的钢筋水泥房再次出现。

（二）旅游开发背景下郎德苗寨传统文化保护与传承

郎德苗寨社区主导型的旅游开发模式使旅游业的发展拥有强大的群众基础，容易唤起社区居民对传统文化保护的激情和意识。不仅如此，在郎德这样的少数民族村寨，村寨作为乡土社区单位而保持着相对独立的社会圈子，交通不便、信息闭塞使村寨的人口流动极为有限，与外界交往相对较少，村寨生活几乎就是村民生活的全部。在这样的乡土社会中，当村落群体对村民个体的身份、行为和意识表示认同时，村民个体便能从中获得心理上的自我认同和群体归属感①。因此，经村民讨论形成的村规民约规定，寨内民居及附属建筑物统统列为保护对象，严禁滥拆乱建，不得在保护范围内修建与原有木质结构吊脚楼不相协调的砖房或洋楼。旅游兴起后，郎德村民收入不断增加，生活水平不断提高，部分村民陆续修建新房，但至今没有一栋砖房或洋楼，整个村寨仍全是木质结构的吊脚楼。这除了郎德苗寨作为全国重点文物保护单位的法律制

① 肖青：《民族村寨文化的复兴历程——以云南石林月湖村撒尼文化变迁为例》，载《思想战线》2006年第6期。

度约束外，村民所获得的集体认同同样有着重要的影响。

另外，郎德模式下“工分制”的分配制度对传统文化的保护与传承起到了重要的激励作用。拥有精美盛装并擅长各类歌舞表演的郎德女性，参与集体接待中其工分值明显高于着长衣、便衣的女性，故孩子们从小就很努力学唱歌、跳舞和吹芦笙。1987 年之前，全寨仅有盛装银饰 15 套，10 年之后已增至 118 套，几乎户均 1 套，能够登场跳舞的女性有的多至 2～3 套。利用业余时间，制作手工艺品的女性发现，工艺品技术越高，赚的钱越多。因此，提高编织、刺绣等技艺就成了她们争相努力的方向。与附近那些不搞乡村旅游开发的苗寨相比，郎德上寨妇女们的工艺水平略高一筹。连外寨嫁到郎德上寨的媳妇们，也会在全民参与旅游接待这样的氛围熏陶下，迅速提高其手艺①。当然，郎德苗寨低的旅游经济体量显然难以吸收大量村民就业，部分青壮年劳动力被迫外出务工以寻求发展机会，他们背井离乡，为适应外部紧张的生活节奏，被迫放弃已有的生活习俗，这不免造成传统文化出现断裂。尤其是一些口传与非物质文化，其载体是人，必须要依托人来传承，人脉连接不上，文化也就失去了灵魂。另外，由于村集体收入较少，“工分制”的分配制度难以真正将收入差距拉大，这实际上意味着当地村民被视为均质群体，村民个人禀赋难以凸显，难以调动精英分子保护与传承传统文化的积极性。

（三）旅游开发背景下西江苗寨传统文化保护与传承

西江苗寨地方政府介入以来，组织相关专家对传统文化进行系统的挖掘、收集和整理，先后出版了《蚩尤魂系的家园》、《雷公山下的苗家》等一系列苗族文化研究书籍。在当地政府努力下，中国民族博物馆先后在雷山设立了“中国民族博物馆苗族文化研究中心”、“中国民族博物馆西江千户苗寨馆”。西江苗寨吊脚楼营造技艺等 5 个项目已列入首批国家级非物质文化遗产代表作名录，苗族飞歌等 11 个项目已列入省级非物质文化遗产代表作名录，苗族铜鼓舞等 8 个项目正在申报国家级非物质文化遗产代表作名录。西江苗寨也先后被评为“中国历史

① 吴正光：《郎德——文化保护与旅游开发的成功实例》，载《理论与当代》2007 年第 1 期。

文化名镇”、“中国景观村落”。

为提高社区居民保护与传承民族文化的动力和积极性。在西江千户苗寨馆管理人员的帮助下，23家农户自建了各具特色的家庭博物馆，由雷山县政府联合千户馆对家庭博物馆进行等级评定，对等级优良的家庭给予800~2000元不等的奖励。为调动社区居民保护苗族建筑群的积极性，西江管理局根据建筑年代、房屋结构、消防安全等指标对村民居住的吊脚楼进行年度评分，每年从门票收入中提取10%用于奖励在民族文化保护工作中成绩突出的村民户。由当地政府组织的评定与奖励使村民从内心深处为自身拥有的文化和传统而备感骄傲，激发了村寨文化主体挖掘自己文化的潜力和动力，西江苗寨传统文化在政府主导下得到了挖掘、复兴和传承。然而，对地方政府而言，带动地方经济发展，促进农民增收与致富是政府主导的重要目标；但政府有追求自身利益和彰显政绩的萌动。因而，政府主导下的文化复兴与传承同样不可避免地带有与传统文化土壤相脱节的功利主义色彩。不仅如此，与地方政府相比，社区居民明显处于弱者地位，在权力失衡状态下，传统文化的开发与使用权受制于地方政府，社区居民作为文化依存群体却常常被边缘化，如2010年西江苗寨13年一度的鼓藏节，地方政府出于区域旅游整体发展的考虑，强行将西江鼓藏节的过节时间提前2天，给村民带来了不小的麻烦，引起村民们的极度反感。

（四）旅游开发背景下传统文化保护与传承比较分析

从本质上看，三地的文化保护与传承都是旅游发展背景下传统文化持有者对现代性语境下的族群身份、文化归属、自我认同等所进行的努力和追求，但文化复兴与重构因动力差异而形态各异。

西江与天龙是在外来利益主体介入后形成的自上而下的引导性文化构建，在“利润第一”和“文化经济”的指引下，对待传统文化具有随意性，急功近利，不尊重社区居民的意愿，传统文化应有的功能不断萎缩。这种极端实用主义使文化成为经济的奴隶，丧失了文化的尊严，实际上是对文化载体的不尊重①。

① 王希恩：《论中国少数民族传统文化现状及其走向》，载《民族研究》2000年第6期。

郎德苗寨则是在族群内部依靠村寨成员的集体记忆和文化热情而实行的一场自下而上的自发性文化再造运动。这种方式因社区居民普遍受益而为文化保护与传承提供了一种内在激励和群众基础；但因社区能力不足和资本缺失，对传统文化的保护与传承显得力不从心。

第四节　社区参与旅游开发模式形成原因解析

一　区位差异

天龙屯堡交通便利，贵黄高速公路、滇黔公路、贵昆铁路和清黄高速公路均从村边经过。作为贵州西线黄金旅游线路上的一个节点，天龙屯堡是唯一一个以文化为主题的社区旅游地，与黄果树、龙宫、织金洞等形成明显的资源互补优势。便捷的交通条件与资源整合优势及客源市场潜力，当然会赢得公司的青睐。

郎德苗寨虽有着国家重点文物保护单位等美誉，资源优势明显，但由于交通条件不便、加之景区体量较小，周边无著名的景点作为依托或形成互补，对外来公司的吸引力不强。对地方政府而言，介入这样的旅游地主导旅游开发与经营管理，其带动作用有限。因此，对于郎德这样的村寨，依靠社区力量，实现自我发展的可能性较大。

西江苗寨资源优势明显，景区体量大；但交通条件极为不便，2008年以前，旅游大巴难以进入，在基础设施尚未得到有效完善之前，很难吸引外来资本。当然，依靠社区居民的实力难以实现资源优势向经济优势的转化，因此，政府介入、主导旅游开发具有必要性与必然性。

二　历史文化传统差异

民族村寨旅游开发以来，中国各地出现了不同类型的开发模式，一定程度上源于当地深厚的历史文化渊源，常常可以从现有的模式中读出历史的痕迹。

屯堡人作为江南农民的后裔，有善于经商的传统。即使是在以农为本、视商为末、重农抑商的封建社会里，屯堡人也能冲破封建传统意识的禁锢，做到“务本逐末”两不惧。到了清代后期及民国年间，他们中的一些人随即进入城镇摆摊卖蔬菜、豆腐、胡豆等。改革开放以来，部分人甚至将小生意做至东北的沈阳及内蒙古的呼和浩特等地[①]。因此，善于经商的传统及商品交换中形成的开放思想易于接受外来资本。加之旅游公司投资者陈云、郑汝成生于天龙屯堡，虽两人成年后离开天龙外出就业，但与天龙人的亲缘关系有利于旅游公司顺利进入。由此可见，天龙屯堡公司主导、社区参与型的旅游开发模式得以成功启动并健康运行绝非偶然，而是其历史积淀奠定的根基。

与之相比，西江与郎德均是以苗族为主体构建的少数民族村寨。苗族是一个生性纯朴、与人友善的民族，自古为人们所称道。《炎激纪闻》谓，苗人“与其曹祸善厚者同年，同年之好赚于亲串。与汉人善者亦曰同年”，只要真心与苗人相处，无论何族，苗人均待之如兄弟，至诚至善，决无欺诈之心[②]。新中国成立后，国家实施的民族优惠政策及对民族贫困地区的帮助和支持使民族地区的干群关系一直处于友好状态。因此，当雷山县政府全面介入西江时，并未遭到村民的极力反对。在2008年以前，西江工作的政府工作人员常常受邀到村民家中喝酒、唱歌，干群关系和谐。当然，之后发生的村民与政府因拆迁问题而引起的群体性事件，实际上体现了苗族人社会交往的另一面，即当外来的暴力有损于苗族尊严、危及苗族生存之时，苗族人民总是一呼而起、拼死抗争。从苗族历史来看，苗族是一支古老的民族，后因战乱被迫长时期、大幅度、远距离迁徙，在中华民族中颇为突出，极为罕见[③]。迁徙中既要面对与异族发生的战争，同时还需与恶劣的自然环境相抗衡。这样，自然与社会生存的双重压力迫使苗族人民只有依靠族群内部的团结与合作，才能生存与延续。于是，“团结”便潜移默化地内化为苗族村寨文化价值的一部分。在旅游开发中，“寨子要团结、不要分裂”就成为郎德苗寨制度设计者必须要考虑的一个重要因素。因此，当上级政府提出要在郎德苗寨推行“公司制”的旅游社区参与模式时，遭到了村干部和接待办成员的反对[④]。

---

① 翁家烈：《屯堡文化研究》，载《贵州民族研究》2001年第4期。

② 翁家烈：《论苗文化特征、成因及其作用》，载《贵州民族研究》1990年第4期。

③ 翁家烈：《屯堡文化研究》，载《贵州民族研究》2001年第4期。

④ 李天翼：《“工分制”民族村寨旅游开发模式成因的文化生态学探析——以贵州省雷山县上郎德村为个案》，载《黑龙江民族丛刊》2010年第6期。

三　市场竞争环境差异

在民族村寨旅游发展初期，竞争者往往较少，加之旅游者可选择的目的地较少，对旅游地而言，并无太大的竞争压力。因此，民族村寨旅游地早期旅游资源开发即使处于“粗放式”开发，仍能吸引游客。随着市场竞争的日趋激烈，旅游消费者偏好日益明显，这时的旅游开发需对旅游资源进行深加工，方能为不断成熟的旅游消费者所接受。郎德苗寨作为贵州省较早开发的民族村寨旅游地之一，在当时即使未经过较大的资本投入，也能依靠其资源优势吸引游客。然而，随着旅游地开发的不断增多，旅游者消费偏好日趋增强，市场竞争日趋激烈，对资本的需求增大，外来利益主体对旅游开发的影响力增强。在这样的市场竞争环境下，旅游资源的天然所有者被迫让渡其使用权和收益权以换取外来利益主体的支持。从这一视角出发，天龙屯堡和西江苗寨要想在日趋激烈的市场竞争中获取一席之地，迅速做大做强，引入外来利益主体并让渡某些权力实属必然。

四　社区参与阶段差异

对于西江村民而言，地方政府正式介入前，当地旅游业处于自发状态，接待的多为散客，村民们参与旅游的动机多以个人盈利为主，对于自身的权利和义务尚不明确，对于地方政府介入后形成的权力与利益结构认识不清楚。因此，政府的全面介入往往比较容易。

与西江苗寨相似，天龙屯堡居民虽认识到自身资源的价值，但村民希望尽快实现资源的价值转化，以便借助社区旅游改善自身福利，实现自我发展。因此，对公司的介入毫无戒心，甚至在旅游开发初期，曾一度为公司提供宣传、接待服务而不收取任何报酬。

与之相反，郎德苗寨的旅游开发自始便在村民的有效组织下运行，村民始终为社区旅游发展的主导力量，在长期实践中，他们还将“所有人为村寨的建设和保护出过力，应该家家受益”的核心原则延续至今。因此，郎德村民参与旅游业不仅关注家庭利益，同时关注社区整体利益，并以一种主人翁的姿态参与到旅游业中，对社区在旅游发展中的地位与作用、权利与义务有较为清晰的认识。而且，亲历了国内众多社区旅游地因外来利益主体的介入而使社区利益受损的现实后，他们对外来利益主体的介入存有戒心。因此，当地方政府提出引入外来公司参与郎德苗寨旅游开发时，遭到了郎德苗寨村民的一致反对。

第五节　少数民族村寨社区参与旅游发展模式的结论与思考

一　结论

通过对3种不同社区参与旅游开发模式下的市场开拓能力、社区居民获益方式与状况、传统文化保护与传承的横向比较，及其开发模式形成原因进行深入比较与剖析，得出如下的结论与启示。

不同民族村寨旅游发展模式各具特色、各有千秋。在一般层面上讲，民族村寨旅游开发的动力大体可分为外力介入和内生力量，而在具体层面上，两种基本动力类型又可以分为政府主导型、社区主导型和企业主导型3种模式。动力差异产生了不同的旅游开发效应。在经济层面上，外力介入后的旅游效应集中呈现为显性，后者则被分散性和隐性所淡化。在社会文化层面上，前者表现为一个震荡性的过程和整个生活方式的突变，后者表现为一个稳定的过渡性过程和文化的渐变。总体而言，外力介入型的旅游多表现为整体性的突发效应，而内生力量型的旅游多为个体选择性的渐变过程。

从三地旅游开发运行特征来看，无论是郎德苗寨社区主导型，还是天龙屯堡公司主导型的旅游开发模式，均未独立于政府管理之外。不同模式之间的区别只是区分了政府、企业和社区居民之间的地位、权利和义务等的差异。不同旅游开发模式的关键与核心，是如何合理界定政府、公司与社区的权力边界，以及政府提供怎样的制度安排与公共产品。在中国西部少数民族贫困地区，社区居民的自我发展能力有限，落后的基础设施条件决定了地方政府参与旅游开发是极其必要的。但是，随着旅游业的不断发展，政府角色也应随即变化，逐渐让渡或淡出旅游经营权，从对社区旅游微观事物管理转向宏观的公共产品与服务，实现有限主导，这既是社会民主化与经济市场化的要求，也是利益相关者良性互动的保证。

有西方学者指出，旅游产品的最终形式是政治家、社区和商业伙伴之间权力互动和合作程度的展示①。从这一角度出发，旅游开发模式的有效性不在于某种具体的形式，即谁应是社区旅游开发的核心力量导向，而在于能否通过合理地安排利益相关者的权力地位，构建利益约束机制和行为监督机制，实现和谐互促的利益格局和利益秩序，达到利益均衡，从而保证在旅游资源产权模糊的条件下尽可能实现共同决策和集体福利的"帕累托效率"，实现资源系统的高效利用，推进民族村寨旅游地可持续发展。

二　少数民族村寨社区参与旅游发展模式的思考

所谓模式就是解决典型问题的方案，是值得深入研究的范例。在少数民族村寨旅游开发进程中，随着发展环境和经济体制等因素的改变，地方政府、外来企业、社区居民在旅游价值实现过程中的角色、功能、权力结构也会有所不同，实践中形成社区主导型模式、政府主导型模式和公司主导型模式以及政府+公司+社区居民等各类不同的综合模式。不可否认，典型模式能够为解决同一类型的问题提供参考性的建议和思路，它的许多积极的建设性的经营特色和管理模式无疑可以被应用于那些特征相似、方向类似的少数民族村寨旅游地。然而，当我们跟从舆论导向进入所谓的典型模式样本地深入调研时发现，样本地的旅游发展实践与之前舆论描述、宣传时的差距太大，往往只能供短期参观，经不起长期的深入研究。实践中，"典型模式"也并没有因为舆论的宣传和大批参观者的学习、考察而逐渐推广、普及。因此，有必要对"典型模式"的尴尬境地展开讨论和分析，以加深我们对"典型模式"客观性的认识和理解，为少数民族村寨旅游业的可持续发展提供经验借鉴和指导。

首先，少数民族村寨是具有一定自然、社会、经济和文化特征的独立社会单元，具有区域上的局限性，不同于实验室和试验站，不同的少数民族村寨一般都具有异质性的特征；即使是同一民族不同支系

① 左冰、保继刚：《从"社区参与"走向"社区增权"——西方"旅游增权"理论研究述评》，载《旅游学刊》2008年第4期。

构建的村寨也是千差万别的。在这种情况下，少数民族村寨旅游开发模式的确定理所应当根据千差万别的村寨特征来选择相适应的方案。如资源富集、容量大、区位条件好的村寨往往受到外来资本的青睐，容易形成公司主导型的旅游开发模式；而资源优势明显，但区位条件封闭、规模与容量较小的村寨，社区居民和政府主导旅游开发的可能性较大。传统的做法，常常是某种典型模式推出后，参观、学习者纷至沓来，妄图从典型模式中取到真经，随即克隆，这种工作的思路与方法是与对少数民族村寨千差万别的特性认识相悖的，当然也就难以在实践中得到推广。

其次，新制度经济学理论强调内在制度决定了经济发展过程中的“路径依赖”。“路径依赖”，通俗讲，就是一个国家、民族或者一个共同体的风俗、传统习惯和价值观念对发展模式的影响，这种影响决定着究竟能够采取怎样的发展模式。简单地说，就是“过去对现在的影响”。少数民族贫困地区旅游开发以来我国各地出现的不同旅游开发模式一定程度上源自各地内在制度所产生的路径依赖。实际上，学术界当前密切关注的无论是云南迪庆州香格里拉雨崩藏族社区居民主导旅游发展的“轮流制”模式，还是贵州黔东南雷山县郎德苗寨社区主导、全民参与的“工分制”模式以及被世界旅游组织誉为公司化运作标本的贵州天龙屯堡的“公司主导型”旅游开发模式，均是当地深厚的历史文化渊源在旅游开发中的延续，我们常常可以从现有的模式中读出历史的痕迹。因此，当贵州天龙屯堡因公司介入在较短时间内取得了辉煌成就并引起世人关注时，贵州黔东南州旅游局曾组织郎德苗寨、西江苗寨的村干部到天龙屯堡参观取经。天龙旅游的成就让参观的村干部们羡慕不已，但参观者表示：“天龙模式”难以复制。

再次，各地所谓的典型模式，在多大程度上是由少数民族村寨自身艰苦创业形成的，还是由各地党政部门作为所谓典型、榜样、模式而故意炒作起来的，这个问题值得研究。的确，各地典型模式在出名之前，都有一段艰苦摸索和创业的过程；但一旦获得了一定的成绩，并受到高层重视与表彰时，当地领导人便获得了一份越来越丰厚的政治资源。正是这份独特的政治资源，使得这类典型模式驶入旅游快速发展的快车道。通常，这类“典型”的经验是：努力成为先进，然后利用“典型模式”而获得的政治资源，使先进更先进。人们在总结这类“典型模式”的经验时，恰恰把这条经验给遗漏了。因此，当我们进入所谓的典型模式样本地进行深入调研时常常发现，旅游业的作用和效用被故意或无限制放大，与其真实效应的差距太大，这样的所谓典型模式当然不可能在实践中得到推广。

最后，特定少数民族村寨旅游地往往会经历不同阶段的演变，不同阶段的旅游市场、产品特征、利益相关者特征、社区参与程度及利益相关者相互关系均会发生动态变化，从而演化为不同的旅游开发模式。贵州西江千户苗寨，2008 年之前，当地旅游业处于自发状态，社区居民成为旅游发展的主导力量。2008 年贵州省第三次旅游产业发展大会在西江召开，政府不仅在旅游规划、基础设施建设、市场推广、人员培训等方面积极介入，而且还通过组建旅游公司负责收取门票，向外来经营商出租商业用房，提供电瓶车服务等方式参与旅游经营。政府的介入，打破了原有的力量均衡，成为当地旅游开发的核心主导力量，西江苗寨的旅游开发模式由社区主导型演化为政府主导型。当然，这并非是西江旅游开发的终端模式，随着旅游市场规模的不断扩大，社区居民的权利意识不断增强以及外来资本的逐渐介入，未来的旅游开发模式何去何从，需做进一步跟踪调查。然而，从我国少数民族村寨旅游开发模式研究现状来看，大多是短暂的、静态的，缺乏长期的跟踪调查研究。这样的理论成果会因实践的快速发展和变化而显得“苍白无力”。事实上，如贺雪峰（2008）[①] 所言：“有关模式的撰写，我们应抱有这样的态度，这只是一个中间产品，而不是结论，是要经过再调查、再写作及再批评检验的。”只有经过长期的跟踪调查研究，经过持久的反复论证，我们才能拿得出有厚重的内在把握，又有恰到好处的逻辑抽象的关于中国少数民族村寨旅游开发的概念体系，最终形成可以有效把握的少数民族村寨旅游开发模式的整体理论。

少数民族村寨旅游开发没有统一的标准模式，任何模式都具有区域上的局限性和时间上的滞后性，其发展规律可以发现和参照，但路径其实并不可复制；各地应根据少数民族村寨特征和区域社会经济环境，因

---

① 贺雪峰：《什么农村 什么问题》，法律出版社 2008 年版，第 317 页。

地制宜，努力探索适应当地民俗（族）文化有效保护和旅游良性互动的有效模式。当然，长期地、持续不断地到典型模式样本地进行跟踪调查与回访是有关模式研究的理论成果富有生命力的法宝。

第七章　少数民族妇女参与旅游发展的主体性研究

我国少数民族居民在长期的生产生活实践中所创造、积累形成的民族文化，是支撑民族旅游的灵魂所在。这些为旅游业所用的民族文化，大部分都是根植于地域、产生于特殊族群的地方性知识[①]。由于民族旅游的一些特性，在其中发挥显性作用的地方性知识，大多数掌握在女性手中，这使得少数民族妇女在参与旅游业发展的同时具备了男性所不具备的优势。同时，由于内部东方主义[②]的影响，少数民族妇女更符合旅游者对民族社区的期望，大量的女性得以广泛参与到旅游业的发展中。而旅游业的发展，不仅仅是提供了一种地方性知识再生产的新语境，更为重要的是为少数民族妇女的发展和解放创造了更多的机会和更为广阔的平台，进而影响了妇女角色行为的变化，也触及社会组织生产和生活方式以及其他方面[③]。可见，加强对少数民族村寨旅游地参与旅游发展的妇女研究具有重要的现实意义和理论意义。

第一节　相关研究综述

已有研究成果表明：国外有关旅游研究的性别话题主要集中在旅游

---

① 张瑾：《民族旅游语境中的地方性知识与红瑶妇女生计变迁——以广西龙胜县黄洛瑶寨为例》，载《旅游学刊》2011 年第 8 期。

② 马元曦、康宏锦：《社会性别与发展译文集》，生活·读书·新知三联书店 2002 年版，第 99—100 页。

③ 潘春梅：《农耕社会中哈尼族妇女角色地位的演变——对元阳县菁口村的个案分析》，载《广西民族大学学报》2008 年第 4 期。

行为中的性别差异、旅游就业中的性别差异、旅游市场营销与性别、性旅游、民俗文化变化的性别差异、女性传统角色的变化等。国内研究主要集中在女性旅游市场研究、旅游者行为的性别差异研究、少数民族妇女与旅游业的发展研究①。

如果将研究主题锁定为少数民族妇女参与旅游发展，相关研究集中在：旅游发展对少数民族女性家庭权力影响研究②、旅游发展对少数民族妇女社会性别观念的影响研究③、旅游发展对少数民族妇女家庭地位变迁的影响研究④、旅游开发对少数民族妇女社会角色变迁研究⑤、民族旅游发展对少数民族妇女影响的人类学探讨⑥。综观这些研究，可以得出两点结论：

（1）国内近年来对少数民族妇女参与旅游发展的关注极其有限，甚至只限于很少的几个学者；

（2）关注的主题集中于旅游发展对少数民族妇女的影响方面，包括对妇女在家庭结构中的地位、社会地位、社会性别观念、社会角色变迁、性别歧视存在等方面的影响。

不仅如此，在这些数量有限的研究中，少数民族妇女参与旅游发展更多被视为被决定的、被施以各方面影响的对象，无论积极方面还是消

---

① ［英］达斯吉普特、［英］撒拉格尔丁：《社会资本：一个角度的观点》，张慧东等译，中国人民大学出版社2005年版。

② 唐雪琼、朱竑、薛熙明：《旅游发展对摩梭女性的家庭权力影响研究——基于泸沽湖地区落水下村和开基村的对比分析》，载《旅游学刊》2007年第7期。

③ 唐雪琼、朱竑：《旅游发展对云南世居父权制少数民族妇女社会性别观念的影响——基于撒尼、傣和哈尼三民族案例的比较研究》，载《人文地理》2010年第1期。

④ 唐雪琼、和亚珺、黄和兰：《旅游发展对少数民族妇女家庭地位变迁的影响研究——基于云南石林五棵树村和月湖村的对比分析》，载《云南地理环境研究》2011年第5期。

⑤ 杨丽琼：《旅游开发中少数民族妇女社会角色变迁研究——基于大理新华白族旅游村的案例分析》，载《旅游研究》2011年第2期；叶志英、邓小军：《试析民族旅游对少数民族妇女的影响——以云南省弥勒县可邑村阿细妇女为个案》，载《兰州石化职业技术学院学报》2010年第4期；杨丽琼：《三旅游发展对云南世居少数民族妇女地位和社会角色变迁影响研究——基于撒尼、白和摩梭三民族案例的对比分析》，载《三峡大学学报》（人文社会科学版）2011年第2期。

⑥ 张瑾：《民族旅游发展对少数民族妇女影响的人类学探讨——以贵州肇兴侗寨为例》，载《桂林旅游高等专科学校学报》2008年第2期；吴晓美：《民族旅游中性别歧视现象的人类学透析》，载《青海民族研究》2007年第4期。

极方面。事实上，发展民族文化旅游作为一项具有很强产业化特征的社会实践，参与其中的妇女同样是重要的实践主体之一。在认识实践的制约性的同时，也应该看到妇女在参与旅游发展实践活动中必然表现出的能动性，这即是本部分所说的主体性。

主体性本质上是一个哲学概念，如有的学者指出："在哲学上，主体（subject）是相对于客体（object）而言的范畴。从整体上看，'人始终是主体'，'主体是人，客体是自然'。主体性（subjectivity）是人作为活动主体在作用于客体过程中所表现出来的自觉能动性。"① 然而，目前关于少数民族妇女参与旅游发展的主体性研究的严重缺失，使我们难以全面认识少数民族妇女参与旅游发展的实际状况和真实面貌。这既对少数民族地区旅游业发展影响的客观评价不利，也对少数民族旅游地妇女本身的发展不利。

有鉴于此，本部分将以妇女参与旅游发展的主体性为视角，以社会性别理论、马克思关于主客体相互制约的主体性原则理论、旅游发展包含的社会文化性及经济性两方面性质规定为理论依据，选取文化背景相同，但处在旅游业不同阶段和规模水平的三个苗族村寨作为样本地，对少数民族村寨女性参与旅游发展情况进行阐释。研究表明：三地女性在旅游浪潮席卷而至的时候，她们没有迷失、不是被动适应，而是在参与过程中表现出强大的能动性，很大程度上决定了这些民族旅游地的产业面貌。研究成果从关注少数民族旅游地妇女参与旅游发展的主体性出发，为旅游研究中的性别话题提供了一个新的理论视角，推动了理论研究的深入。

第二节　研究思路、案例地选择与资料获取

本书的理论基础有三个方面：

（1）基于社会性别理论角度。社会性别（gender）作为社会的构成，特指通过社会后天习得的，与性别相关的一套规范期望和行为，特

① 孙绪民、桑爱友：《农民在新农村建设中的主体性之考量》，载《调研世界》2007年第7期。

指男性/男性气质和女性/女性气质的观念和理想。社会性别与生理性别（sex）严格区分。本文关于女性的论述，都是基于社会性别角度的。

（2）马克思主义关于主体性原则的理论解释。马克思在《关于费尔巴哈的提纲》中指出："从前的一切唯物主义（包括费尔巴哈的唯物主义）的主要缺点是：对对象、现实、感性，只是从客体的或者直观的形式去理解，而不是把它们当作感性的人的活动，当作实践去理解，不是从主体方面去理解。因此，和唯物主义相反，能动的方面却被唯心主义抽象地发展了，当然，唯心主义是不知道现实的、感性的活动本身的。"[①] 马克思既批判了以往的旧唯物主义片面强调客体性，又批判了唯心主义片面夸大主体性的双重缺陷，在实践的基础上既肯定了人的能动性，又强调了社会实践的制约性，把主体性原则置于主客体相互制约的辩证发展过程中，从而把主体性原则升华到了新高度。[②]

（3）旅游发展所包含的两个方面的性质规定：旅游活动的社会文化性与旅游业的经济属性。旅游者的旅游活动归根到底是一种社会文化活动，在与东道主社会的互动中完成，对东道主社会文化产生影响。而旅游业是一种经济活动，旅游目的地社会成员参与旅游业是以经济获利为目的的。

本部分以上述三个方面的理论为依据，来阐释少数民族妇女参与旅游发展的主体性。

三个案例地是作者及所在团队为研究贵州乡村旅游长期追踪调查的雷山县大塘乡新桥苗寨、郎德上寨、西江苗寨，都是典型的传统苗族村寨。之所以选择这三个苗寨作为观察妇女参与旅游发展主体性的案例地，是因为它们处在旅游业发展的不同阶段：大塘新桥苗寨处在旅游业的起步阶段，当地妇女参与旅游的主要方式是为到访的旅游团队表演传统歌舞；郎德上寨处在旅游业发展的中期阶段，还没有达到规模化发展程度，妇女参与旅游业的主要方式有歌舞表演、经营农家客栈、摆摊点售卖民族手工艺品；西江千户苗寨作为体量庞大、政府重点投资建设开

① 《马克思恩格斯选集》第1卷，人民出版社1972年版，第16页。

② 牛俊伟：《当前农民主体性问题研究现状及反思》，载《山西农业大学学报》（社会科学版）2009年第6期。

发的民族文化景点，旅游业已经渗透到社会经济文化每一个层面，影响到每一个家庭，当地妇女广泛参与旅游业。在不同旅游地，由于旅游业发展状况不同，受益程度不同，妇女参与其中的角色不同，她们的期望值、积极性、主动性、价值追求也不一样，可以从中管窥少数民族妇女参与旅游发展的主体性状况。

资料收集主要采取深度访谈、实地观察和文献分析等。2009—2012年的3年中，笔者共5次到达大塘新桥苗寨，无住宿，6次到郎德上寨，住宿4晚，7次到西江苗寨，住宿共计10晚。在郎德上寨和西江苗寨都是作为当地人社会关系的一分子，以访问者及当地人社会关系人双重身份参与到当地人的生活中，试图用当地人的眼光来观察和了解妇女参与旅游发展的情感意识、价值观、生命体验、主动与创新、责任担当等方面，当然也关注在现有的环境条件下她们发展的局限。下面的阐述分别以D、L、X加后缀字母代表大塘新桥苗寨、郎德上寨、西江苗寨的访谈对象，记录她们对投入到另一种生活的表达。

第三节　基于实证的三地妇女参与旅游发展主体性观察

作为样本地的三个村寨都是典型的传统苗族村寨，苗族人口比例占98%以上，三个村寨呈三角形分布，彼此相距30余公里，可以说三地妇女处于相同的传统文化背景：贵州地处偏僻西南，历史上与封建王朝的核心地域中原距离遥远、关系相对缓和，苗族社区虽然也是传统“父权制”社会，但男尊女卑的体现程度则远逊于中原汉族。苗族男女青年独特的婚恋方式“游方”、特有的主动取悦男青年的“姊妹饭节”就是例证。所以在旅游业兴起的时候，她们似乎是顺应潮流自然地参与其中，几乎没有从传统脱离的那种挣扎感。联系到具体的旅游业发展进程中的少数民族妇女参与情况，根据对三个样本地参与旅游妇女的交往访谈结果，笔者认为妇女参与旅游业发展，无论是临时歌舞表演，还是固定从业，抑或是从事经营，她们完全不是被动接受，也没有“被观看”的不平等对视结构中所指示的阴影，而是自觉选择，主动改变，在与旅游业相关的工作与生活方式中形成新的世界观价值观、不断追求自主与独立、担当更多社会责任、探寻更丰富的生命意义。但是，这并不意味着她们倾向于背离传统，相反，她们是在更为固守传统的过程中来追求和实现这一切的。这符合“现代性在推动少数民族社会中的男性和女性分别向着男性客位化和女性主位化的方向发展”的观点。

一　认识自己的美，乐于价值创造——大塘新桥苗寨案例

新桥苗寨位于雷山县大塘乡乡政府所在地。距离县政府13千米，是苗族分支中短裙苗的聚居地，被称为“世界超短裙苗第一村”。全村200来户，人口1113人。除了吊脚楼建筑群落，新桥苗寨有两样独特之处：一是当地妇女的衣饰及舞蹈。她们所着短裙长不过膝，仅五寸，脚缠裹布，银饰华丽；她们跳芦笙舞时，与其他苗寨的舞步相异，旋转、弯曲的动作幅度大，点子轻快，花带飘逸，银光闪烁。据说苗族“锦鸡舞”即起源于此。二是绝无仅有的“水上粮仓”。这些历经百年沧桑的木质粮食仓库建在人工池塘之中，防火防鼠，别具一格，充分体现了当地苗族人的生存智慧。尽管资源独特，但由于村寨规模体量较小，在雷山县民族文化旅游中地位不高。在村支两委带领下，当地成立了旅游接待小组，主要接待前往榕江三宝千户侗寨路过此地的旅游团队，以及在苗年、鼓藏节等苗族重大节日时慕名而来的组团。旅游小组负责对外联络及组织村内的以跳芦笙舞为主要内容的接待服务。跳一场芦笙舞人员在30~40人之间，耗时一个半小时，收费500~800元。一般而言，妇女参与一场舞蹈可得酬劳15元左右，着盛装和便装略有区别。按2009年、2010年、2011年三年情况，全年基本参与全部舞蹈的女性获得的收入仅1500元左右。参与的女性年龄从十二三岁的女学生到五十岁左右的家庭妇女不等，但主要还是以中青年女性为主。每场芦笙舞，芦笙场中心吹奏芦笙、笆筒或击鼓的是五六名男性，他们获得的报酬高于跳舞女性5~6元。

笔者5次造访中，都是有目的的选择：1次是附近村寨陶尧的鼓藏节（鼓藏节13年一次，村寨间依祖系不同往往错开，陶尧鼓藏节吸引来的游客团队也慕名而至新桥苗寨），2次是苗年，1次有旅游团队，这4次都有表演专场。1次专门选择入户访谈，没有表演。每次为旅游团队组织表演的时候，旅游小组不用打电话，也不用上门通知，只要笆

筒和芦笙同时鸣响，村里的女性就身着盛装，来到芦笙场。每每有被感染的游客要求和她们合影，她们总是大大方方地微笑着配合客人，从没看到索要报酬的情况。就游客、表演、家庭、收入、自身感受等问题共访问了30名女性，以下是代表性的回答：

Da："我盼望来新桥的游客多一些，这样我们跳舞的场数就多，收入也就多了。可是县政府不重视我们，都发展西江去了。"

Db："跳舞收入也不高，一天算下来有时不如去田地干活。但是我很喜欢，舞蹈的时候，我觉得自己是最美丽的女人。"

Dc："我是中学生，放假时有表演就参与，妈妈给我买了盛装，很漂亮呢。"

Dd："我有两个孩子，都还很小，所以不能出去打工，只能待在家里。跳舞当然好啊，可以自己挣钱，急需时就可以不向爱人要了，他在县城做工，每天都回来。"

De："芦笙响起来，整个寨子都热闹了，客人高兴，我们也很高兴。"

Df："感觉？不知道怎么说，反正觉得跳芦笙的时候，就觉得自己不一样了。"

Dg："男人跳芦笙多几块钱，那是因为一边吹奏一边跳，更累一些，没有不公平。"

Dh："政府组织去县城跳芦笙，我也参加了两次，有补贴。很开心，和平时进城感觉不一样。当然不只是有补贴才开心的。"

访谈涉及多方面内容，除了听到有些抱怨政府重视不够以外，其他方面都反映出积极的心态。特别是她们表达出来的热情、自信、自尊，以及对自己美丽的认识及珍惜自己所创造的价值令人惊叹。参与表演的经济收入并不高，被直接问到收入问题时，她们大多数回答这样少的收入解决不了家庭里的困难，但乐于可以自己支配，渴望旅游业更好地发展起来，这样就可以自己创造更多的价值。当然，新桥苗寨妇女自身的局限性也是明显的：对旅游业发展问题上，对县乡两级政府、对村里的旅游小组有着较高的心理依赖，也理解不了政府在开发时序上的安排。除了歌舞表演能力，在旅游接待所需其他素质和技能方面没有准备。

二 自主与担当——郎德上寨案例

郎德上寨旅游发展比西江苗寨要早，由于政府的推动和省政府文化部门重视，2008 年以前以接待政府部门的参观访问、高校师生、旅行社的旅游团队为主。2008 年以后，由于政府开发重点转向西江苗寨，郎德归于沉寂。但由于具有较高知名度，喜欢郎德上寨的散客包括文化人类学方面的学者、艺术院校的师生、文化部门工作人员等会较长时间地住在寨子里做田野调查、写生，省州政府部门也把郎德上寨作为接待点。截至 2012 年上半年，郎德上寨共有提供住宿、餐饮服务的农家乐 11 户，共有床位 128 个。3 年间笔者 6 次来到郎德上寨，之前就与已经退休的老支书建立了深厚的感情，便对人称是他的外侄，住在他家里。6 次造访中，没有碰到一次团队，也没看见组织过歌舞表演，但每户农家乐都有散客住宿，屡屡遇见过国外客人、北京及外省高校师生。观察到的妇女参与旅游业的两种主要方式一是经营农家乐，二是摆摊点卖苗族手工艺品。在深入访谈了所有的农家乐及工艺品售卖摊点后，了解到妇女是郎德上寨从事旅游接待的主力军，她们的人生在经营过程中已经改变：

La 的丈夫在县城单位上班，有公职。夫妇育有一对儿女。她说："以前这家农家乐是老公公经营，他有外面人缘。收入也由老公公支配，我做辅助性工作。两年前我提出来由我负责经营，毕竟老人家老了。但他还是会主动地帮助我干别的农活，如打扫卫生、喂牛。我请村里的妇女来帮忙做服务，工资按天结算。两年来收入比以前好。"问及收入如何支配，她说："都是夫妇商量支配，但钱存在我名下。目前想造一个房子，扩大一下接待规模，但是地批不下来，政府控制了。一对儿女都在外面读书，想供他们多读一点书。娘家那边以前没有钱去孝敬，现在好了，母亲生病的时候，是我接她去住院，兄弟家穷，没钱送去住院。"她还说虽然每天做接待很累，但还是非常喜欢现在的生活，对儿女、娘家父母都可以尽到责任，在旅游开发之前是想都不敢想的。

Lb 是一个 26 岁的年轻女性，贵州民族大学艺术系毕业，已婚育，爱人在州府凯里市某机关工作。她母亲开了一家农家乐，她便住在娘家，帮助母亲经营，同时利用堂屋里间经营民族文化工艺品。在交谈中，笔者有意强调“娘家”这个词，而她却反复说：“这是我的家。”因为是大学毕业生，交流很容易，对如何持续发展西江旅游方面，她认为政府的支持只是一个方面，关键得靠村里人自己努力。她还认为现任村支两委人员年纪大、思想陈旧，不会用网络，普通话都说不好，担负不了带领大家发展旅游的职责，应该把年轻人选上去，但是村里人老人不相信年轻人。问及“年轻人分性别吗”，她明确说，包括男女青年。

11 家农家乐，在经营方面，全由女性当家做主。在收入支配方面，8 户的回答是：“夫妇两个共同决定，但钱由我掌管。”2 家回答是：“夫妇共同商量，钱由老公掌管。”1 家回答是：“我负责经营，收入由父母（公婆）支配，因为投资是父母承担的。”售卖民族工艺品的摊点妇女被问到同样问题时，除了假期帮忙的小女孩回答“钱交给妈妈”以外，成年女性的回答都是：“小生意挣钱不多，都是自己支配使用。”

由于旅游业发展时间较长，从事接待工作的女性技能娴熟，心态沉稳，不亢不卑。但留给笔者最深的印象在于她们通过努力工作所获得的自主，以及她们对家庭（扩展到娘家）责任和村寨旅游发展责任的担当。她们主动投入旅游业，不辞辛劳，勇于承担。当然她们的局限也是有的。目前来住宿和餐饮消费的散客中，学者比例较高，由于文化体验和调研需要，这些住客总会做访谈。这种情况多了，首当其冲的女性主人常常会表现出不耐烦，有时不予理睬，有时应付了事，特别是对待住在别人客栈里的客人。但在团队基本消失以后，这些住客都是郎德苗寨旅游的主要客源，她们对此认识不足。

三　解放与自我实现——西江苗寨案例

西江苗寨这个由政府投资建设的大型民族文化景区，为西江苗寨妇女提供了一个巨大的人生舞台。从老妪到十七八岁的女孩，只要她们选择，她们都可能在旅游产业中找到自己的恰当位置。笔者深知这种大型人文景区旅游产业的复杂性，所以访问的次数最多、住的时间最长。笔者以当地中学一老师的大学老师身份由他带着去访谈，在尊师重道氛围浓厚的苗族社区，相对容易获得真实情况，也听得到真心话。参与产业经营在西江苗寨既有男性也有女性，但最成功的两家是由女性经营的大型农家乐客栈。由于女性经营者情况在郎德上寨已经重点阐释，在西江苗寨重点调查的是从业者女性情况。

Xa是西江苗寨最著名的一家农家乐客栈的服务员，她的主要职责是带领小型表演队，着盛装表演劝酒歌，以苗族传统方式劝客人喝酒吃菜。这个职业往往使人想到“陪酒女郎”，但是访谈之后，这个19岁女孩的话语使人吃惊：“童年的时候，祖母用同样的方式劝客人喝酒吃菜，如果客人不接受，祖母会躲到一边哭泣，那时候总是不理解。现在做这份工作，我好像懂得一些原因了，被客人拒绝说明我们的民族精神没有被接受，当然伤心”、“由于现在生活条件变了，人们喝酒吃肉少了，所以我们要表现的是热情，不会强行劝客人非吃不可的”、“在工作过程中我了解到了本民族很多文化，也了解了一些外面世界的东西，但还是有很多迷惑，所以我想去读大学，最好是民族学专业。”

Xb是一个景区解说员，21岁，初中文化。父亲在车队修车，母亲在农家乐客栈做服务员，弟弟在高中念书。她说：“要不是有旅游，早出去打工了，也许结婚了。父母有收入，我的工资父母不要我的，我每天就是工作、上网，或者和朋友们一起玩”、“主要消费方式是买衣服、和朋友吃饭、话费，还有化妆品”、“没谈男朋友呢，希望找一个有知识的。但我不会离开西江，我爱这里爱这份工作。妈妈也希望我谈一个男朋友，但她也舍不得我嫁出去呢。”

Xc是一个歌舞展演公司的专业演员，20岁，表演锦鸡舞、反排木鼓舞。她说：“看到游客这么欣赏我们民族的文化，很开心”、“专场表演因为是免费的，所以表演时间短，客人体验不多，要是有一个室内大舞台就好了”、“苗族歌舞很多，希望自己可以继续学习提高”、“因为做表演嘛，追求我的男孩子不少，也有条件很好的，但是我不看重条件，生活的路是要自己走的。”

Xd是一个中年妇女，丈夫是中学教师。以前她主要职责是做家务、干农活。收入主要靠丈夫的工资。目前在景区指定区域内摆摊点卖小吃。笔者也做过她丈夫的老师。她丈夫的话很有意思：“现在我雄不起来了，以前是老婆看我脸色，打她都可以的。现在我要看她脸色了，别看她累，每天收摊时都那么容光焕发的。人家每月挣的钱是我挣的几倍呢，忙起来要我去帮忙，那是得随叫随到啊。”

Xe是一个70岁的老奶奶，参加迎宾表演，一个月轮到8天。问她累不累，她说："不累，想参加的老年人很多，只能轮着来。又锻炼身体，又开心，关键是觉得自己还有用。"

在西江苗寨这样的访谈做了很多，可以看到，当地苗族女性在旅游业规模化兴起的时候，她们顺应产业潮流，投身其中，不断调整和提升自己，同时又能动地彰显了苗族深刻的民族精神，对旅游业面貌产生了一定影响。同样，她们在传承和展示苗族文化最美丽部分的同时，把苗族传统社会中对女性的不合理规定予以颠覆。在这过程中，她们思考人生，实践人生，她们的生命得到了前辈女性没有得到过的解放和升华。随着旅游业的进一步发展，商业化氛围日趋浓郁。耗时费工的民族文化精粹如刺绣和其他传统手工艺品，愿意去学习继承的女性很少了。现在充斥在苗寨的手工艺制品大都是流水线上制作的。这是西江旅游的遗憾，也是当地女性在商业文化冲击之下的妥协。

第四节　结语

从对雷山县大塘新桥苗寨、郎德上寨、西江苗寨的访谈和观察，为了突出典型性，笔者做了选择性的描述。大塘新桥苗寨是旅游业起步、接待业务单一情况下妇女参与的实际状况。在参与歌舞展演中，女性感受到了自己的美丽并乐于自己的价值创造。郎德上寨旅游业发展相对成熟，旅游规模小，但是客源稳定。当地妇女是旅游住宿和餐饮接待及工艺品售卖的主力军，她们通过投身经营工作，经济上实现了自主，主动担当更多的社会责任。西江苗寨是大型的民族文化4A级景区，从业妇女在工作中、在已经改变的社会条件下逐步实现从传统中解放自己并追求人生的自我实现。三地女性在旅游浪潮席卷而至的时候，并没有迷失，也没有简单、被动地适应，而是在参与过程中表现出强大的能动性，很大程度上决定了这些民族旅游地的产业面貌。笔者对这三个苗族村寨妇女参与旅游发展的主体性有着强烈的感性认识，但因为理论水平浅陋，把它上升到理性层面心有余而力不足。本文主要还是从实证出发，把苗族妇女参与旅游的主体性情况描述出来，尝试改变女性参与旅游研究中的"被动"阐释，为少数民族女性参与旅游研究提供一个新的视角。

第八章　少数民族村寨社区参与旅游发展中的同质化经营问题研究

——以家庭旅馆经营为典型业态

近年来，在蓬勃发展的少数民族村寨旅游热潮中，村寨居民利用其居住优势，开办家庭旅馆为来访游客提供食宿及相关服务。作为少数民族村寨旅游业的重要组成部分，家庭旅馆既能满足外来游客回归自然的心理需求，也能增加村寨居民收入，改善其生活条件，满足其致富愿望。更加重要的是，民族村寨旅游地通过发展食宿接待，还引发了村民生活方式向着更加文明、现代化的方向转化。然而，民族村寨旅游地家庭旅馆在日趋成熟和发展过程中，也存在着诸多亟待解决的问题。诸如季节性强、卫生安全状况不尽如人意、缺乏管理、同质化竞争等，其中家庭旅馆同质化竞争问题已经成为民族村寨旅游业的一个焦点问题，并引起国内众多学者的关注①。但深入研究发现，已有文献对家庭旅馆同质化经营的关注大多以描述同质化竞争的事实为主，并以此为据提出家庭旅馆持续发展的策略或建议；而对于家庭旅馆同质化经营的形成机理并未做出系统、深入的分析。从理论研究和实践价值来看，如果只是停留在事实罗列或现象描述而不揭示其背后隐藏的机理，其后果不仅会损害家庭旅馆研究的深刻性和客观性，以脱离实际的话语来替代严谨的讨

① 刘旺、吴雪：《少数民族地区社区旅游参与的微观机制研究——以丹巴县甲居藏寨为例》，载《四川师范大学学报》（社会科学版）2008 年第 2 期；吕宛青：《利益相关者共同参与的民族地区家庭旅馆经营与管理模式研究》，载《思想战线》2007 年第 5 期；余意峰：《社区主导型民族村寨旅游发展的博弈论——从个人理性到集体理性》，载《经济地理》2008 年第 3 期；曾建明：《略论我国乡村旅游产品开发的差异化战略——以农家乐为典型业态》，载《改革与战略》2010 年第 8 期；保继刚：《旅游规划的社区参与研究——以阳朔遇龙河风景旅游区为例》，载《规划师》2003 年第 7 期。

论；还常常会误导决策者或家庭旅馆业主。有鉴于此，我们在文献研究和对多个典型少数民族村寨旅游地进行实地调研和深入访谈的基础上，从家庭旅馆同质化经营的事实和现象入手，运用系统论的方法和原理，剖析少数民族村寨旅游地社区居民参与家庭旅馆同质化经营的形成机理与消极后果，并以此为据提出同质化竞争的化解对策。

少数民族村寨社区参与旅游发展的同质化经营问题是影响民族旅游可持续发展以及社区有效参与的一个突出问题，家庭旅馆作为少数民族村寨旅游业的重要组成部分，同质化经营问题同样突出。因此，以家庭旅馆为典型业态，对少数民族村寨社区参与旅游发展的同质化经营问题展开研究，具有一定的代表性和典型意义。

第一节　少数民族村寨旅游地家庭旅馆同质化经营的现状

一　目标市场同质化

旅游市场竞争的加剧需要民族旅游地家庭旅馆经营者进行市场细分，以便求得生存与发展的空间。然而，由于受自身素质等因素的影响，大多数家庭旅馆经营者几乎没有市场细分的意识和概念，缺乏对市场的细化分析，经营目标不明确。如贵州紫云格凸河国家风景名胜区境内的大河苗寨，寨内仅有三家人从事家庭旅馆经营，为进入景区的游客提供食宿服务，且各有优势与特色。其中一家区位优势明显，能够把家庭旅馆经营和农事休闲、乡村体验项目很好地结合起来；其中一家专门从事“土鸡”的烹饪；还有一家经营户的女户主曾长期担任村支书，方便利用其“体制精英”的优势接待各类政务型客人。但长期以来，为接待来访客人，三家人矛盾重重，直到我们深入该地进行实地调查，给三家人介绍市场细分的基本理念时，才恍然大悟，意识到市场细分的重要性。

二　产品供给同质化

少数民族村寨旅游地家庭旅馆的主要功能是为游客提供住宿、餐饮等服务。从住宿来看，游客所能享受到的服务仅仅是“简单的睡眠”

服务。餐饮服务本应是业主提供差异化服务的关键所在，但旅游需求的规模化导致众多家庭旅馆业主只能以产品的数量换取本应有的“绿色化、生态化、乡村化”的产品特色。

三　服务质量同质化

除个别有固定客源、经营规模较大的家庭旅馆外，大部分家庭旅馆没有固定的服务员或管理者。从业者多以家庭为背景，或夫妻上阵，或父女经营，或全家男女老少忙里忙外，很少雇人参与经营。旅游旺季人手不够，他们多请亲戚或左邻右舍临时帮忙，或被迫临时从村中或村寨周边雇用农村剩余劳动力充实到家庭接待中来。被雇用者大多学历低，没有接受过正规或专业的培训，能力、素质较低，连基本的服务标准都难以保证，更不用谈差异化经营的意识与能力。

四　微观品牌缺乏

缺乏市场细分的战略规划，加之产品与服务质量同质化，这难免导致家庭旅馆经营的同质化。即使是个别著名的少数民族村寨旅游地的家庭旅馆已做成品牌并已形成一定的品牌效应，这也只是整体包装意义上的品牌，也就是说这里成片的家庭旅馆已形成了一定的规模和影响力，但其内部各个家庭旅馆之间却同质化严重，游客选择的随意性很大，这就使单个的家庭旅馆难以具备核心竞争力和可持续发展的能力[①]。

第二节　少数民族村寨旅游地家庭旅馆同质化经营的形成机制

机制原指机器的构造和动作原理。阐明一种机制，意味着对它的认识从现象的描述过渡到本质的剖析[②]。乡村旅游地家庭旅馆同质化经营的形成机制是驱动家庭旅馆经营者实行同质化经营的力量结构体系和运行

① 曾建明：《略论我国乡村旅游产品开发的差异化战略——以农家乐为典型业态》，载《改革与战略》2010年第8期。

② 李小建等：《农户地理论》，科学出版社2009年版，第225页。

规则，具有一定的稳定性和规律性。结合乡村旅游地家庭旅馆经营者及产品与服务特点，综合考虑政策环境及市场需求等因素，从两个方面来总结乡村家庭旅馆同质化经营的形成机制：内在动力机制和外在动力机制（见图8.1）。内在动力机制和外在动力机制是相辅相成的，它们之间相互融合导致了民族村寨旅游地家庭旅馆同质化经营形成的动力机制。

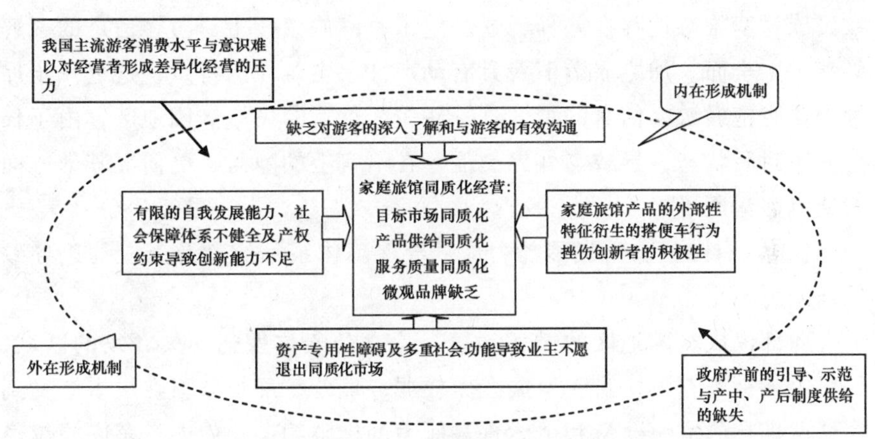

图8.1　民族村寨旅游地家庭旅馆同质化经营的驱动机制图

一　内部形成机制

（一）缺乏对游客的深入了解和与游客的有效沟通

对于许多世代生活在村落内依托土地为生的村民，长期以来存在着“上下内外”四种交换方式[①]：

1. 向下交换即农户与土地相交换。

2. 对内交换：依靠亲情关系网络，通过礼尚往来方式进行物品与劳务的交换。

3. 向上交换即村寨农民与政府的交换。取消农业税前缴纳“皇粮”在村民看来是“天经地义”的。

4. 对外交换即与周围集市相交换。对于超出集市范围的交换，常

① 曹锦清：《黄河边的中国——一个学者对乡村社会的观察与思考》，上海文艺出版社2006年版，第631、637—639页。

常由中间商来承担。

因此，对于习惯于传统交往方式的村民来说，旅游开发后短短数年便要他们对市场信号作出明确而有效的判断和反应，对外来游客的消费习惯与偏好作出全面把握与分析，是有难度的，需要一个长期学习和适应的过程。更何况旅游消费是一种跨区域的人际交往活动，具有明显的外向性或涉外性。由于客源地的社会制度、政治信仰、生活方式等与少数民族村寨旅游地存在差异，这决定了家庭旅馆业主对游客信息的了解必然不太全面。加之旅游消费具有动态性、主观性的特点，这进一步加剧了业主把握游客信息的难度。一些较为偏远的民族贫困地区，由于长期处于封闭状态，导致与外界交流存在语言上的障碍，更何况其他方面的交流与沟通了。

（二）有限的自我发展能力、社会保障体系不健全及产权约束导致创新能力不足

西部民族贫困地区的村寨（镇）大多位于欠发达、欠开发的区域，村民收入极为有限，自我发展能力较弱，经营扩展与创新在根本上受到个体所拥有的资源数量和个体自身能力的极限约束，使整个家庭旅馆经营活动只能围绕生计而展开，并以主体性生产的短缺和小生产者的分化赋予整个经济体系脆弱的基本特征，即便有个别农户意识到差异化经营的重要性，也因自我能力有限而无法实施。而农村社保体系的不健全，缺乏平抑或化解社会风险的机制，政策风险致使村寨居民实现差异化经营的决策时自我防范意识较强，难以在差异化经营的路径上取得根本性突破。从深层次原因来讲，村寨生产资料私有制的重建，虽然在个体层面上实现了劳动者与生产资料的直接结合，但这种“个体经济”并不具有产权制度层面上的存在意义，它主要以“经营方式”而获得存在意义。一个明显的事实是当私有制成分在中国整体经济中日益增加的今天，村寨层面上的私有经济受到了村寨土地私有制的根本性制约[①]。农民拥有的土地承包经营权并不能作为抵押向银行申请贷款，加之农民缺乏完善的社会保障，这就使得农民成为先天的风险规避者，熊彼特所谓

① 陈庆德、潘盛之：《中国民族村寨经济转型的特征与动力》，载《民族研究》2004年第4期。

的“企业家精神”的创新冲动受到削弱。相反，以现有“成功者”作为样板，追求稳定收入，厌恶风险等心理在乡村旅游地家庭旅馆经营上体现得尤为明显。

（三）家庭旅馆产品的外部性特征衍生的搭便车行为挫伤创新者的积极性

从经济性上来说，民族村寨旅游地家庭旅馆经营具有典型的外部性特征。家庭旅馆是依托村寨的自然资源和人文资源而展开的，具体表现为自然景观、建筑聚落、乡土文化、活动场景等。根据村寨旅游资源的系统结构及其引致的产权特征，家庭旅馆具有有限的竞争性与排他性，属于较为复杂的介于公共型和私人型之间的准公共产品，具有明显的“公共池塘资源”特征。这导致无法确保所有村寨居民都付出合理成本，也无法排除外部性、搭便车、集体行动逻辑以及利益分配不平等现象的广泛存在[①]。比如，一旦有经营者投入人力、物力或财力设计出某项差异化的产品后，模仿者往往随即跟上，与创新者展开竞争，使得后者常常不知所措，蒙受了经济和名誉上的损失。而如果这样的外部性难以消除，其结果将是“智猪博弈”，即大部分经营户将倚仗部分有创新能力的经营户去做市场培育和各种新产品的研发，而自己却热衷于不花成本或花极少的成本搭便车、跟风、模仿甚至是非法或恶意“克隆”，并最终导致创新者被淘汰出局，出现贺雪峰（2008）[②] 所强调的“不怕饿死的不会饿死，怕饿死的就会饿死”的逻辑，而创新者在伤心之余，感慨“创新者斗不过模仿者”，使本来就不很高的差异化经营的积极性频频受挫。

（四）资产专用性障碍及多重社会功能导致业主不愿退出同质化市场

少数民族村寨旅游地家庭旅馆经营初期，具有进入和退出壁垒低、投资少、风险低、利润率较高的特点，这与传统的“小农经济”思想是相吻合的，也极易为广大村寨居民所接受，加之早期较为成功的旅游

---

① 余意峰：《社区主导型民族村寨旅游发展的博弈论——从个人理性到集体理性》，载《经济地理》2008 年第 3 期。

② 贺雪峰：《什么农村 什么问题》，法律出版社 2008 年版，第 178 页。

经济精英的示范性影响，缺少市场竞争意识和综合分析能力的村民纷纷进入该行业。随着市场竞争的加剧，利润率逐步降低，应有部分家庭旅馆经营者逐步退出该行业。然而，市场竞争的加剧已迫使业主不断加大投入力度，并形成资产专用性障碍，很难改作其他用途，一旦退出将面临较高的沉没成本，这将削弱业主退出的积极性。此外，对当地业主而言，家庭旅馆不仅仅是他们在旅游发展环境下获益的重要工具，家庭旅馆还肩负着其他社会功能，诸如改善村民居住条件、提高生活水平；旅游旺季接待客人，淡季可用于接待村寨社会频繁往来的亲戚。在盛行面子观念的村落文化中，最能体现面子的莫过于住房的结构了，换言之，家庭旅馆是农村社会财富的象征，是业主个人价值的体现。因此，家庭旅馆市场竞争的加剧所导致的资产专用性障碍和家庭旅馆经济和社会功能的多重交织导致业主即使面临同质化竞争的恶果，也不会轻易退出。

二　外部形成机制

（一）我国主流游客消费水平与意识难以对经营者形成差异化经营的压力

迈克尔·波特（2002）[①] 曾指出：内行而挑剔的客户是本国产商追求高质量、完美产品造型和精致服务的压力来源。这说明挑剔型旅游消费者既能有助于维持业主的竞争优势，更是家庭旅馆业主创造竞争优势的动力。然而，从我国主流旅游消费市场来看，大多数旅游消费者并非不知晓低价旅游产品存在质量、服务上的问题，但他们由于收入水平的制约，宁愿选择价低质次的产品，因为毕竟质次产品与质量好的旅游产品具有某种替代性，足以满足其“有总比没有好”的目的，所以，他们的行为是理性的。一旦广大消费者富裕到对家庭旅馆的饮食质量、居住环境提出较高要求，并愿意为此支付费用，家庭旅馆经营者同样会在质量与环境方面进行投入，以此吸引游客。云南梅里雪山脚下的雨崩藏族村落至今未通公路，接待游客仅以背包客为主。近年来有部分来自欧美、日本、韩国、香港等发达国家或地区的游客，收入水平较高，对服

① ［美］迈克尔·波特：《国家竞争优势》，李明轩、邱如美译，华夏出版社 2002 年版，第 84 页。

务质量、标准要求较高。为满足游客需求，有村民“不惜血本”，采用传统的运输方式——马匹托运，按三星级标准修建家庭客栈。可见，受经济发展水平和可自由支配收入制约，我国主流游客对高价值的差异化产品难以形成主观偏好，这无疑减轻了家庭旅馆业主通过产品差异化经营创造竞争优势的压力。

（二）政府产前的引导、示范与产中、产后制度供给的缺失

在我国社会经济发展中，政府作用显得异常复杂，以至于许多学者发出感叹：“对中国的过度经济来说，最难评价的是政府的作用。”[①] 一方面，政府作为公共权力机关、公共利益的集中代表者，是公共资源的最大整合和调配者，在村寨旅游产品开发中发挥着旅游规划、市场推广、教育培训、信息服务等作用。另一方面，公共选择学派相当犀利地指出，政府是由各级官员组成的，他们有着自己的私利，由政府出面对一个产业进行管制并非是一种免费的物品，他们可能通过“政治寻租”、“政治设租”等行为获得权力租金，追求经济利益和政治利益的最大化。政府角色的两面性常常因政府经济人角色的渗透产生对公共利益的偏离，同时其内部成员还可极其巧妙地内化成所谓的“公共利益”，政府角色与行为的二重性和隐蔽性特征在少数民族村寨旅游发展中广泛存在，并导致家庭旅馆差异化经营不足等公共问题长期得不到解决。

少数民族村寨旅游市场启动初期，地方政府常常会打着发展地方经济、推动产业结构调整和帮助村民脱贫致富的旗号，通过培育典型示范户或给予部分先行接待户帮助或支持，以带动其他村民参与旅游经营与接待。这样，示范户或先行接待户在无竞争压力又有政府帮助和支持下，获益的可能性较大。受此影响，村民参与家庭旅馆经营的积极性高涨。然而，当家庭旅馆经营出现供过于求或同质化经营等问题时，政府应根据变化了的市场竞争环境及时调整政策，提供相应的制度规则以规避市场竞争中存在的问题，或对行业内的经营者进行有效的引导，帮助他们退出该市场，寻找其他的致富途径。然而，在我国现行体制下，对任期短、转任快的县、乡级官员而言，其对村寨经营者的支持与引导的

① 周业安：《中国制度变迁的演进论解释》，载《经济研究》2000 年第 5 期。

动力有很大一部分源自彰显政绩。当他们利用公共资源缩短村寨旅游发展周期并取得显著成效时，这样可以凸显其政绩，反过来加强了他们的政治影响力，还能得到上一级政府更多的信任甚至放权直至往上升迁。而当出现如家庭旅馆同质化经营等影响村寨旅游可持续发展等问题时，政府对此类问题往往反应迟钝或故意规避以免影响其政绩，这样，政府官员的“经济人”行为导致相关的制度供给缓慢乃至缺失，于解决少数民族村寨旅游产品差异化经营不足的现实不利。

第三节　少数民族村寨旅游地家庭旅馆同质化经营的消极后果

一　家庭旅馆业主被迫降价竞争，削弱了与供应商讨价还价的能力

受上述各种因素的影响和制约，少数民族村寨旅游地家庭旅馆经营以趋同性较强的产品或服务投放市场。这实际上进入了均质产品市场，及典型的 Bertrand 竞争市场。在 Bertrand 竞争模式下，产品差异化程度较小，价格成为影响消费者购买行为的重要考量，农户间博弈的唯一稳定结果是选择将价格降至其可以维持的最低水平。有限的游客数量与旅游接待设施的不可移动性无疑使上述竞争行为发生的可能性大为增强。因此，常常可以看到家庭旅馆的业主们以较低的价格或给予导游一定的回扣来吸引游客。另外，尽管家庭旅馆主要以私有房产和家庭成员劳动为供给要素，但无论是客房还是餐饮服务不可避免还要依赖其他产品或服务的支持。战略管理理论表明：行业内产品同质化所引发的过度竞争可能引发供应商通过提高其出售给下游企业的产品的价格或降低其出售产品质量威胁企业的绩效，从而将高于正常水平的绩效转移到自己的手中①。我们从对西江苗寨、郎德苗寨以及贵州黎平肇兴侗寨等地的家庭旅馆的调研中发现，善于唱敬酒歌的表演人员常受到多个家庭旅馆经营者的青睐，而家庭旅馆业主为烘托接待气氛，被迫接受不断抬高的表演价格；不仅如此，恰逢旅游旺季，表演者常常在就餐时间轮流到多个家

---

① ［美］杰恩·巴尼：《获得与保持竞争优势》，王俊杰译，清华大学出版社 2003 年版，第 94—95 页。

庭旅馆表演，这不可避免地造成表演时间与内容缩水。

二　造成资源的闲置与浪费，破坏当地生态环境

家庭旅馆同质化经营的无限扩张与有限的客源必然导致供过于求的状态，进而引发资源的闲置与浪费。贵州西江千户苗寨，除黄金周和重大节庆活动时，140 余家家庭旅馆除能接待游客外，大部分时间仅“阿侬苗家乐”等少数家庭旅馆有固定的客源，到了旅游淡季，家庭旅馆转让的广告随处可见。不仅如此，家庭旅馆的蓬勃兴起曾吸引了无数外出务工人员返乡创业，在经历了短暂的辉煌后，惨淡的经营现状迫使许多经营户常以打麻将或打扑克等方式消遣时光，导致了人力、物力资源的闲置和浪费。除此以外，少数民族村寨家庭旅馆分散经营、无序扩张还威胁到当地生态环境，直接影响到旅游业的可持续发展。在云南香格里拉核心区域的雨崩藏族社区，过多的家庭客栈等新建筑改变了原有景观，无序建筑的出现破坏了景观和谐。由于当地不具备污水处理能力，加之家庭经营分散化，游客涌入产生了大量的废水、固体废物。因为当地气温太低，垃圾自然降解的速度很慢，历年的生活垃圾一直堆积在雨崩坝子里，大量废水直接排入雨崩河。随着旅游者人数的增加，家庭旅馆给当地环境产生的影响越来越大。

三　家庭旅馆同质化经营容易引发无序竞争，不利于发展回头客

按照市场竞争原理，家庭旅馆经营者应通过提高服务和产品质量，努力实现差异化以求在竞争中获胜，同时也可对游客产生持久吸引力，培育潜在市场。然而，这一做法不仅需要一定的资本支持，而且会提高资产专用性投资的经营风险。这样，付出的成本及收益周期远远大于拉客等短期经营行为。因此，面对数量有限的游客，村民们宁愿采取拉客等短期获利行为，而不愿从长期效益出发选择改善经营质量和水平。如果有村民选择后者，其结果将导致大家都选择拉客，因为在其他村民都采取策略时，自己放弃这一策略，将意味着个人收益的损失。村民们之间相互拉客不仅造成私下相互诋毁对方，引起社区不和谐，还会引起游客极度反感，影响其体验效果。

从村民与游客之间的博弈来看，两者的博弈是一种有行动先后顺序

的动态博弈，在二者之间的博弈中村民行动策略在前，游客采取的策略在后，游客策略是在已知村民的行动策略之后而采取的反应措施。以下以村民的宰客行为以及游客以再次光临和不再光临为反应策略而形成的两阶段博弈来分析这一情况。图 8.2 是村民与游客动态博弈的扩展形式。

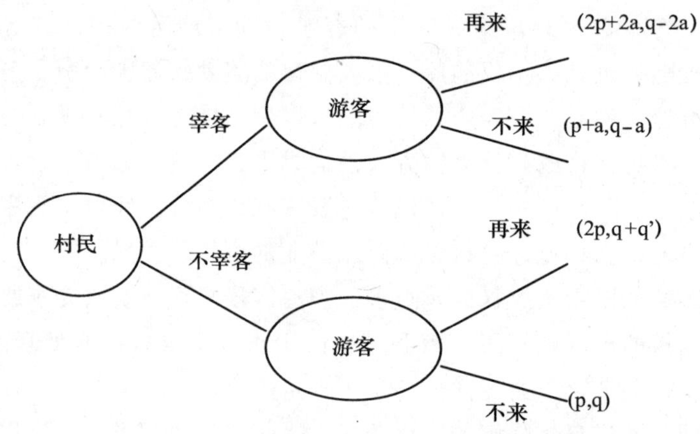

图 8.2 村民与游客关于宰客与重游行为博弈的扩展形式

假定村民一次接待游客的正常收益为 p，由于宰客而获得的额外收益为 a，游客在旅游中获得的体验收益为 q，q’为在不宰客情况下游客再次来访的体验收益的增加。由图 8.2 可知，当村民采取宰客战略时，游客再来的收益为 q－2a，而不来的收益为 q－a，因此理性的游客会选择下次不再光临，而出现（宰客，不来）的策略组合。当村民采取不宰客的策略时，游客再来的收益为 q＋q’（q’≥0），即由于不宰客的诚信服务而使游客在故地重游时感受到更大的体验收益，而游客不再光临的收益为 q，因此游客会有重游的意向与可能，从而出现（不宰客，再来）的策略组合。在这两个策略组合中，（不宰客，再来）显然比（宰客，不来）更为有利，能给村民与游客双方带来更多的收益，是更优的选择。但遗憾的是村民在个人理性的激励下，加之受村民们集体表现出来的拉客与宰客行为的整体氛围的影响，以及每次游客到来的不确定性，使得村民在缺乏正确引导与有效约束的情况下，倾向于将与游客的接触与交易视为一次性交易，而采取一次性收益最大的最有利可图的方式，其极端表现之一便是宰客行为①。如前述的镇山村，一盘本地出产的凉拌野菜，成本不到 1 元，粗糙加工后竟卖到 15 元，但味道却与普通餐馆出售的毫无区别甚至更差。面对村民的宰客行为，为了避免更大的收益损失，理性游客将采取望而却步的退避策略，最终导致游客量不断下降。

四　影响了社区的和谐与稳定，降低了社区与外来利益主体博弈的能力

有限的客源、同质化的产品市场及村民短期的个人理性使村民在村寨内陷入抢夺客源的“囚徒困境”中，并引发社区矛盾与冲突，对外则降低了与外来利益主体博弈的能力。

当民族村寨旅游业发展起来后，地方政府和外来资本常常随之跟进。然而，从实际情况来看，村寨旅游资源产权的缺失和我国“自上而下”的政治体制以及外来资本的强势地位，往往使村民处于无权状态。不仅如此，在很多情况下，外来利益主体往往高度地组织在一起，统一行动从而形成更强的合力。而社区居民不仅不具备拥有资源、机会和强力的实力，而且往往单独行动从而造成与政府实力不对等。面对权利被侵犯以后的无奈与挣扎，怎样的途径才能帮助他们解脱维权困境，顺利表达意愿？托克维尔在 19 世纪曾这样说过，“在民主国家，他们几乎不能单凭自己的力量去做一番事业，其中任何人也不能强迫别人帮助自己。因此，他们如不学会自动的互助，就会全体陷入无能为力的状态”②。由此可见，在一个高度组织化的现代社会里，个人的力量是微不足道的，人们通过建立自己的组织或者社团，才更有可能实现权利救济和利益保护③。然而，在一些少数民族村寨旅游地，虽已成立诸如农

① 余意峰：《社区主导型乡村旅游发展的博弈论——从个人理性到集体理性》，载《经济地理》2008 年第 3 期。

② 张时飞：《上海癌症自助组织研究：组员参与、社会支持和社会学习的增权效果》，博士学位论文，香港中文大学，2001 年；转引自周林刚：《激发权能理论：一个文献的综述》，《深圳大学学报》（人文社会科学版）2005 年第 6 期。

③ 陈树强：《增权：社会工作理论与实践的新视角》，载《社会学研究》2003 年第 5 期。

家乐协会等社区组织，但各经营户为争夺有限的客人不仅造成了成员之间矛盾重重，加剧了成员之间的相互不信任，还降低了社区组织的凝聚力以及与外来利益主体博弈的能力，使得社区组织本应有的作用和功能因为利益争夺而大打折扣。

第四节　少数民族村寨旅游地家庭旅馆同质化竞争的化解对策

一　以市场为导向，进行产品分流定位，实现接待产品的差异化

根据当前我国旅游市场消费多样化特点，结合少数民族村寨家庭旅馆发展不均衡的现实，可将家庭旅馆的产品分为低端产品和高端产品，对应于较看重价格的低端市场和较看重质量的高端市场。

（1）低端产品策略。如果家庭旅馆在低端产品上有成本优势，不妨以低价作为竞争手段，但同时要注意开拓新市场。虽然城市需求趋向饱和，但城市中低收入阶层以及农村市场却极具潜力。因此低端产品生产尚可将市场营销的重点移到农村市场及城市中低收入阶层，利用他们较高的价格敏感性，施展价格优势。

（2）高端产品策略。在实力和产品营销上有优势的家庭旅馆可采用高端产品策略，将目标聚集范围缩小，利用目标市场对质量比价格更看重的心理，减弱竞争对手降价对自己的影响，形成品牌优势。

（3）灵活经营策略。与星级饭店相比，少数民族村寨家庭旅馆不需要制定严格的服务标准和服务程序，一切服务均根据自身的优势和特点，按照客人的需要灵活处理，这不但可以节约成本费用，而且服务内容和程序的设计都非常具有针对性，可以说每一步都可以为游客直接量身定做以满足其越来越个性化的服务。当然，最为关键的是只有当家庭旅馆成为游客旅游的一部分内容和旅游生活的体验，成为有新奇感的经历或者成为旅游地生活环境和风土人情的代表，成为地方文化的载体时，家庭旅馆才能具有生命力。

二　扩大社区参与旅游广度，努力实现产业链本地化

除了从纵向上进行产品分流定位，以实现差异化经营以外，尚未进

入家庭旅馆行业或退出家庭旅馆行业的村寨居民还可考虑从横向上积极拓展，以达到横向差异化经营的目的。实际上，除了家庭旅馆经营外，果园经济、养殖经济、畜牧经济、农副产品加工等特色经济都可成为参与型旅游资源加以结合开发。通过横向差异化经营不仅能缓解家庭旅馆同质化经营的矛盾，还能丰富村寨旅游产品内容，延长游客停留时间，吸引潜在游客，并最终实现提高旅游经济体量的目的。与此同时，家庭旅馆经营者也应和其他行业积极合作，努力实现“产业链本地化”①。即在满足游客吃、住、行、游、购、娱需求中，通过村民间合作，尽可能利用本地原材料和人力资源，以旅游业为龙头优化配置相关产业，在本地生产和销售产品，形成完整的产业链，实现最大限度的当地参与，有效安置当地居民的就业，使旅游收益最大限度地留在本地。可以说，“产业链本地化”是扩大社区参与旅游广度，带动村寨及村寨周边居民参与旅游，化解家庭旅馆同质化经营困境，缓和参与者与未参与者之间矛盾的一种较好方式。

三　加强农户间的合作，推动经营组织创新，实现股份合作制经营

少数民族村寨以家庭经营为主体的组织结构，一定时期给农民带来了经济上的实惠，激发其参与旅游的热情；但这样的组织结构所形成的分散经营规模小、素质低、缺少发展后劲，被迫依靠市场滞后甚至是扭曲的价格信号调节生产经营。也正是这一经营组织结构，导致了产品的低端同质化，进而引发资源闲置浪费、社区和谐失调等诸多问题。可见，要想依凭这一组织结构带动少数民族村寨旅游地家庭旅馆的进一步向前发展，带动整个村寨社会经济结构的根本变革，将会困难重重。因此，以追求经济利益的内在动力为基础，通过自愿选择和自主结合，推动家庭旅馆生产经营组织结构的创新，把分散的个体家庭经营转变为联合的企业性产品生产组织，以克服自身局限，实现其生产经营与大市场的有机结合，尤为必要。

现代企业理论认为，企业是市场机制的替代物，市场和企业是资源

---

① 邹统钎：《北京市郊区旅游发展战略研究——经验、误区与对策》，旅游教育出版社2004年版，第192页。

配置的两种可以相互替代的手段，企业运用内部的行政管理手段较之运用非人格化的价格机制运行交易其费用低。在面临较高的资产专用性和机会主义行为发生的可能性的情况下，企业倾向于将外购变为企业内部生产[①]。基于对企业理论的认识，在不可能签订完备的合约以限制少数民族村寨旅游地家庭旅馆资产专用性所造成的机会主义行为的情况下，通过并购作为交易对象的家庭旅馆可以将交易转入企业内部从而消除机会主义行为。另外，无限重复博弈带来的损害必然使村民认识到合并的必要性；加之村寨社区内部天然存在的地缘、亲缘关系等多种“非正式关系”的特殊纽带，紧密地联结着村寨居民之间的兴衰共亡，这更容易形成利益共同体。因此，加强经营者之间的合作，积极推动经营组织创新，实行股份合作制经营，使村寨内不同的业主在一个经济组织内部联合起来，相互之间的关联度大大提高，目标、利益趋同，有利于缓解、减少村寨居民之间的矛盾与摩擦，提高资源利用效率，降低农户间的交易成本。四川九寨沟景区内的树正寨的10户居民在20世纪90年代初期以床位入股的方式成立了树正联营公司，统一经营家庭旅馆和餐馆，开创了九寨沟旅游股份制经营的先例，避免了恶性竞争导致的旅游经营收入下降，邻里不和等问题[②]。

四　发挥乡村旅游地社区组织的自治作用，构建社区居民自主治理的规则

奥斯特罗姆（2000）[③] 的经验研究表明：人类社会中大量的公共池塘资源问题事实上不是依赖国家也不是通过市场来解决的，人类社会中的自我组织和自治，实际上是更为有效的管理公共事务的制度安排。

在我国西部少数民族地区，至今仍有不少关于村寨管理和社会秩序控制的内容，包括民间组织、习惯法、民间宗教和各种禁忌，这些都是少数民族与农民交互的少数民族村寨旅游地解决村寨纠纷和处理社区矛

---

① 梁国勇：《企业购并动机和购并行为研究》，载《经济研究》1997年第8期。

② 石璇：《保障保护地内居民受益的自然资源经营方式——以九寨沟股份制为例》，载《旅游学刊》2007年第3期。

③ ［美］埃莉诺·奥斯特罗姆：《公共事务的治理之道》，余逊达等译，上海三联书店2000年版，第11页。

盾不可替代的本土资源。因此，在解决家庭旅馆同质化经营的过程中，必须高度重视村委会、旅游协会、传统组织的自主治理作用，赋予社区组织相应的自主治理权力，提高社区组织的治理效率，实现居民之间的相互监督，降低因居民不合作而导致的负的外部成本的增加。在家庭旅馆经营同质化的问题上，社区组织的作用和功能主要为：

（1）服务的作用和功能。如西江苗寨于2009年1月13日成立的“西江景区苗家乐协会”利用组织优势，在当地政府的协助下，将协会内农家乐的具体位置、名称、到达路线、经营范围、联系电话等信息标注在景区入口处的旅游线路图及旅游宣传册上。通过这种方式一方面方便吸引游客进行有选择性的消费，另一方面有利于提升入会农家乐的知名度，为会员招徕游客，拓宽旅游市场。

（2）自律、协调、监督的职能。在云南梅里雪山雨崩藏族社区，由34户基本社会单位和权力单位组成的“家长会议制”是历史上“村众会”民主化管理的现代版本，是雨崩乡村社会的权力基础，负责对村中的家庭轮流接伙进行统一安排和监督，实现自我管理和自我服务。

（3）协助政府部门加强行业管理的职能，如参与制定各种标准，协助政府的旅游统计及信息发布工作。

五　引入外界力量，提供制度保障和帮助

随着少数民族村寨旅游规模的逐渐扩大，村民们的经营思路会愈加拓宽，竞争也将更加激烈，由于制度供给不足所引发的环境污染、社会矛盾等问题也将日益严重。依靠村民自发地由个人理性走向集体理性是不明智的，需要一个长期认知和博弈的过程，而村寨赖以生存的公共资源是极其珍贵和脆弱的。因此，除了发挥社区组织的作用以外，有必要引入政府的力量并进行合理的制度设计以解决家庭旅馆经营中存在的诸多问题。

首先，由政府对家庭旅馆业主提供服务和帮助，依市场机制退出或转产。对业主自动退出或转行等主动行为，政府应给予贷款、税收等方面的优惠。在政府主导或企业主导的乡村旅游地，应尽可能招收本地劳动力，让一些家庭旅馆业主在退出经营后能顺利再就业。

其次，加强教育培训或组织农民外出学习，使农民具备多样化从业

技能，开阔农民视野，以便让业主从家庭旅馆经营中退出或转产后，降低退出成本，顺利进入相关行业。在发挥政府作用时，即使需要淘汰产能，也应以是否合法规范为依据，而不宜以家庭旅馆经营规模大小作为淘汰的决定因素，更不应草率地以调控政策代替市场直接进行资源配置或关闭某些家庭旅馆。在降低退出壁垒的同时，必须消除过度进入。一方面，应该提供必要的服务，降低行政成本，对家庭旅馆的接待标准进行严格的考察和审批，并进行动态跟踪管理，对不符合要求，不达标准的经营户进行摘牌并停止营业，保证合乎规范的家庭旅馆处于合法、规范的经营体系中。另外，与个别家庭旅馆业主相比，政府对于行业内家庭旅馆的总数目、供需情况、产能利用率等总量信息具有信息优势，因而政府应定期、及时、详尽地收集和发布这些信息，提示产能过剩风险，缓解投资者因为信息不完全引发的投资偏误，更好地发挥市场资源配置的基础性作用①。除了关注家庭旅馆的进入、退出外，对行业内有创新精神的家庭旅馆或经营特色鲜明的业主应给予积极引导和帮助，延长旅游产业链，增加附加值。如西江苗寨景区管理局在农户中设置家庭博物馆，对家庭博物馆进行定期或不定期评定，这样既有利于形成特色明显的家庭博物馆，又有利于增加家庭旅馆的附加值，提高家庭旅馆经营的差异化程度。除此以外，可借鉴星级宾馆评定办法对现有家庭旅馆进行等级划分和综合评价，并正确处理标准化和地方特色的关系，以便游客有选择性地进行差异化消费。

六　结束语

少数民族村寨旅游地社区居民参与旅游发展的同质化经营问题是一个错综复杂的现实问题，它是众多因素共同作用的结果。本部分以少数民族村寨旅游地家庭旅馆为典型业态，从系统论的思维角度出发，将诱导家庭旅馆同质化经营的要素划分为内在要素和外在要素，内外要素相互影响、互为因果、共同叠加并导致了少数民族村寨旅游地旅馆同质化经营，并给同质化问题的解决造成了诸多困难。因此，我国少数民族村

① 林毅夫、巫和懋：《“潮涌现象”与产能过剩的形成机制》，载《经济研究》2010年第10期。

寨旅游地家庭旅馆经营同质化问题的解决需要业主、政府、行业或社区组织乃至旅游消费者长时期的共同努力，不可能一蹴而就，不能希望一招制胜、一步到位。

第九章　农民组织化:少数民族村寨社区参与旅游发展的有效路径选择

第一节　少数民族村寨旅游地农民组织化的内涵、类型与特征

一　少数民族村寨旅游发展中的农民组织化问题：一个值得关注的研究话题

众所周知，人类具有群居生活的特征，也就是说人类要以一定的方式组织其生活，在不同的自然和社会经济条件下，人们为了获得更好的生活以及生存发展能力，就会采取不同的组织形式①。可见，合作组织的存在有着悠久的历史，它和人类的发展进步历史同步②，因此，合作组织是社会经济发展中一个广泛而长久的命题。

根据当前三农学界已形成的共识，新农村建设的主体并非分散的农民，而是组织起来的农民③。"农民合作"作为乡村建设研究的重要范畴和乡村建设实践的重要内容④在以乡村社区、民族（俗）村寨为资源凭借的旅游发展背景下当然也绕不开"农民合作"这个重要话题。该

---

① 王文光：《中国农村社会变迁》，云南人民出版社 1996 年版，第 44 页。

② 胡振华：《中国农村合作组织分析：回顾与创新》，知识产权出版社 2010 年版，第 1 页。

③ 贺雪峰：《组织起来——取消农业税后农村基层组织建设研究》，山东人民出版社 2012 年版，第 1—5 页。

④ 李伟：《新农村建设中农民合作问题研究》，《学术探索》2009 年第 3 期。

话题已引起部分国内学者的关注。保继刚、孙九霞（2006）[①]通过社区参与旅游发展的中西差异比较后指出："西方国家的社区组织在维护社区利益方面是一支不可忽视的力量；处于发展初期的中国NGO等民间组织也需要社会转型，从官方和半官方的身份蜕变为真正的民间组织，这需各种民间力量的自我发展，更需要政府提供制度空间和资金支持。"孙九霞（2008）[②]指出：社区旅游协会的建设，能够增加社区居民旅游参与的社会资本，在与政府部门或企业交往和利益诉求中更容易得到重视，提出的要求也更具有代表性和合理性，提高了与政府谈判的能力。可见，旅游发展背景下农民合作与组织是一个值得探讨的理论问题，也是一个亟须厘清的实践问题。

然而，在确定农民组织化是促进社区参与旅游发展的有效路径的前提下，作为一种组织制度安排，农民合作组织的发生和发展究竟取决于哪些因素？换言之，其制度变迁机制究竟如何？农民组织何以能有效促进民族村寨旅游地社区参与旅游发展，内在机制如何？已有文献并未给出系统、合理、深入的回应。有鉴于此，本部分将在文献综述、实地调研和归纳总结的基础上，结合贵州、云南民族村镇旅游发展实际状况，借鉴社会学、经济学、政治学的相关理论成果，对旅游开发背景下民族村寨旅游地农民组织化的动力机制及农民组织化与社会资本构建的相互关系进行诠释和分析，为农民组织化提供理论指导和经验借鉴，实现民族（俗）村镇旅游业可持续发展的目标；理论上推动社区参与旅游发展及农民组织研究的深入。

二　民族旅游发展语境下农民组织化的类型

根据贺雪峰（2007）[③]、李守经（2000）[④]关于农民合作组织的分类标准，考虑相关合作组织与旅游业发展的关系，可将旅游发展背景下

① 保继刚、孙九霞：《社区参与旅游发展的中西差异》，载《地理学报》2006年第4期，第401—413页。

② 孙九霞：《赋权理论与旅游发展中的社区能力建设》，载《旅游学刊》2008年第9期。

③ 贺雪峰：《乡村的前途：新农村建设与中国道路》，山东人民出版社2007年版，第134—137页。

④ 李守经：《农村社会学》，高等教育出版社2000年版，第81—86页。

民族村寨旅游地农民组织化分为村民自治组织、经济合作组织、传统民间组织、社会文化组织及短暂的农民维权组织。

（一）村民自治组织

取消农业税之前，村民自治组织最为重要的职能是协助基层行政组织“收粮派款”，收税收费的任务压倒了村民自治组织为农民生产生活提供服务的任务。农村税费改革后，村民自治组织在很多地方退出了农民生产生活领域，同时使得一些地方农村公共品的供给出现了严重不足。而在一些资源富集、区位优势明显的民族村寨旅游地，过去的村民自治组织在旅游发展背景下实现了重构，角色与职能实现了转化，由过去的“收粮派款”转为组织村民参与旅游接待，为旅游开发提供相应的服务。如贵州郎德苗寨的旅游接待小组与村委会在组织村民参与旅游接待以及社区旅游制度构建等方面均发挥着重要作用，村委会与旅游接待小组相互交叉，实质上是两块牌子，一套人马。

（二）经济合作组织

旅游发展背景下农民利益计算短期化和农民高度原子化，常常引发村民间矛盾与不和，形成较高的交易成本，导致旅游发展难以为继。如果能够通过农民合作的形式将农民组织起来，将会改善社区内部关系以及个体农户在市场和自然风险面前的不利处境。云南省丽江市玉龙县拉市乡美泉村在乡村旅游发展初期，因牵马接待游客出现矛盾与不和，影响了社区内部的稳定与收入。为使村民能够有效参与旅游接待与经营，2006 年 3 月 1 日，美泉村村委会通过召集村民召开村民大会，成立了玉龙县拉市海美泉生态旅游合作社。合作社由全村 142 户村民组成，村民以户为单位，通过马匹作为股份自愿参加入股，每户每月拿出 100 元作为合作社正常运转的经费。合作社成立后，设立了相关的组织机构，实行严格的管理制度，全村男女老少都参与到旅游中来。美泉村生态旅游合作社成立以来，避免了农户之间恶性竞争导致的旅游经营收入下降，邻里不和等问题，旅游业健康有序地开展着①。

---

① 马翀炜、张爱谷：《乡村旅游与制度建构——以玉龙县美泉村旅游合作社为例》，载《广西民族大学学报》2009 年第 4 期。

（三）传统民间组织

在我国西部少数民族贫困地区，传统民间组织曾在社区建设、经济发展、文化传承、维护寨内秩序等领域发挥着重要作用。改革开放后，处于转型期的农村传统民间组织必然面临自我调整的选择。在这一背景下，一些传统社会组织根据社会经济发展实际进行了及时调整，积极整合社区资源，以适应旅游发展的潮流。如成立于2005年的贵州省榕江县大利村旅游协会，其前身是大利村“老年人协会”，该组织在维系侗族社区稳定、青年教育、祭祀活动以及侗族文化传承等方面有着不可替代的作用。当地旅游兴起后，“老年人协会”与村委会合并成立旅游协会，分工如下：村委会主要负责日常管理、与外界沟通、争取项目等对外工作，原老年人协会成员主要负责村规民约的执行、文化传承、村寨建设等事务①。近年来，贵州西江苗寨的老年协会也在村民与当地政府不断冲突中重新得到恢复和发展，在维护村民利益，组织村民参与旅游接待，协调村民与政府利益等方面发挥着难以替代的作用。

（四）社会文化组织

2006年中央一号文件强调，社会主义新农村建设要“协调推进农村经济建设、政治建设、文化建设、社会建设和党的建设”。在当前的新农村建设事业中，如何做到五大建设并举，尤其是重视以前未曾重视的文化建设和社会建设，通过社会文化组织的建设，来带动新农村建设全局，是十分重要的事情。实际上，民族旅游发展为社会文化组织的生成及有效运行提供了重要平台。贵州西江千户苗寨，由老年人组成，成立于2010年3月的西江苗寨老年接待队，每天早上10：30—12：00，下午3：00—4：30，准时到寨门口迎接来访的客人，一方面增加了景区产品的人文程度和产品丰度，延长了游客的停留时间。另一方面，对老年人而言，还可获得每天14～20元不等的收入。和多位老年人交谈得知，他们参加老年接待队的目标不仅仅在于增加自身收入，相互之间合作与共事还可改善人与人之间的相互关系以及人与自己内心世界的关系，在于寻找生活中的价值和意义，在于愉悦身心，在于和游客互动中

① 田书清：《农村社会组织的现状及其运作模式——以贵州省榕江县大利村旅游协会为例》，载《广西社会科学》2009年第7期。

展示自己。

（五）农民维权组织

在蓬勃发展的民族村寨旅游地，因为征地、规划、经营管理权等方面的原因，常常引发社区居民与当地政府、开发商之间的矛盾，农民为了维护自己的利益，常常临时性地组织起来，以维护自己的利益，从而形成农民维权组织。此类组织虽基本上没有组织结构的存在，也缺少明确的组织者。但权益受害的当事者（家属、亲戚）通常以悲情互换来获得社会的同情与支持，绝大多数参与者与引发群体性事件的当事者并没有直接利益关系，是一个临时聚集起来的松散组织，但参与者一方面为事件受伤害者征讨公平正义，另一方面也借机发泄不满情绪，表达对利益受损、社会不公等现象的不满，因而此类组织又常常被轻易地动员起来[①]。一些旅游发展较快，利益主体关系复杂的少数民族村寨旅游地，常常成为维权组织诞生的重要土壤。

三　少数民族村寨旅游地农民组织化的特征分析

从组织运行模式视角出发，上述与旅游相关的组织有下述几个方面的基本特征：

（1）农民组织的发展主要以当地具有一定规模的旅游业为依托。例如，西江苗寨农家乐协会所在的西江苗寨是贵州省民族文化旅游的重点品牌，尤其是2008年当地政府介入以来，旅游基础设施环境得以优化，产品内容得以丰富，知名度和影响力得到了前所未有的提升和扩张，旅游业出现了“井喷式”的增长，成为贵州东线最大的原生态民族风情旅游中心。与之类似，全国农业旅游示范点、国家文化产业示范基地的贵州平坝县天龙屯堡古镇，都具有一定规模的旅游产业，各自的农民旅游协会、旅游接待小组均是依托一定的旅游产业发展起来的。因此，不难看出，旅游发展背景下的农民合作组织与当地具有一定规模的旅游业有比较强的相关性，它是伴随着民族地区的经济产业转型、旅游业的发展、社会关系的变化而出现的，既是旅游经济发展的产物，又是

① 朱力、曹振飞：《结构箱中的情绪共振——治安型群体性事件的发生机制》，载《社会科学研究》2011年第4期。

新型农村社会关系的不断改变、适应新事物的结果。

（2）旅游发展背景下农民组织化模式表现出多元化的发展态势。民族村镇旅游地除了社区居民这一核心利益主体以外，政府、公司、学者与研究团体等利益相关主体的介入有其必要性与必然性，他们之间的互动因权力结构状态差异而表现出不同的发展态势。现实中农民合作组织既有与公司的联合，如贵州天龙屯堡的农民旅游协会，科研机构与合作组织的联合，如贵州最大的屯堡村寨——九溪村，是在安顺学院屯堡文化研究中心的帮助下组建和发展起来的，也有农业技术部门与合作组织的联合，还有外来的 NGO 与合作组织的联合。从趋势上看，各个农民合作组织完全孤立地自我发展的方式正在逐步改变，农民合作组织纵向组织体系的构建已经初露端倪。

（3）旅游发展背景下农民组织化存在路径依赖。马林诺斯基说："一切组织和一切协调行为都是传统的延续性的结果，并且在每个文化中，都有其不同的形式。"① 旅游发展背景下民族村寨村民是经过不断探索而逐步完善的组织，当然有传统社会组织的影子，但又区别于村寨历史上的任何组织模式，是在新的历史条件下村民们的制度创新。下述的贵州郎德苗寨旅游接待小组的发展演变过程正好说明了这一点：

> 资料显示，苗族虽然历尽艰险、辗转迁徙，形成不同的支系，但仍然保持苗民族的共同特征，这得益于其民族内部严密的社会组织形式。在不同地区、不同支系的苗区，都有寨老、鼓社、议榔等这些维持社会运转的职位和组织，在相当长时期内共同维系着苗族社会的正常运转。新中国成立后，尤其是人民公社时期，国家通过"政社合一"，"三级所有、队为基础"的体制，构建了一套自上而下的经济控制和行政控制网络，使得国家权力对乡村社会的渗入和控制达到了前所未有的规模和深度。在此过程中，苗族社会的内生秩序受到冲击和改变，传统社会组织结构受到严重削弱。当全国普遍实行土地联产承包制之后，由乡政府指导下的村委会成为法定村民自治组织。然而，村委会及其下属的村民小组作为国家管理农村

① ［英］马林诺斯基：《文化论》，费孝通等译，中国民间文艺出版社 1987 年版，第 90 页。

居民的延伸组织，属于一种外部性的制度安排，使村和组具有天然的行政地域属性和服从国家的公共管理功能。在宏观的单一体制下，法定的自治组织与实际的基层行政组织合为一体，大量承载着自上而下的行政功能。它们的主要工作仍然是完成政府交办的各种任务，而不是基于本社区内部需要的公共事务。由此，村民自治组织的功能异化为“要钱、要粮、要命”，难以落实自我管理、自我教育、自我服务的自治职能。农民虽因人民公社的解体和生产单位划分到小私有单位的家庭而焕发了家庭的内在积极性，但却导致广大民族贫困地区农村公共事务无法解决。“有房有地不靠你，有吃有喝不求你，不批不斗不怕你，有了问题就找你，处理不好就骂你”，成为当时农民思想状态和处理问题方式的生动写照。这样，村民自治组织功能的异化及农民生产劳动的“原子化”状态使得广大少数民族贫困农村社区组织化程度下降到最低，乡村公共产品无法正常供给，传统文化出现了低迷、失落乃至走向衰落的危机。这是当时大部分少数民族农村社区组织结构的现实写照。但在乡村、民族（俗）文化旅游兴起的局面下，部分资源富集、传统文化保存较好的民族村镇因卷入旅游开发，从而实现了社区组织的再造与自我整合。郎德苗寨便是其中的典型个案之一。

1982年，贵州省文化厅发出《关于调查民族村寨的通知》，经过调查与比较，郎德上寨独特的历史文化与村寨景观引起省文化厅的高度关注，于1986年将其列为民族村寨重点保护对象并予以保护性资助。对当地村民而言，政府征用重构的仪式活动意味着本民族的乡土性传统受到官方层的关注，获得了国家、政府某种程度的认可和肯定，本群体的民族身份和社会地位也可由此得到某种意义上的确证与提升。这样，受到鼓舞的村民在省文化厅的资助和寨内精英——老支书陈正涛带领下，整治寨容寨貌，兴修文革期间遭受破坏的铜鼓坪，重建了杨大六[①]故居。为烘托热情好客的接待氛

① 杨大六原名陈腊略，郎德人，清咸丰五年（1855年）参加了张秀眉领导的苗族抗清起义，曾在其家乡郎德上寨修筑了战壕、围墙、隘门、马道、军火库等军事设施。后因起义失败而壮烈牺牲。

围，村委会负责人冒着遭人谴责的风险，打破地方习俗禁锢[①]，组建芦笙队，购买了一批芦笙，号召村民穿上苗族盛装，设置十二道拦路酒仪式和举行芦笙、歌舞展演接待来访客人。因参与接待客人而造成的务工损失，来访者往往会给予村民一定的现金作为补偿。但由于当时村民对旅游业的了解程度不够，参与人数并不多，加之旅游发展初期外来客人较少，村民所获补偿不多，并未能从旅游发展中尝到甜头，参与的主动性不强，常常需要村委会多次动员，村民才会放下手中的农活，参与旅游接待。21世纪初以来，随着游客的不断增加，参与集体接待与歌舞表演尝到甜头的村民逐渐由被动变为主动，生产、生活由过去完全以农业生产为主逐渐转移到旅游接待中来。部分村民在参与集体接待表演之余尝试出售本地出产的农特产品及手工艺品；村委会主要领导利用其“体制精英”的优势，率先在村中开展家庭接待，为游客提供食、宿服务。在接待游客并与游客的交流与互动中，村民逐渐认识到旅游业能带动地方经济发展、增加就业机会和收入、促进文化交流与文化传承，他们逐步从内心深处接受并渴望发展旅游业。在参与集体接待与经营的同时，村民们的主人翁意识得到增强；为使自身的利益诉求得以实现，他们还积极参与旅游发展决策及管理制度的构建与修订。这样，郎德苗寨村民从最初个别的、被动参与转向全社区的主动介入。与此同时，村委会成员逐渐从基层政府代理人的角色与职能中抽身出来，成立旅游接待办公室，组建旅游接待小组，负责组织村民参与旅游接待与经营，监督、管理社区旅游事务。

郎德苗寨村民在各级政府引导、支持和以陈正涛为代表的社区精英的组织、动员和示范下，逐渐从分散、单一的农业生产劳动状态卷入到有组织的集体接待与经营中，并在村庄层面形成了代表整个社区共同利益的自治组织——旅游接待小组（即村委会的主体）。其角色与功能逐渐由外在的强制性组织机构的延伸演变为组织村民参与旅游接待的公共组织，在旅游发展中发挥着村寨凝聚和

① 按照当地习俗，每年吃新节（水稻发育孕穗的农历六月）过后方能吹响芦笙，否则会影响当年稻谷的收成。

自我组织运行的功能。旅游影响下郎德苗寨村民的集体行动以及村民自治组织角色与功能的转化，推动了社区有效参与，深化了村民自治的内涵，重新构造了乡村社区组织体制，真正实现了村民自治的目标，具有重要的社会经济意义和价值①。

（4）农民组织化运行的成本较高，集体行动效率低。民族贫困地区农民组织的存在与运行虽没有自成体系的规章制度，但却能依靠非正式制度，如社区意识形态、熟知信用与声誉机制、社会关系网络、身份承诺等有效而便捷地维持社区的良性运转。然而，受革命运动的洗礼和市场经济的冲击，村民面对一个更为广大的世界，难以对未来形成稳定的预期，贴现的欲望增强，流动替代稳定，普世的价值观代替特殊的价值观，地方性的制度无力惩罚那些不再守规矩的人们，他们已经不在乎村庄内部的评价机制，更希望在城市或其他地带获得社会承认，找到社会归属②。加之农民组织缺乏有效的组织管理，明确的分工和完善的规章制度，运行中往往存在较高的行动成本，导致集体行动的困境或低效率。贵州郎德苗寨由旅游接待小组组织的集体接待表演中，个人努力程度并不会对集体表演的效果产生明显的影响，尤其是最后的团结舞，规模变大使个人的贡献越发缩小，这时不管个人是否为集体表演出力，他都能享受其他人带来的好处。这使得旅游接待小组无法对参与者努力程度进行有效监督，导致工分制下难以真正体现“按劳取酬”。分配上的平均主义使参与者的报酬与其努力程度的关联性降低，选择性激励失效。这样一来，一方面是有工分的劳动被创造出来，但个体劳动者滥竽充数者越来越多；另一方面是对集体经济有益，但没有工分或工分不多的劳动则无人问津。如接待小组曾号召未参加歌舞表演③等待最后跳团圆舞的村民，到铜鼓场边“凑个热闹”；但未参加跳舞的女性大部分或已回家料理家务或私下偷偷向游客兜售旅游商品，大部分等待跳团结舞

① 陈志永：《郎德苗寨社区旅游：组织演进、制度建构及其增权意义》，载《西南边疆民族研究》2012年第1期。

② 贺雪峰：《什么农村 什么问题》，法律出版社2008年版，第119、175—176页。

③ 此时只有跳舞的村民有工分，基本为女性，其他人等待最后参加跳团圆舞，待团圆舞结束后，发放第三次工分牌。

的男性则集聚在芦笙场不远处吹牛聊天、打扑克，场边仅剩几十位行动不便的孤寡老人等待最后一次发工分牌。村民的离去，使得村寨缺乏热情、好客的氛围，影响游客体验的效果，最终的结果就是社区旅游的重要竞争资本——公共品牌受损。另外，为维护当地良好的旅游市场交易秩序和和谐友好的接待氛围，旅游接待小组虽制定旅游商品交易的管理公约，但拉客、宰客的现象依旧存在。面对全村 90 余户旅游商品销售户，接待小组负责监管的成员无法有效履行其监督、管理的职能。即便有游客投诉，管理人员也将面临窘境：他无法凭借个人的强力来应对村民的“不法”行为；而如果他凭借强力来维护公益行为，在积累公益的同时，也在积累与村民间的仇恨。这样的仇恨一多，这个“强人”村干部下次能否连任，就成了大问题。不仅如此，未来在交往中依靠管理者单个家庭难以完成的事务还需要村民的帮助。因此，管理者不会因此而得罪村民，影响未来合作，增加行动成本，甚至导致在村落内受到“为富不仁”或“六亲不认”之讥，严重的还会遭受被边缘化的危险。这样，旅游商品市场交易制度的实施效果因为权力缺失以及乡村社区内部熟人社会的行动逻辑而全部、部分归于失效，导致市场竞争秩序混乱。

（5）发展扑朔迷离。旅游发展起来后，由民族村寨旅游地自发、自主产生的农民合作组织，虽未经过注册或非正规注册，但却相当富有活力。他们分散在中国的底层，有着更为灵活的切实的行动方式，同样坚定的公民社会理念以及扎根于中国人的日常生活情境，密切联系着公民的具体利益的特点。和人们日常生活的利益与文化价值紧密相连可能也正是这些草根组织不屈不挠的生命力所在[①]。然而，与政府、公司、国外的 NGO 等组织相比，紧密联结小农基础上形成的合作组织与集体行动由于资源和权力所限而处于自生自灭的状态，或者又由于经验和能力不足而夭折。资源缺乏、权力所限、能力不足，成为农民合作组织行动的障碍，使得民族村镇旅游地农民合作组织的发展变得扑朔迷离。

① 朱健刚：《当代中国公民社会的成长与创新》，载《探索与争鸣》2007 年第 6 期。

第二节　少数民族村寨旅游社区农民组织化的动力机制

机制原指机器的构造和动作原理。阐明一种机制，意味着对它的认识从现象的描述过渡到本质的剖析。旅游发展背景下农民组织化的动力机制是驱动农民组织化的力量结构体系和运行规则，具有一定的稳定性和规律性。结合我国少数民族村寨旅游活动的特点，可以从经济、政治、社会三个方面来总结旅游发展背景下农民组织化的动力机制。动力机制相辅相成，它们之间相互融合，共同促进了民族地区旅游发展中农民组织化的动力机制。

一　经济动力机制

（一）当地自我发展能力有限条件下的理性选择

本项目所研究的四个重要的样本地——郎德苗寨、西江苗寨、天龙屯堡、雨崩村，有着相似的自然地理环境和社会经济背景。受自然资源和地理位置所限，虽保留着传统民族文化的精髓，但由于村民收入极为有限，自我发展能力较弱。不仅如此，中国民族村寨的经济转型日益显示出强烈的共时性特征。像郎德等这样的少数民族村寨，生产资料个体私有制的重建，虽然在个体层面上实现了劳动者生产资料的直接结合，一定程度上提高了劳动者劳动的积极性，但生产的扩展在根本上受到个体所拥有的资源数量和个体自身生产能力的极限约束，使整个经济活动只能以生计为重心而展开，并以主体性生产的短缺和小生产者的分化赋予整个经济体系脆弱性的基本特征。因此，互助的方式或关系的构建，历史地成为克服这种生产局限性的首选①。在郎德苗寨，通过各级政府引导、帮助以及社区精英的有效动员和组织以及村民的积极参与，村寨环境得以改善，传统文化得以恢复和重构，为村寨旅游业的发展奠定了坚实的基础。不仅如此，组织村民参与拦路敬酒与歌舞展演本身是郎德苗寨旅游吸引力的核心要素，是一项参与性、体验性极强的旅游产品。

---

①　陈庆德、潘盛之：《中国民族村寨经济转型的特征与动力》，载《民族研究》2004 年第 1 期。

借助一定规模的集体接待行动，有助于增加旅游产品的丰度和吸引力，延长游客停留时间，提高旅游生产力，弥补社区自我发展能力有限所引发的资源开发深度不足、产品单一等问题。这种整体上的利益与资源优势，绝非单个家庭所能完成，是当地村民理性选择的结果。它有利于增加社区居民就业机会、增加农民收入，是当地自我发展能力有限条件下的优先选择。

（二）降低交易成本，减少资产专用性风险，增强自我发展能力

现代经济学认为人都是“理性经济人”，旅游发展背景下少数民族村寨社区居民组织化的动力取决于参与行为所带来的效用。如果参与效用满足了村民“最大化”原则，该村民就会积极参与；反之，就没有足够的积极性参与旅游或参与某种模式的旅游接待。为此，我们将从交易成本视角出发，以贵州郎德苗寨社区居民参与集体歌舞展演为例，结合我国西部少数民族村寨旅游地社会经济现状，对社区居民组织化的形成原因进行深入分析。

为分析之便，我们将民族村寨社区参与旅游经营与接待的形式分为两种。一种是参与集体接待表演。参与集体接待表演基本不需要物质资本的投入，所用服装、道具乃村民日常生活、娱乐之必需品，机会成本几乎为零。参与集体接待表演的人力资本投资成本也几乎为零，因为跳舞、吹芦笙等技能在郎德这样“开口说话并会唱歌，学会走路并会跳舞”的环境中长大的苗族村民，只要没有身体上的缺陷，唱歌、跳舞等技能便是家常便饭。因此，农户参与集体接待表演的专用性资产投资几乎接近于零。除参与集体接待表演以获取工分以外，当地村民并没有忘记干点“私活”，即以户为单位，出售手工艺品，经营农家乐。手工艺品主要从外地批发而来，也有少数村民利用休息时间，自己采购原材料，亲手制作。经营农家乐需对家庭进行环境整治，购买相关的设施设备，并达到政府规定的农家乐经营规范标准方可开业。经营“私活”的预期收益是建立在一定的客源数量、游客购买意愿及购买力基础上的；如果交易不能顺利完成，先前的投资改为他用，农户将不得不面临资产专用性风险，增加交易成本。但直到 2006 年，郎德苗寨的年游客量还从未超过 5 万人次，且大多数客人的停留时间仅为 1 ~2 小时，因为郎德苗寨仅有的参观寨容寨貌，观看、参与歌舞表演等单调的旅游产

品以及简陋的设施设备不足以吸引游客延长逗留时间，这无疑减少了当地村民与游客交易的机会，增加了交易难度，使得出售手工艺品、经营农家乐的交易成本提高。不仅如此，旅游市场固有的敏感性、脆弱性特征对农户的资产专用性风险起到叠加作用。综上所述，郎德苗寨出售手工艺品、经营农家乐的市场交易成本与不确定性风险高于参与集体接待表演。对于出售手工艺品的女性来说，参与集体接待表演的过程是一个展示自己服饰、手工艺品的过程，这为歌舞表演结束后向游客推销自己的手工艺品奠定了基础。

民族村寨旅游地以家庭经营为主体的组织结构状态，一定程度上给农民带来了经济上的实惠，激发其参与旅游的热情，但这样的组织结构所形成的分散经营规模小、素质低，缺少发展后劲，被迫依靠市场滞后甚至是扭曲的价格信号调节生产经营。也正是这一经营组织结构，导致了产品的低端同质化，进而引发资源闲置浪费、社区和谐失调等诸多问题。可见，要想依凭这一组织结构带动整个民族村寨旅游地社会经济结构的根本变革，将会困难重重。因此，以追求经济利益的内在动力为基础，通过自愿选择和自主结合，推动家庭生产经营组织结构的创新，把分散的个体家庭经营转变为联合的企业性产品生产组织，以克服自身局限，实现其生产经营与大市场的有机结合，尤为必要。

二　政治动力机制

（一）争取政府扶持，维护共同利益，提高与外来利益主体博弈能力

民族村寨资产具有涉及旅游开发和资源保护等方面的多重属性，完全保护（社区独占所有权）和完全转让（交给政府或企业）产权的成本很高，导致任何一项产权都不可能完全界定。没有完全界定的产权把民族村寨资产的部分有价值的资源留在了“公共领域”，为各利益相关者提供了在“公共领域”寻租的潜在机会①。是否能够获得寻租机会和索取控制“租”的潜在机会，很大程度上取决于民族村寨社区与外部

① 王汝辉：《巴泽尔产权模型在少数民族村寨资源开发中的应用研究——四川理县桃坪羌寨为例》，载《旅游学刊》2009 年第 5 期。

力量之间的政治和权力较量。现实中，我国现行的政治体制决定了政府拥有强势的权力，许多民族村寨旅游发展的实践证明，当地政府几乎主导着民族村寨旅游发展的相关事务；企业拥有资本权力，追求经济利益的天然秉性使其永远倾向于忽视乃至漠视资源和文化的保护，置当地居民利益于不顾。与此同时，民族村寨旅游地经济发展的迫切需求和当地社区居民素质、资金等各种限制因素，使得权力使用者和资本使用者处于强势地位，社区却以“弱势群体”的姿态出现在民族村寨社区旅游发展过程中[①]。为提高与外来利益主体博弈的能力，改变农民的“散众”状态，需要恢复或重建相应的社区组织，如老年协会、农家乐协会等以增加社区居民旅游参与的社会资本，以组织的力量同其他社会阶层发生各种联系，以集体的力量解决社区居民的缺位问题，逐渐地与外来利益相关者形成较为平等的权力制衡。

（二）地方政府的现实需要

自党的十六大首次提出政府应履行“公共服务职能”以来，党和国家领导人多次在重大会议或重要场合强调建设服务型政府的目标，且这样的目标体现于政府的各种政策性文件中。可以说，目前我国的政府改革已进入切实转变政府职能、全面提升政府公共管理能力、构建现代服务型政府的实质阶段[②]。根据新公共管理理论要求，在为社会提供丰富的公共物品和公共服务，满足公众多样化公共需求的活动中，只有充分发挥政府、市场、社会组织各自优势，构建三者合作互动，充满竞争和活力的公共服务体系，才能有效地提供公共服务，满足社会需求[③]。这意味着我国社会组织的培育和成长与政府转型、服务型政府的建设具有内在的统一性。我国少数民族村寨旅游地农民组织发展过程中，地方政府的支持与引导在很大程度上成为重要的推动力量。然而，政府在内的任何外部主体要进入乡土社会，都面临着交易费用过高的约束。这种约束也极大影响了中央各种带有政府善意的支农惠农政策的实施效果。

---

① 孙诗靓、马波：《旅游社区研究的若干基本问题》，载《旅游科学》2007 年第 2 期。

② 朱红权：《国内近年来民间组织与服务型政府建设研究》，载《中国社会科学院研究生院学报》2011 年第 4 期。

③ 吴光芸：《论构建政府、市场与公民社会三者互动的有效公共服务体系》，载《江汉论坛》2005 年第 9 期。

如贵州省旅游局，就专门设有支持乡村旅游基础设施的专项资金和财政贴息的乡村旅游发展基金，这些资金确实是发展乡村旅游最缺乏的要素。但在具体运作中，却常常苦于乡镇政府结构不能直接参与经济活动，村庄又无公共性组织作为平台来承接和操作这些外部资源[①]。出于节约交易费用的需要，无论是政府资源还是产业资本进入乡村都需要可以内部化节约交易成本的主体来代表乡村社会与其对接。可见，农民组织化是地方政府与外来资本介入村寨参与旅游开发的现实需要。在公共产品和服务领域，大量民族贫困地区的扶贫经验表明：若是国家将财政转移支付平均分给每一农户或直接补贴农业，不仅不能起到“四两拨千斤”的作用，而且对于农民的增收于事无补，建设社会主义新农村就成了一句空话。相反，只有通过农村基层组织的力量发动群众，实行国家扶持与群众参与相结合，才能在资金有限的条件下改善农村公共产品和服务。近年来，我们参与的由贵州省人事厅、省旅游局组织实施的乡村旅游实用人才技术培训的项目实践，深切地体会到：缺少村委会及相关协会的组织动员以及他们在项目实施前后的协助，由培训单位来面对活动无规律、学习动力缺失、居住分散的每一户农民，将面对高额的交易成本，甚至导致培训项目长时间拖延，或根本无法结束。

三　社会动力机制

（一）社区精英的组织动员、示范和影响

民族村镇旅游开发以来，越来越多的社区居民卷入到旅游发展的浪潮之中，他们中的部分村民逐渐成长为旅游发展中的“经济精英”、“政治精英”或“社会精英”，成为民族村寨旅游地内发性发展的主导力量，是农民合作的发起者、组织者和农民合作组织的核心人物。他们往往有一定的群众基础，是所在领域的权威性人物；他们的集体意识很强，能够为集体利益承担必要的成本负担，不在乎个人暂时的得失；他们对组织的长远发展充满信心，如果合作会给他们带来极大的利益与好处（包括经济利益与非经济利益），他们有着强烈的愿望和充分的动机

---

① 卢云辉、孙兆霞：《转型期西部农村发展的制度支持缺失问题探析——以乡村旅游开发为例》，载《贵州社会科学》2007 年第 7 期。

去推动合作，甘愿冒风险以获取这种潜在的利益与好处。实践表明，大凡乡村合作较为成功的地方，都离不开这样的人或群体；而那些缺乏这样一些人或者群体的乡村，大多处于一盘散沙的状态[①]。贵州郎德苗寨，陈正涛自80年代初退伍以来，一直担任郎德苗寨的村支书。在20多年里，他利用自己坚实的群众基础，带领全体村民组建旅游接待小组，组织村民参与旅游接待。旅游起步时，他们敢于打破陈规，有企业家的冒险精神，率先在村中从事家庭接待，多次接待过国家高层领导人以及各类社会名流，成功后成为村民效仿的对象。旅游发展起来后，作为村民利益的代表，他们与村民共同守望着社区宝贵的旅游资源，合力抵制外来利益主体的强势介入。作为旅游发展中的精英群体，他们具有苗族社会中“寨老”的功能，有一定的群众基础，是村中的权威性人物，有相当强的组织策划能力，有强烈的愿望和充分的动机去推动农民合作。制度构建过程中，他们是制度的起草者、管理者和实施者，是实实在在的内生型骨干力量；同时也是外生秩序得以顺利实施，有效发挥作用的重要桥梁。毋庸置疑，以陈正涛为代表的社区精英在郎德苗寨旅游发展中发挥着重要的助推作用，是郎德苗寨社区参与旅游发展以及农民组织化的助推器。同属贵州雷山县西江苗寨经营“阿依苗家”（家庭旅馆）的李珍，利用便捷的地理位置、优质的服务设施及富有特色的接待方式得到地方政府及旅行社的青睐，多次接待过国家高层领导人以及各类社会名流，这为阿依的迅速崛起提供了重要契机，先期投入很快获得了回报，成为当地村民们效仿的典范。李珍成功后，解决了周围村寨20余人的就业。在她的影响下，西江苗寨的农家乐从旅发大会前的不足60家迅速增加到140余家。为协调农家乐经营户内部关系，增强抗风险和与当地政府博弈的能力，通过阿依的影响与游说，农家乐经营户于2009年1月13日成立“西江景区苗家乐协会”，成立仪式上，阿依毫无疑义地当选为协会会长，成为协会的重要代言人。

（二）增强身心愉悦，提高农民非物质福利

在传统的乡村或民族村寨社区，社区成员往往具有强烈的认同意识。即费孝通所说的“熟人社会”。进入现代社会以来，随着现代国家

---

① 王立胜：《中国农村现代化社会基础研究》，人民出版社2009年版，第136—149页。

的建构，市场经济等外部性因素日益向乡村社会渗透，农村社区不再是传统的自然状态，而是处于大分化之中，差异性越来越突出。农村社会的以上变化使传统农村社区迅速解体，即维系传统社区的文化资源急剧流失，很难建构起人们对社区的共同归属感和认同感。特别是城乡差别的存在，使农村的核心价值观念呈外向性而不是内向性。他们对在本乡本土构建理想的生活家园缺乏足够的自信，更希望走出村寨寻求理想的生活。这正是进入现代社会以来出现“乡土衰败”的重要原因。“乡土衰败”不仅仅是物质层面的，更重要的是精神层面的，即社会核心价值不再以乡土为本位①。与此形成强烈反差的是，在一些少数民族村寨旅游地，旅游业的发展为村民提供了公共活动的空间，为实现农民组织化创造了条件。在郎德苗寨，每当旅游接待小组通过广播发出接待旅游团队的通知后，村里的妇女都会积极地参与集体歌舞展演。对当地妇女而言，除了领取工分，获得收益外，还可在村民与外来游客间表现自我，获得认同。西江苗寨老年协会的重建为老年人提供了相互交往、相互关照的空间，老年人通过相互之间的交往，获得了身心的愉悦，提高了社区居民的非物质水平。

（三）第三方力量的推动与支持

少数民族村寨社区参与旅游发展中，第三方力量的引入至关重要。第三方力量主要指独立于政府之外又区别于市场部门的非政府组织（NGO）、非营利组织（NPO）、行业协会、自愿者团体、学者阶层、新闻媒体等组织和群体②。与社区组织一样，这些组织具有民间性、自主性、自愿性、公益性的特征，它们的发展与壮大是公民社会的重要体现，是社会建设的重要内容。与少数民族村寨旅游地社区组织相比，这些组织常常拥有一定的社会基础，在社会公共领域影响力更大，发挥的作用更强，有助于推动社区居民参与社会管理和社区建设与发展，从而调动起潜藏于民间社会中的社会资本。当然，这些组织在社区参与、农民组织化等领域作用的有效发挥，本身是组织价值存在的有效体现，它们与社区组织的良好互动与交流，有利于其功能与作用的有效发挥。下

① 徐勇：《现代国家乡土社会与制度建构》，中国物资出版社 2009 年版，第 315 页。

② 孙九霞：《旅游人类学的社区旅游与社区参与》，商务印书馆 2009 年版，第 300 页。

述的贵州屯堡文化圈内的九溪村的屯堡文化研究会的诞生正好说明了这一点[①]：

> 屯堡文化研究会发端于“百村调查·九溪村”课题组成员2001年7月驻村后。课题组在九溪调查的过程中，常常感到老年协会的老人们对村支两委在屯堡文化开发上持漠然处之的态度而生出抱怨，他们认为九溪是屯堡文化圈内最大的屯堡村寨，但屯堡文化旅游开发没有什么动作，村支两委不闻不问，九溪作为“正宗”的屯堡村寨还赶不上周围同属屯堡文化圈内的天龙屯堡和本寨。在2002年春节前，课题组组织召开了一个座谈会，以策划见长的安顺师专罗布农老师在会上对九溪发展做了分析并勾勒出未来文化旅游发展的蓝图，提出打造“屯堡第一村寨”和成立“屯堡文化研究会”等诸多设想，以确立九溪在屯堡社区的“领袖”地位。座谈会对参会人员造成极大的震动，首次认清九溪村文化旅游开发的潜在价值，对未来发展充满信心。在课题组的帮助下，社区居民于2003年成立了他们自己理解的“屯堡文化研究会”。屯研会的成立是在高校教师的帮助和支持下成立的，它作为一个全村性的经济文化发展组织，弥补了村民自治的制度性缺陷，改变了村支两委全能主义的性质，是对村民自治的一个制度性的创造。

与之相反，离开了社区组织的有效支持与协调配合，外来的第三方力量将很难缩小理想与现实之间的裂痕，其功能与价值难以实施与体现。汶川地震后，中国政府组织开展了波澜壮阔的恢复重建活动，民间组织在其中发挥了重要作用[②]。然而，在参与农村社区灾后重建和发展的过程中，中国政府即使是高扬“参与”和“赋权”大旗的民间组织，也时常以“外部权威”的角色君临村庄，倾向于按照自身绘制的理想蓝图改造农村社区，与村民和村级组织在灾后重建和发展项目中形成了

① 孙兆霞：《屯堡乡民社会》，社会科学文献出版社2005年版，第247—249页。

② 张强、余晓敏：《NGO参与汶川地震灾后重建研究》，北京大学出版社2009年版，第71—87页。

权威—服从关系。这种状况影响到民间组织和农村社区的良性互动，影响到发展项目的实际效果，最终导致“外部权威”失去了社区认同①。

第三节 少数民族村寨旅游地农民组织化的社会资本价值

社会资本是20世纪70年代后期在西方社会网络研究的基础上发展起来的，与物质资本和人力资本相对应的理论概念。20世纪90年代，社会资本已成为经济学、社会学、政治学等多门学科关注的热门概念和分析范式②。目前，社会资本被认为是全世界经济社会发展的关键因素③。美国社会学家詹姆斯·科尔曼提出：社会组织构成了社会资本，它有利于人们实现自己的目标，如果没有社会资本，目标将难以实现或必须付出极高的代价。与此相比，我国学术界对社会资本的关注相对较晚，还有较大的研究空间。加强对社会资本理论的研究，特别是农村社会资本研究，对于当前处于中国人文社会科学的发展和转型期中国经济和社会发展具有特殊的理论和实践价值。有鉴于此，我们将从社会资本理论视角出发，以少数民族村寨旅游地农民组织化为实证个案，采用理论与实践相结合的基本方法，对少数民族村寨旅游地农民组织化的社会资本价值进行理论探讨和实证考察，拓展社会资本理论在少数民族村寨社区参与旅游发展研究中的内涵和领域，为少数民族村寨社区参与旅游发展的有效路径选择提供理论指导。

一 构建社会网络

由于历史、政策、区位等原因，少数民族村寨是一个相对封闭的地理空间，民众所拥有的社会资本往往是以家庭为核心的血缘关系，以乡邻为核心的地缘关系。不仅如此，许多人社会地位较低，收入水平极为

① 陆汉文、岳要鹏：《激情、理想和现实——一个民间组织与农村社区在灾后重建中的关系及其意义》，载《广西大学学报》（哲学社会科学版）2011年第3期。

② 林聚任：《社会信任和社会资本重建——当前乡村社会关系研究》，山东人民出版社2007年版，第26页。

③ 郑传贵：《社会资本与农村社区发展——以赣东项村为例》，学林出版社2007年版，第1页。

有限，他们之间的关系网络因为交往半径过小导致封闭且同质性较强。因此，许多少数民族贫困地区民众没有丰富的社会关系资源来改变自身的生存状况。农村改革开放以来，农村家庭原子化、核心化已成为普遍现象，商品交换意识与实践正使农村血缘、亲缘关系趋于淡化。现代化进程给民族贫困地区带来了巨大冲击，城乡二元结构的鸿沟及市场经济的开放性、自由性正吸引着大量中青年劳动力常年外出务工，在很大程度上脱离了原来的社会关系网络。但他们进入城市或沿海地区后，又因为文化水平较低、受社会歧视和缺乏现代生活基本技能，很难找到正当和稳定的职业，难以反哺家中成员，进而导致以前形成的各种人际互助关系网络趋于弱化，甚至中断。

人类学族群理论中最具代表性的“情景说”认为，在很多情况下，人们所进行的认同依据和标准并不以血缘、亲族、语言、信仰为条件，而是根据某一特定情境中以获取最大利益作为最终的认同依据[①]。具体至少数民族村寨旅游地，旅游开发中如果能实现旅游发展与社区发展的高度整合，社区居民能从旅游经济中得到收益上的好处；用于满足旅游者需求的各种服务设施同时服务于当地社区，文物古迹得到修复，自然环境得到保护等，就会出现贺雪峰等人所说的“正是高度市场化带来的大量经济资源，复活了传统文化和传统的人际关系，从而强化了社区记忆”[②]。如果说旅游开发为民族贫困地区社区居民构建社会网络奠定基础和提供可能的话，那么旅游开发背景下农民组织化为社会网络的构建搭建了平台。在解决传统社会关系网络弱化，构建新型社会关系网络方面，农民组织化的功能主要体现在纵横两个方面。

（一）构建横向关系网络，为社区发展摄取资源

首先，与民族旅游相关的社区组织将当地民众组织起来，有利于构建社区居民间的关系网络。在贵州许多少数民族聚集区，家族经数百年而延续下来，派生了独特的价值观念：内外有别，对内羞于言利，重视感情投资；对外寸利必争，不顾情面，甚至不择手段。这种价值观念作

① 彭兆荣：《旅游人类学》，民族出版社 2004 年版，第 257—258 页。

② 贺雪峰：《乡村的前途——新农村建设与中国道路》，山东人民出版社 2007 年版，第 147 页。

为非正式制度的制约作用非常明显[①]。一方面它妨碍了该民族的整体团结，另一方面，由于家族利益高于全民族利益，大大妨碍了其经济活动中眼界的开拓，家族成员往往将注意力都集中在自己家族范围内，认为要穷穷一堆，要富一起富；一旦某个家庭有盈余，往往纳入本家族中去做人情，导致本民族的资本积累长期扩大不起来。民族旅游发展语境下，与旅游相关的组织的兴起将打破村寨居民传统的以血缘、亲缘关系为特征的关系网络，扩大了社区民众人际交往的范围和空间，增加了新的交往方式和途径。

其次，民族村寨旅游地农民组织化有利于将海内外知名人士、非政府组织以及全社会有效联系起来，构建少数民族民众与外来利益主体之间的关系网络。上述九溪村的屯堡文化研究会注重将外部的中青年精英吸收至研究会，精英们有敏锐的判断力，注意根据国家发展的政策成功申报项目并组织实施[②]。由国内外关心彝族发展事业的人士共同发起，以受毒品和贫困影响的妇女儿童为主要工作对象，在乡村社区开展能力建设和权益保护为目标的民族 NGO——凉山彝族妇女儿童发展中心，自 2005 年 3 月成立以来，先后将北京、上海、成都三市以及美国的彝族名人吸纳进该组织，搭建起外地彝族名人与凉山本地彝族人之间的关系网络，并运用这种关系网络为凉山争取发展资金和项目。不仅如此，中心还先后与中美商会、国际美慈组织、全球基金、世界银行中国发展市场计划、耐克基金会、美国中华艾滋病基金会、国际行动援助、成都恩威药业等机构取得联系，并向这些机构争取凉山彝族地区发展的资源。自中心成立以来，至今已向社会募集了价值 220 万元人民币的救助物质和 35 万元人民币的善款，并利用这些资金组织彝族妇女开展生产自救活动；培训农村彝族女孩掌握工作技能，并帮助她们就业；开展彝族地区扶贫；救助因毒品、艾滋病致孤的儿童；利用彝族民间艺术形式宣传禁毒和艾滋病预防知识[③]。

（二）构建纵向关系网络，争取上级政府部门的资助与支持

---

① 王志凌、谢宝剑：《非正式制度变迁与西部民族地区经济发展研究——基于贵州的实证分析》，载《开发研究》2005 年第 6 期。

② 孙兆霞：《屯堡乡民社会》，社会科学文献出版社 2005 年版，第 247—249 页。

③ 资料来源于凉山彝族妇女儿童发展中心，网址：http：//www. lsyzdcwc. ngo. cn。

除了获得横向的关系网络外，农民组织化为社区赢得政府部门的资助与支持，构建纵向关系网络搭建了重要平台。九溪村，以往村内的大型民俗文化活动均是由老协会组织实施的，从2002年“迎春会”开始，由屯研会和老协会联合承办，随着屯研会组织申报和实施九溪屯堡文化开发项目，老协会的地位逐渐由屯研会取代，成为主导村落发展的公共组织，并逐渐得到地方政府的认同。2002年后两届“安顺市油菜花旅游节九溪分会场”是由屯研会组织开展实施的，并得到安顺市政府资金资助[①]。四川凉山彝族妇女儿童发展中心先后被四川省民政厅评为“四川省民办非企业单位自律与诚信建设先进单位”、凉山彝族自治州宣传部评选的“五个一工程奖”。2008年6—10月，凉山彝族自治州越西县县委、政府、共青团、民政局、武装部、妇联等有关人员看望了中心“爱心班”的孤儿，并为孩子们捐款捐物[②]。

二　培育社区信任

社会信任是社会资本的核心内容，是社会协作与社会整合的基础。社会信任分为特殊信任与普遍信任，分别对应德国社会学家藤尼斯提出的礼俗社会与法理社会。礼俗社会是指传统社会，占统治地位的是个人的或具有感情色彩的初级关系，由此人们建立的是亲缘关系，即特殊信任。法理社会是指现代工业社会，其特征是经济的、政治的、职业的等社会组织取代了家庭的核心地位，由此人们建立的信任关系是社缘信任，即普遍信任[③]。费孝通认为中国人之间的关系是以血缘关系的亲疏远近为尺度并逐步向外围辐射的一种差序格局[④]。在贵州，苗族农村居民对与自身有血缘关系的人有较高的信任度，而对与自身关系并不密切的人信任度较低，血缘成为是否信任的第一条件[⑤]。这种建立在血缘关系基础之上信任形成的传统型社会资本虽然有利于家庭、家族的团结和

---

① 孙兆霞：《屯堡乡民社会》，社会科学文献出版社2005年版，第249页。

② 李光勇：《本土非政府组织与少数民族地区社会资本的构建——以凉山彝族妇女儿童发展中心为例》，载《内蒙古社会科学》（汉文版）2010年第2期。

③ 张敦福：《现代社会学教程》，高等教育出版社2001年版，第75页。

④ 费孝通：《乡土中国　生育制度》，北京大学出版社1998年版，第9—13页。

⑤ 谢治菊：《社会资本视角下西部少数民族农村社区治理模式创新》，载《农村经济》2008年第9期。

一致行动，但它减少了苗族人民与社会交往的机会，阻碍了个人与社区社会资本总量的扩大，不利于贵州苗族地区的社会和谐与发展以及解决民众生活困境。与此相比，贵州郎德苗寨建立在村寨基础上形成的旅游接待小组在促进社区参与，培育普遍信任方面发挥了典型示范作用。其培育社会信任价值和意义主要体现在以下三个方面：

其一，培育了村民之间的信任与认同。郎德苗寨的旅游接待小组不仅是村民合作的平台，也是利益博弈、诉求表达、思想交流碰撞，达成共识的平台。在组织村民参与旅游接待、讨论与旅游相关的村规民约中，村民的主体意识、主体地位和组织认同也在实践中得到强化和落实，进而生成具有现代意义的社会资本——组织认同逐渐发展为网络关系，由网络与认同进而发展出“社会信任”，乃至成为组织成员的合作机制。像郎德这样的乡土社会，村寨作为乡土社区单位保持着相对独立的社会圈子，交通不便、信息闭塞使村民的流动极为有限，村寨生活几乎就是村民生活的全部。当社区借助集体接待活动对村民个体的身份、行为和意识表示认同时，村民个体便能从内心深处获得自我认同和群体归属感。

其二，培育了村寨与外界之间的信任。民族旅游发展过程中，郎德苗寨旅游接待小组与当地政府、外来旅行社长期保持着密切的合作与联系，每一次的政治接待与团队接待，旅游接待小组都能有效组织在家的村民积极参与，为客人提供了满意的旅游体验，成为贵州东线著名的民族村寨旅游景点。旅游接待小组与外来利益主体的成功合作有利于培育相互之间的信任，而信任这一重要的社会资本有利于村寨在未来发展中获得更多回头客以及外界力量支持。2008 年奥运圣火在此传递就是国内政府对社区集体行动与组织能力的最好肯定。

其三，培育了整个雷山县苗族居民的普遍信任。由于旅游接待小组在组织村民参与旅游接待、利益分配以及兼顾社区利益，尤其是村中弱势群体利益方面做出了表率，其旅游运行模式不仅成为民族旅游研究的典范，同时成为周边苗寨村寨争相学习的榜样。离郎德苗寨不远的南花村，集体接待的歌舞表演同样沿用了郎德苗寨的“工分制”分配模式。当雷山西江苗寨因政府的强势介入旅游业迅速飙升并对郎德市场空间形成强势挤压时，郎德人并没有因此对西江苗族同胞产生嫉妒与憎恨，而是依旧默默地坚守着传统的开发模式。当西江苗寨因政府强势介入收取门票导致村民利益不断流失从而引发激烈的社会冲突并在村民呼吁下转而求救于“郎德模式”时，更坚定了郎德人的自信，同时培育了雷山县苗族同胞的信任，使当地民众看到了郎德苗寨旅游接待小组为村寨整体公共利益所作的努力，增强了苗族同胞之间的友好和互信以及对整个苗族地区发展的信心。当项目组成员前往雷山县其他苗族村寨，如乌东苗寨、雷山县大塘乡新桥苗寨等地调研时，当地村民纷纷表示：“搞旅游就应该像郎德一样搞工分制，这样老百姓才能得实惠。”可见，郎德苗寨旅游接待小组组织实施的旅游运行模式已得到苗族同胞的普遍信任。

三　重建社区规范

詹姆斯·科尔曼认为，某个社区内的有效规范能够引导或制约人们的行动，从而成为对个人行动有影响的社会资本 。当现存规范与经济社会发展不适宜时会阻碍社区发展，这时社区规范就是必需的了。

作为一种典型的文化经济类型，少数民族村寨旅游开发应该体现“文化经济”的内涵和外延，遵循“文化经济、以人为本”的发展观，追求人与自然、社会、经济、文化的和谐统一，促进社会形态的发展和实现人的全面发展①。然而，由于村寨旅游资源公共产权特征明显；加之村民经历了百年革命运动的洗礼和市场经济的冲击，村庄道德舆论约束能力和村庄社会性收益越来越不重要，村民行动越来越精于计算经济利益，越来越少依赖于舆论的评价②。因此，旅游发展中一旦有人搭集体的便车，就会有一群人随之跟上，导致社区内生秩序难以维系，引发“公地悲剧”，影响旅游业的可持续发展。为保证社区（组织）行动的理性和农民增收的持续性，防止“公地悲剧”的出现和搭便车行为的发生，如何将社区居民有效组织、动员起来，并通过制度建构使社区共有的人文及自然资源成为能为每个村民都带来利益的资本，使人人都在

---

① 罗永常：《文化经济背景下的民族村寨旅游开发》，载《思想战线》2006 年第 3 期。

② 贺雪峰：《乡村的前途——新农村建设与中国道路》，山东人民出版社 2007 年版，第 154 页。

旅游开发中获利就成为少数民族村寨社区参与旅游发展中必须解决的问题。实际上，本项目研究的样本地无论是云南香格里拉雨崩村社区主导旅游发展的“轮流制”模式还是贵州天龙屯堡的“工分制”运行模式，均离不开村寨社区基础上形成的公共组织管理制度、利益分配制度、市场交易制度等作为保证。

郎德苗寨旅游发展以来，旅游接待小组不仅是组织村民参与旅游接待的平台，也是村民表达诉求与偏好的重要阵地。依据村规民约，与旅游发展相关的重大事件的决策、管理制度的制定与修改等必须由旅游接待小组组织村民参与实施，充分听取村民意见，由村民代表大会投票表决。这不仅提高了农民对旅游发展的参与程度，培养了农民的参与意识，这种基于利益基础上的权利意识以及公共领域的交流和讨论习惯，正是公共生活中可能生产的公民性。西摩·马丁·李普塞特在《政治人：政治的社会基础》一书中指出，分歧，在其合法的场合，有助于社会和组织的统一①。这个合法的场合，即在对现有体制保持基本认同的条件下，民众通过各种方式合法地表达自己的利益。这种在制度构建下发自民众的有效表达方式比那种专断的、看起来统一的组织的“包办”，拥有更多的来自其成员的忠诚和体制的活力②。具体至郎德苗寨，当村寨面对外来利益主体的强势介入时，他们依靠制度构建过程中聚集的忠诚与内在活力为社区利益和偏好而斗争，对不利于社区生活空间的力量施加影响，实现政治增权。2008年无疑是郎德苗寨最为辉煌的一年，在地方政府的不懈努力下，郎德苗寨被选为北京奥运圣火传递站，其意义和价值不言而喻。然而，奥运火炬传递至郎德前期，当地政府与村民就火炬传递纪念碑位置的设立产生了意见分歧。村民认为当地政府所选位置影响村寨风水，亵渎了村寨的护佑女神，如果动土将会给整个村寨带来厄运，遂与当地政府形成对立格局，导致纪念碑无法落地。在社区精英陈正涛等人的引领和村民的共同坚持下，地方政府最终吸纳了村民意见，将纪念碑设立的位置进行了更改。

---

① ［美］西摩·马丁·李普塞特：《政治人：政治的社会基础》，张绍宗译，上海人民出版社1997年版，第1页。

② 于建嵘：《抗争性政治：中国政治社会学基本问题》，人民出版社2010年版，第2页。

四 结束语

有学者指出：社会资本对提高社会的经济绩效、推动和维护民主化进程、消除贫困、保证社会的可持续发展等起着不可或缺的作用[①]。通过对典型少数民族村寨旅游地的研究发现，旅游发展背景下农民组织化有助于提高少数民族地区的社会资本存量，促进当地经济社会发展，增强民族地区自我发展的能力。这对维护我国民族团结与民族和谐具有重要意义。因此，任何针对少数民族地区的发展计划，必须注重提升当地社会资本的存量，尊重和发挥当地民众的主体性，相信他们的自我教育和自我管理能力，鼓励少数民族社区群众积极参与，有效组织并充分利用该民族的本土资源。但遗憾的是，目前少数民族村寨旅游地农民组织数量极少，发展不平衡，自我发展能力极为有限。因此，少数民族村寨旅游发展中，政府应积极为少数民族村寨旅游地农民组织的发展创造良好的制度环境，支持少数民族民众组建更多的农民组织。通过少数民族民众组织化来加强其文化建设，增强他们进行自我教育、自我管理和自我发展的能力。这对整个少数民族地区经济、文化以及社会发展将起到巨大的推动作用。

① 张文宏：《社会资本理论争辩与经验研究》，载《社会学研究》2004 年第 4 期。

第十章　少数民族村寨社区参与旅游发展的规划行动方案设计

少数民族村寨的旅游开发活动是以社区为依托而展开的。然而，社区绝非是唯一的旅游参与主体，旅游企业、政府、第三方力量的介入有其必要性与必然性。这意味着，社区旅游活动中，除了社区以外还存在着各种利益主体及其不同的组合结构。由于各参与主体利益诉求不尽相同，如果相互之间不能达成一定的共识，那么，优先问题的筛选、解决方案的确定、行动方案的实施等很容易成为"纸上谈兵"，缺乏可操作性①。以往国内旅游规划以景观、景点的编制为重点、核心，缺少对居民应有的关注。无论是《旅游规划通则》还是《风景名胜区规划规范》，对如何在规划中体现社区参与，以及社区居民的旅游参与方式、途径等并没有进一步的规定。为协调社区与当地政府、外来企业、第三方力量之间的关系，实现各方利益诉求，本部分以满足社区自身发展和旅游规划时间的双重需要为出发点，从社区参与角度编制一个相对实用的不同主体能够参与的少数民族村寨旅游可持续发展行动方案。

第一节　社区参与旅游行动方案的基本框架构建

少数民族村寨社区参与旅游可持续发展规划行动方案基本框架的制定，是在民族村寨旅游业可持续发展的目标指导和实施能力的支持下，针对该目标实现过程中可能要面临的问题而制定的具体行动方案和实施

---

① 刘毅、刘卫东、潘晓东等：《中国地方可持续发展规划指南》，社会科学文献出版社2006年版，第5页。

程序体系。一般来说，针对旅游发展过程中出现的每一个问题都需要设计一个行动方案，最终构成一套可持续发展的行动方案体系[①]。每一个行动方案都要包括以下内容：

（1）行动目标；

（2）行动的实施主体；

（3）具体的行动计划。

本书以图 10.1 为例来对该框架进行说明。

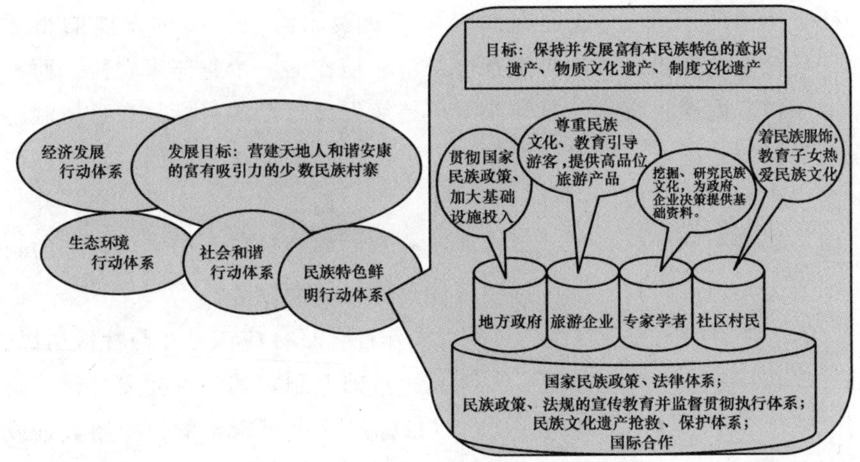

图 10.1　少数民族村寨社区参与旅游可持续发展行动方案框架

少数民族村寨社区参与旅游可持续发展行动方案框架，在与社区居民、社区精英、当地政府领导人等充分沟通的情况下，把少数民族村寨旅游发展的总体目标定为一个天地人和谐安康的富有吸引力的少数民族村寨，为此在农业生产生活方式、村民自治机构建设、民族的物质与非物质文化遗产保护与传承、旅游业发展、生态环境建设与保护等方面需要一系列行动方案支持。为实现这些目标，光靠村民自己是无法实现的，需要政府、旅游企业、专家学者、非政府组织等多方主体的参与、

① 张文忠、齐晓明、李业锦等：《参与式的地方可持续发展规划行动方案设计》，载《地理科学进展》2005 年第 4 期。

帮助和引导，并需要在政府政策法规、产业政策引导、基层政府组织、旅游企业行为规范、村民教育培训、环境管理体系等方面设计具体的行动方案和工作程序。上述目标是以社区为载体而设计的，因此，社区村民的积极拥护和充分参与是所有目标实现的重要保证。

一　行动目标的制定

旅游业是一个高度复合型的产业，旅游业产生的效应隐含于国民经济的众多产业之中；同时旅游业也是一个资源产业，一个依靠自然禀赋和社会遗赠的产业[①]。故而在制定民族村寨旅游业可持续发展的目标时，要把整个背景区域的自然社会经济环境作为一个整体来看待，而不单单就村寨内谈村寨事。具体旅游可持续发展行动的目标是在总体旅游规划目标的基础上，针对村寨旅游发展所面临的问题确立的。需要强调的是，旅游可持续发展行动目标不止一个，而是多个目标的组合；并且对同一问题，不同的行动主体也要明确其实施的目标，但每一目标的制定都要为实现该村寨旅游可持续发展总体目标而服务。

为了使目标不流于空泛，具有可操作性，目标应该是在与社区居民、地方政府等参与主体充分沟通和协调的基础上制定的。目标要具体，要明确做什么，达到什么效果。而且，目标最好是可衡量的，能用数据或事实来表示的，如果太抽象，就无法对目标进行监控。另外，目标应该有时间性，有具体的行动计划，这样才可以确定在计划期内实现。

二　行动主体的确定

实施主体是行动方案基本框架的重要组成部分。方案设计要具体、明确每一行动由谁来执行，并明确其职责范围。通常，村寨旅游业可持续发展的行动主体包括政府部门、旅游企业、专家学者、非政府组织和村民自治组织、村民等。在实施过程中，针对不同的行动目标而设计具体行动计划，并明确具体的行动主体。可能针对不同目标需要众多行动主体的共同参与，且各行动主体的参与程度也可能有差异。并且同一个

---

① Murphy P E Tourism, *A Community Approach* [M] . New York and London: Methuen, 1985.

行动方案实施过程的不同阶段，各主体的参与程度也不相同。

为了让各行动主体清晰地知道各自在每个分目标中的任务和职责，要按照具体的行动目标，设计和评估各自可能的参与程度、参与时间和参与方式等。

三 具体行动计划的确定

具体行动计划的制订是整个行动方案框架的核心。在制订具体的行动计划时，要根据不同的行动目标确定不同行动主体来实施本村寨旅游业可持续发展中所需采取的具体措施。如针对民族文化特色发展与保护行动计划的确定，首先应以多学科的学术视角调查研究民族村寨的文化资源特质，对不利于民族文化特色发展与保护的问题进行分析，并探讨解决的方法，然后分析不同的相关行动主体在该目标中可能起的作用；其次通过与社区村民、旅游企业等相关主体进行深度访谈，召开讨论和咨询会，使大家形成共识，认识到各自在民族文化特色发展、保护行动中的责任和义务；再次根据行动目标要求，并充分考虑各行动主体现阶段的执行能力，进一步筛选比较理想的大家都能接受的行动方案，以确保行动计划的实施；最后还要有必要的监督执行的保障措施体系。

第二节 社区参与主体的行动方案设计

少数民族村寨社区参与旅游可持续发展目标的实现需要社区内的各村民自治组织、学校、家庭以及个体村民等主体的积极有效参与。但是，由于众所周知的原因，村民的自组织能力，以及他们原有的知识经验都不足以使他们很好地应对旅游业发展的冲击。这就需要外部系统各种影响力的积极介入，如地方政府部门、旅游企业、专家学者等行动主体的积极行动。因此，针对各行动主体而设计其行动方案对明确各主体的行动职责和义务，以及有效监督和协调各主体之间的关系具有重要的作用。

一 政府的行动方案

作为较贫困地区的各级政府是制定和实施民族村寨社区参与旅游可持续发展行动方案的主导力量。因此，在行动方案设计中，要积极发挥政府的作用，研究、拟定民族村寨旅游管理的规范性文件并监督实施；举办各种宣传活动，传播可持续发展的理念和知识，让村寨旅游可持续发展观念深入人心，提高各旅游参与主体的可持续发展意识；积极筹措资金加强村寨基础设施的建设；加大教育投资力度，积极组织专家编写双语教材，使青少年学习本民族的语言文字；帮助村民建立自治组织，自我管理、自我服务，促进社区可持续发展目标的实现。项目组通过参考已有相关文献，结合贵州西江苗寨政府主导旅游开发实践，设计了一个政府的行动方案（见表 10.1）。

表 10.1　**政府行动方案设计**

基本理念：打造贵州少数民族村寨旅游品牌，营建一个天地人和谐安康、可持续发展的新农村
目标一：依托少数民族村寨旅游资源，发展村寨经济
行动 1：招引负责任的、对民族村寨有感情的旅游企业参与旅游资源开发
行动 2：加强教育培训，提高村民文化知识技能
行动 3：加大民族村寨地区基础设施投入
行动 4：利用各种途经加强西江苗寨"苗都"品牌宣传打造
目标二：保护少数民族村寨物质与非物质文化遗产
行动 1：支持专家学者挖掘民族村寨的历史文化资料
行动 2：宣传少数民族村寨富有魅力的民俗文化资源
行动 3：帮助青少年学习本民族的文化，提高其民族文化认同感
行动 4：对传统文化的价值进行认定，提高社区村民的文化自豪感
目标三：创建社区村民参与平台
行动 1：建立社区村民与旅游经营单位之间沟通的渠道
行动 2：制定村民参与旅游发展决策、规划的相关保障制度

二　"第三方力量"的行动方案

第三方力量主要指独立于政府之外又区别于市场部门的非政府组织（NGO）、非营利组织（NPO）、志愿者团体、学者阶层、新闻媒体等组织和群体[①]。它们具有组织性、民间性、公益性、自治性、志愿性、非

① 孙九霞、保继刚：《中国社区参与旅游发展的模式构建——以云南、广西的案例分析为基础》，载《中国旅游研究》（香港）2006 年第 1—2 期。

营利性、合法性、非政党性等特征以及社会服务、沟通协调、监督管理等基本功能[①]。面对“政府失灵”和“市场失灵”的情况，第三方力量是有效的补充。第三方力量在促进民族村寨旅游的可持续发展方面起着独特的作用。其作用的发挥可以参照表 10.2 的设计，根据实际需要，进一步地细化或调整。

表 10.2　**“第三方力量”行动方案设计**

基本理念：促进民族村寨社区旅游可持续发展
目标一：使可持续发展理念深入人心
行动 1：以村民喜闻乐见的形式，宣传可持续发展理念
行动 2：给基层政府工作人员定期举办培训、讲座
行动 3：对旅游企业的旅游开发行为进行监督
目标二：增强村民的自主发展能力
行动 1：开展多种形式的乡村人力资源培训，提高从业人员素质，特别是针对乡村“留守”人员，如妇女和老人等弱势群体的培训
行动 2：召集志愿者轮流到乡村学校支教
行动 3：促进离土不离乡的就地就业
目标三：寻求国际国内的相关组织、机构合作，争取资金和技术上多方面、多层次的援助与协作
行动 1：推进民族文化遗产保护的调查研究
行动 2：加强宣传，促进民族文化遗产的保护
行动 3：举办各类国际国内促进乡村旅游发展的学术活动

三　旅游企业的行动方案

在民族村寨旅游可持续发展行动中，旅游企业发挥着重要的作用。少数民族村寨以其优美的自然生态环境和富有特色的民族文化吸引着八方来客。但要想在旅游市场上有不俗的收益，必须把该旅游资源打造成富有竞争力的旅游产品。而这一重要的工作需要旅游企业的积极参与。旅游企业的运作过程将直接影响着该区域的就业、村民收入、旅游资源

① 邵诏亚：《公众参与城市规划的理性选择》，载《规划师》2006 年第 6 期。

环境保护等问题。因此，旅游企业的经营理念、运作方式等，对民族村寨旅游可持续发展具有直接的影响作用。旅游企业的可持续发展行动方案设计也就至关重要，参考我国著名世界文化遗产旅游地宏村旅游开发实践研究文献①，在实地考察贵州天龙屯堡企业主导旅游开发模式的基础上，设计旅游企业的行动方案（见表10.3）。

表10.3　**企业行动方案设计**

基本理念：旅游者满意+社区居民受益+政府的支持=企业的可持续发展
目标一：旅游者满意
行动1：根据旅游资源特征确定目标客户群
行动2：包装打造该旅游产品，凸显民族独特的天人合一的自然人文资源价值
行动3：制定保护和建设优美自然环境的规章制度
行动4：引导社区居民热情待客，培训员工周到服务
行动5：做好旅游产品宣传营销
目标二：社区居民受益
行动1：旅游资源开发规划过程中，充分征求社区村民意见与建议
行动2：聘请专家学者对社区居民进行可持续发展观的教育培训
行动3：尽量吸纳村民为企业员工，并加强培训工作
行动4：尊重村民协会的利益诉求，建立沟通机制
行动5：使企业员工认识到，社区居民的支持是企业发展的基石
目标三：政府的支持
行动1：资助专家学者挖掘本区民族村寨文化的历史、生态、学术等价值
行动2：让政府部门意识到企业在保护历史文化遗产、自然生态环境、扶贫等方面做出的贡献
行动3：争取政府在基础设施建设方面的投入、宣传方面的支持，以及税收等方面的减免

四　村民的行动方案

强调社区参与旅游发展的理念，是实现旅游业可持续发展战略的必

① Tianyu Yinga, "Yongguang Zhou. Community, governments and external capitals in China's rural cultural tourism: A comparative study of two adjacent villages" [J]. *Tourism Management*, 2007 (28) 96－107；邹统钎等：《乡村旅游——理论·案例》，南开大学出版社2007年版，第163—195页。

然要求。虽然作为弱势群体的村民往往没有“话语权”，但他们通常以一种“沉默”的行动来实现自己的表决权①。这种表决往往导致了某些消极的后果，并不利于他们自己的利益。要实现民族村寨社区参与旅游的可持续发展，社区村民的行动方案设计就至关重要。

民族村寨原来自给自足的小农经济使得各家各户之间缺乏利益上的关联，村寨的内部组织是松散的。随着旅游产业的发展，民族村寨社区内部出现了分化，出现了商品经济的许多特征，各家各户之间经济关系趋向复杂化。为了适应旅游产业带来的冲击，社区内部组织结构也必须作相应的调整。如果单纯依赖社区的自组织能力，很难保证社区能够健康地，可持续地发展。但是，外界力量介入的目的是使社区成长得具有自组织能力。这就需要社区居民积极行动起来，从自己做起，从点点滴滴的日常小事做起，发展自己的能力，为本民族、本社区的可持续发展尽自己的贡献。

行动方案设计过程中要充分与村民沟通，使设计的方案得到村民的支持和认可。并且方案要易于理解，便于操作，从日常的生产、生活出发，使行动目标和行动事项具体化（见表10.4）。

表10.4　**村寨社区行动方案设计**

基本理念：不卑不亢，吸收先进文化理念的精华，建设民族美丽富饶的家园
目标一：传承本民族历史文化传统
行动1：抓住契机，教育儿孙辈学习先进文化理念的同时，不忘先辈留下的宝贵遗产
行动2：学习本民族传承下来的各种技艺
行动3：定期举行各类才艺比赛，丰富村寨文体活动，增强村寨凝聚力
目标二：团结一致，共同富裕
行动1：建立村民协会，制定有利于旅游可持续发展的乡规民约
行动2：选出学识广博、道德高尚的村民代表为村寨发展谋福利

① 李正欢、郑向敏：《国外旅游研究领域利益相关者的研究综述》，载《旅游学刊》2006年第10期。

续表

基本理念：不卑不亢，吸收先进文化理念的精华，建设民族美丽富饶的家园
行动3：积极参加各类培训活动，与政府、企业、专家合作，搞好旅游可持续发展
目标三：保护、创建优美的生态环境
行动1：选择对环境有益的产品和服务行动
行动2：注意在日常生活中节约资源和能源
行动3：减少生活垃圾，进行资源再利用

第三节　少数民族村寨社区参与旅游发展规划行动方案保障机制

虽然我们编制了一个不同主体都能够参与的民族村寨旅游可持续发展行动方案，但要使各主体都能真正行动起来是一项艰巨而复杂的系统工程。需要站在更高的层面上，为民族村寨旅游可持续方案的顺利实施提供更好的平台和保障机制①。

一　政策法规保障机制

好的政策法规可以引导和激励各主体为可持续发展的目标而积极行动，并且约束其不可持续的行为。特别在保障作为弱势群体的村寨社区的利益方面起着不可替代的作用。作为旅游村寨社区的主人，由于其自身的能力所限，单靠本身的力量，很难保证自己的利益。这就需要政府通过政策法规的形式来保障其利益，激发起其可持续发展行动的积极性。另外，地方基层政府的积极作为，也需要上级政府政策法规的激励和约束。这样，社区旅游可持续发展行动方案的实施才有保障。

二　财政保障机制

民族村寨旅游的发展，肩负着公共基础设施供给，保护民族文化遗

① Cavat Tosun, "Limits to community Participation in the Tourism Development progress in Developing Countris" [J]. *Tourism Management*, 2000, 21 (6).

产，旅游扶贫，解决三农问题，贯彻国家民族政策等功能。如果单靠“市场之手”发展村寨旅游是无法实现其可持续发展目标的。无论是基础设施建设、旅游规划，还是民族文化遗产研究、保护、宣传或村民教育培训等都需要大量的资金支持。这就需要国家和地方更多的财政支持，才可以使社区参与模式的行动方案运转起来。

三　人才保障机制

任何行动方案都是需要人去实施的，政府部门作为乡村旅游可持续发展的主导力量，其作用是非常巨大的。政府的行动能力主要取决于其所拥有的人才。政府部门吸引、选拔和培养人才的一系列规章制度对乡村旅游业的可持续发展具有重要作用。同时，基层的管理者，包括村委会主任、旅游企业经营者等，他们与旅游活动的开展具有直接的联系，需要提高他们的认识水平，进行教育和培训[①]。对于社区村民，更需要对他们进行各个方面知识和技能的培训和指导。培养一批社区旅游精英，起带头示范作用，以加强社区自组织能力的培养。

四　交流平台保障机制

可持续发展行动方案的实施是一个系统工程，各行动主体的行动都会影响到总目标的实现。为了总目标的实现，非常有必要在各主体间建立一个信息交流的平台，协调各行动主体行动方向和力度。另外还应建立一个民族村寨旅游可持续发展行动在线服务网站，一个为企业、村民等提供技术支持的可持续发展行动中心，以及可持续发展行动监督和管理机制等。

---

① 王蕊、庄士成：《循环经济发展的关键：公众参与和政府功能》，载《经济问题探索》2007年第7期。

第十一章　结论与展望

本项目在系统梳理社区参与旅游发展研究相关理论，对社区参与旅游发展的基本内涵进行系统的诠释和分析，构建社区参与旅游发展规划行动方案的基础上，以贵州西江苗寨、郎德苗寨、天龙屯堡，云南雨崩藏族社区 4 个典型民族村寨旅游地为样本，分别对少数民族村寨社区参与旅游发展的多维价值、民族贫困地区旅游资源富集区社区主导旅游发展模式的路径、民族村寨不同核心力量导向差异下社区参与模式、少数民族村寨旅游发展中的利益冲突与协调问题、少数民族村寨妇女参与旅游发展的主体性问题、少数民族村寨社区参与旅游发展中的同质化经营问题以及少数民族村寨社区参与旅游发展中的组织化问题等展开研究。

第一节　主要研究结论

一　少数民族村寨社区参与旅游发展的基本内涵

少数民族村寨旅游发展中，社区参与包含着广泛的内涵，包括决策及选择过程中的介入、承诺和贡献、对资源的利用和控制、能力建设、自组织能力、利益分享、传统知识与创新，等等。社区参与方面的努力若不能在这些方面得以具体实现，就称不上真正的参与。具体内容为：

（1）对资源的利用与控制。这不仅是社区居民获得决策与选择权、参与利益分享的前提和基础，同时也是鼓励社区居民参与旅游开发建设活动、兑现承诺与做出应有贡献的重要动力条件。

（2）决策与选择过程中的介入。少数民族村寨旅游开发是一个不断决策和不断选择的过程，社区居民应充分介入到旅游发展决策和过程中来。

(3) 利益分享。当地人是旅游产品开发的文化主体，同时也就必然成为文化资源资本化的利益主体。

(4) 承诺与贡献。社区居民应尽可能地对少数民族村寨旅游开发做出自己的贡献和努力，对少数民族村寨旅游开发有责任感，并对社区旅游的成功开发做出一定的承诺。

(5) 能力建设。社区居民应具备一定的知识和能力来实施相关活动，促进社区有效参与。

(6) 自组织能力。农民组织化是促进社区参与旅游发展的有效路径。

(7) 乡土知识的应用与创新。民族旅游发展的背景下，参与式发展就是要使当地群众在他们所熟悉的环境中能够充分地把他们自己创造的知识与技能运用到旅游活动中去。

二 少数民族村寨社区参与旅游发展的多维价值

从增权视角出发，构建旅游增权测量指标，以贵州郎德苗寨、西江苗寨为典型样本地对少数民族村寨社区居民参与旅游发展的多维价值展开实证研究，结论如下：

(1) 民族贫困地区以社区为核心力量导向的旅游开发，社区居民对旅游增权的感知较强，对旅游去权的感知相对较弱；社区参与旅游发展中，因受资本、区位、传统文化等因素的影响，社区居民对旅游心理增权的感知最为强烈，旅游社会增权、旅游政治增权次之，对旅游经济增权的感知相对较弱，这表明民族贫困地区自我发展能力有限，仅仅依靠社区力量难以实现全面增权；社区居民因存在性别、年龄、文化程度、家庭收入等方面的差异，导致对旅游增权感知不一致。

(2) 西江苗寨的案例表明：社区增权的空间分异揭示了民族村寨旅游地社区参与旅游机会的不均等，空间分异是社区参与机会差异的表征。因空间地理位置、旅游流、政府政策、旅游影响等客观因素差异造成不同区域社区居民参与旅游经营与接待、获取经济收益机会以及旅游影响存在空间上的差别，众多因素共同叠加导致同一旅游地不同区域社区经济增权的空间分异。同样，参与旅游决策及参与社区组织机会差异导致不同区域社区居民对旅游政治增权及旅游社会增权的感知差异。社区增权空间差异这一结果为客观审视旅游开发及社区参与的空间效应提供了一种新的思路和范例，其所呈现的社区增权空间分异实际对同类型的民族村寨旅游地的可持续发展具有一定的参考价值和借鉴意义。

三 民族贫困地区旅游资源富集区社区主导旅游发展模式的路径

民族贫困地区旅游资源富集区外来利益主体的介入有其必要性与必然性，企业型股份合作制成为承接外来利益主体介入后社区主导旅游发展的较好模式。

我国旅游资源优势明显，市场潜力巨大的少数民族贫困地区，社区主导旅游发展有利于维护社区利益，培养社区居民的民主参与意识，使社区旅游发展拥有强大的群众基础，并为旅游者提供良好的人文环境，社区内部也可通过一定的非正式制度安排来保护社区居民公平地参与旅游经营，规避因参与行为失序而造成的社会失范。然而，缺少外来利益主体的介入，仅仅依靠社区难以拓展市场规模，提高旅游目的地综合经济效益，社区内部由于村民追求个人利益最大化所引发的“公地悲剧”、贫富差距无限扩大的问题与矛盾将日趋突出。因而有必要引入外来利益主体并进行相应的制度安排设计以解决民族贫困地区社区主导旅游发展中存在的诸多问题。以梅里雪山雨崩社区为代表的少数民族贫困地区旅游资源富集区，旅游市场发展潜力巨大，外来利益主体介入有其必要性与必然性。这样，过去仅由社区居民主导的旅游发展将会被多个利益主体的共同参与所取代。从维护社区利益，推动旅游持续、健康发展的目标出发，企业型股份合作制成为承接外来利益主体介入后社区主导旅游发展的较好模式。该模式有利于保证社区居民的主人翁地位；有利于扩大市场规模，培养回头客；有利于实现产业链本地化，增加农民就业机会，提高农民收入；有利于保护当地环境，传承当地民族文化；有利于培育市场主体；有利于扩大社区受益面，共同走向富裕。当然，由于中国特殊的国情和西部民族贫困地区农民的有限认知水平与参与能力，目前社区参与旅游发展的企业型股份合作制模式在理论上尚在探索之中，在实践上处于方兴未艾的初级阶段，还有很多问题需要深入研究、探索。

四　不同核心力量导向下社区参与旅游发展的模式

少数民族村寨旅游资源、土地、资金、人力资源等是旅游开发的基本要素。然而，在不同的民族村寨旅游地，各利益主体在开发中的角色、能力、权力结构等方面存在差异，在旅游资源配置中扮演着不同的角色，实践中形成社区主导型旅游发展模式，公司主导、社区参与型旅游发展模式，政府主导、社区参与型旅游发展模式。在不同的社区参与模式下，民族村寨旅游地的市场拓展能力、社区居民获益方式与状况、传统文化保护与传承等存在差异。

在公司主导、社区参与模式下，旅游公司作为旅游资源开发与经营管理主体，凭借其资本优势，社区旅游环境得以优化，产品内容从无到有，这为旅游的成功启动奠定了基础。对公司而言，市场开拓能力直接决定了其生存状况，回收成本与创造利润的动机使其市场性更为明确。因此，追求利润的动力与市场竞争的压力往往容易使公司主导下的社区旅游市场步入快车道。在政府主导、社区参与模式下，地方政府可利用行政优势，通过人力、物力、财力集中突击，在较短时间里，使得社区旅游资源价值成功提升，游客人次实现“井喷式”增长，市场结构得以优化重构。与之相比，社区主导式的旅游开发模式由于受资本、能力、人员素质所限，难以在产品开发和市场规模上取得重大突破，旅游人次增长缓慢。但有限的开发能力往往使得村寨自然环境与原生态的民族文化得以有效保存，进而受到专家学者、高校师生以及散客的青睐。

民族贫困地区社区主导型的旅游发展模式由于受资本、人员素质等要素所限，村民获益方式单一，获益途径较少。然而，在该模式下因为权力主要掌握在社区居民手中，有利于形成闭合式的旅游经济增长方式，防止旅游发展收益流向社区外部，使旅游业的发展拥有强大的群众基础。与之相比，在以外来利益主体为核心力量导向，社区参与的旅游发展、运行模式下，村寨旅游产品内容得以丰富，旅游经济体量迅速扩大，为社区居民获益提供了较多机会和可能。然而，外来利益主体介入必然产生对社区旅游利益的瓜分。与外来利益主体相比，适合于当地居民自主经营的项目多为风险小、利润低且竞争激烈的诸如旅游商品制作与生产、餐饮以及围绕商品销售和餐饮经营的相关生产活动。而外来利益主体却能依托公共资源，携带雄厚的外来资本通过对旅游资源开发权、使用权的控制和大型项目投资建设，获取高额的利润回报。因此，外来利益主体的介入虽为社区居民获益提供了较多机会和可能，但不可避免地导致了旅游开发收益外流。

从本质上看，不同核心力量导向差异下的民族村寨旅游地的文化保护与传承都是旅游发展背景下传统文化持有者对现代性语境下的族群身份、文化归属、自我认同等所进行的努力和追求，但文化复兴与重构因动力差异而形态各异。外来利益主体介入后形成的自上而下的引导性文化构建，受"利润第一"和"文化经济"诱导，对待传统文化具有随意性，急功近利，不尊重社区居民的意愿，传统文化应有的功能不断萎缩。这种极端实用主义使文化成为经济的奴隶，丧失了文化的尊严，实际上是对文化载体的不尊重。社区作为核心力量导向差异下的旅游发展模式则是在族群内部依靠村寨成员的集体记忆和文化热情而实行的一场自下而上的自发性文化再造运动。这种方式因社区居民普遍受益而为文化保护与传承提供了一种内在激励和群众基础；但因社区能力不足和资本缺失，对传统文化的保护与传承显得力不从心。

尤其值得注意的是，少数民族村寨社区参与旅游发展不同模式之间的区别只是区分了政府、企业和社区居民之间的地位、权利和义务等方面的差异。不同旅游开发模式的关键与核心，是如何合理界定政府、公司与社区的权力边界，以及政府提供怎样的制度安排与公共产品。在中国西部少数民族贫困地区，社区居民的自我发展能力有限，落后的基础设施条件决定了地方政府参与旅游开发是极其必要的。但是，随着旅游业的不断发展，政府角色也应随即变化，逐渐让渡或淡出旅游经营权，从对社区旅游微观事物管理转向宏观的公共产品与服务，实现有限主导，这既是社会民主化与经济市场化的要求，也是利益相关者良性互动的保证。

从横向上看，少数民族村寨是具有一定自然、社会、经济和文化特征的独立社会单元，具有区域上的局限性，不同于实验室和试验站，不同的少数民族村寨一般都具有异质性的特征，即使是同一民族不同支系构建的村寨也是千差万别的。在这种情况下，少数民族村寨社区参与旅游发展模式的确定理所当然应该根据千差万别的村寨特征来选择相适应的方案。如资源富集、容量大、区位条件好的村寨往往受到外来资本的青睐，容易形成公司主导、社区参与型的旅游开发模式；而资源优势明显，但区位条件封闭、规模与容量较小的村寨，社区居民参与，政府主导旅游开发的可能性较大。纵向来看，少数民族贫困地区旅游开发以来我国各地出现的不同旅游开发模式在一定程度上源自各地内在制度所产生的路径依赖。实际上，学术界当前密切关注的无论是云南迪庆州香格里拉雨崩藏族社区居民主导旅游发展的“轮流制”模式，还是贵州黔东南雷山县郎德苗寨社区主导、全民参与的“工分制”模式以及被世界旅游组织誉为“公司化运作标本”的贵州天龙屯堡的“公司主导型”旅游开发模式，均是当地深厚的历史文化渊源在旅游开发中的延续，我们常常可以从现有的模式中读出历史的痕迹。因此，当贵州天龙屯堡因公司介入在较短时间内取得了辉煌成就并引起世人关注时，贵州黔东南州旅游局曾组织郎德苗寨、西江苗寨的村干部到天龙屯堡参观取经。天龙旅游的成就让参观的村干部们羡慕不已，但参观者表示，“天龙模式”难以复制。

站在学术研究的角度，少数民族村寨旅游地往往会经历不同阶段的演变，不同阶段的旅游市场、产品特征、利益相关者特征、社区参与程度及利益相关者相互关系均会发生动态变化，从而演化为不同的旅游开发模式。因此，社区参与旅游发展模式的动态演变需要我们做长期的跟踪调查研究。只有经过长期的跟踪调查研究，经过持久的反复，我们才能拿得出关于中国不同区域少数民族村寨旅游开发模式的有厚重的内在把握，又有恰到好处的逻辑抽象的关于中国少数民族村寨旅游开发的概念体系，最终形成可以有效把握的少数民族村寨旅游开发模式的整体理论。长期地、持续不断地到典型模式样本地进行跟踪调查与回访是使有关模式研究的理论成果富有生命力的法宝。

五　少数民族妇女参与旅游发展的主体性

由于民族旅游的一些特性，在其中发挥显性作用的地方性知识，大多数掌握在女性手中，这使得少数民族妇女在参与旅游业发展的同时具备了男性所不具备的优势，大量的女性得以广泛参与到旅游业的发展中。然而，以往有关少数民族妇女参与旅游发展的研究更多地将妇女视为被决定的被施以各方面影响的对象，无论是积极方面还是消极方面。事实上，发展民族文化旅游作为一项具有很强产业化特征的社会实践，参与其中的妇女同样是重要的实践主体之一，在参与旅游发展实践活动中必然表现出能动性与主体性。

从对处在旅游业发展不同阶段、参与内容不同的三个苗族村寨妇女参与旅游发展实践的人类学研究表明，在参与歌舞展演中，女性感受到了自己的美丽并乐于创造自己的价值；旅游经营中，当地妇女常常是旅游住宿和餐饮接待及工艺品售卖的主力军，她们通过投身经营工作，经济上实现了自主，主动担当了更多的社会责任；从业妇女在已经改变的社会条件下逐步实现从传统中解放自己并追求人生的自我实现。可见，少数民族村寨旅游地女性在旅游浪潮席卷而至的时候，她们没有迷失，也没有简单被动地适应，而是在参与过程中表现出强大的能动性，在一定程度上决定了这些民族旅游地的产业面貌。

六　少数民族村寨社区参与旅游发展中的同质化经营

少数民族村寨社区参与旅游发展的同质化经营问题是影响民族旅游可持续发展以及社区有效参与的一个突出问题，家庭旅馆作为少数民族村寨旅游业的重要组成部分，同质化经营问题同样突出。因此，以家庭旅馆为典型业态，对少数民族村寨社区参与旅游发展的同质化经营问题展开研究，具有一定的代表性和典型意义。

少数民族村寨社区参与旅游发展的同质化经营突出地表现为：（1）目标市场同质化；（2）产品供给同质化；（3）服务质量同质化；（4）微观品牌缺乏。

少数民族村寨旅游地家庭旅馆同质化经营的形成机制包括内在动力机制和外在动力机制。内在动力机制包括：（1）缺乏对游客的深入了解和与游客的有效沟通；（2）有限的自我发展能力、社会保障体系的不健全及产权约束导致创新能力不足；（3）家庭旅馆产品的外部性特征衍生的“搭便车”行为挫伤创新者的积极性；（4）资产专用性障碍及多重社会功能导致业主不愿退出同质化市场。外在的动力机制包括：（1）我国主流游客消费水平与意识难以对经营者形成差异化经营的压力；（2）政府产前的引导、示范与产中、产后制度供给的缺失。内在动力机制和外在动力机制是相辅相成的，它们之间的相互融合导致了民族村寨旅游地家庭旅馆同质化经营形成的动力机制。

少数民族村寨旅游地家庭旅馆同质化经营使得家庭旅馆业主被迫降价竞争，削弱了与供应商讨价还价的能力，造成资源的闲置与浪费，破坏当地生态环境；容易引发无序竞争，不利于培养回头客；影响了社区的和谐与稳定，降低了社区与外来利益主体博弈的能力。针对家庭旅馆同质化经营的消极后果，家庭旅馆业主应以市场为导向，进行产品分流定位，实现接待产品的差异化；尚未进入家庭旅馆行业或退出家庭旅馆行业的村寨居民还可考虑从横向上积极拓展，以达到横向差异化经营的目的；家庭旅馆经营者还应和其他行业积极合作，努力实现"产业链本地化"，以扩大社区参与旅游广度，带动村寨及村寨周边居民参与旅游，走出家庭旅馆同质化经营的困境；家庭旅馆经营者之间应加强合作，积极推动组织创新，实行股份合作制经营，使村寨内不同的业主在一个经济组织内部联合起来，相互之间的关联度大大提高，目标、利益趋同，减少村寨居民之间的矛盾与摩擦，提高资源利用效率，降低农户间的交易成本。在解决家庭旅馆同质化经营的过程中，必须高度重视村委会、旅游协会、传统组织的自主治理作用，赋予社区组织相应的自主治理权利，提高社区组织的治理效率，实现居民之间的相互监督，降低因居民不合作而导致的负的外部成本的增加。当然，家庭旅馆同质化经营离不开政府的介入，需要政府提供制度保障和帮助。我国少数民族村寨旅游地家庭旅馆经营同质化问题的解决需要业主、政府、行业或社区组织乃至旅游消费者长期的共同努力，不可能一蹴而就，不能希望一招制胜、一步到位。

七　农民组织化是少数民族村寨社区参与旅游发展的有效路径选择

如果说社区参与是少数民族村寨旅游业可持续发展的有效路径选择，那么，农民组织化则是少数民族村寨社区参与旅游发展的有效路径选择。

人类具有群居生活的特征，也就是说人类要以一定的方式组织其生活，在不同的自然和社会经济条件下，人们为了获得更好的生活以及生存发展能力，就会采取不同的组织形式。可见，合作组织是社会经济发展中一个广泛而长久的命题。当前三农学界已形成的共识：新农村建设的主体并非分散的农民，而是组织起来的农民。“农民组织化”作为乡村建设研究的重要范畴和乡村建设实践的重要内容在以乡村社区、民族（俗）村寨为资源凭借的旅游发展背景下当然也绕不开“农民组织化”这个重要话题。

在旅游发展背景下，少数民族村寨旅游地农民组织化类型有村民自治组织、经济合作组织、传统民间组织、社会文化组织及短暂的农民维权组织。这些组织主要以当地具有一定规模的旅游业为依托，存在路径依赖，表现出多元化的发展态势，运行的成本较高，集体行动效率低，未来发展扑朔迷离。

旅游发展背景下的少数民族村寨旅游地农民组织化是当地自我发展能力有限条件下的理性选择，有利于降低交易成本，减少资产专用性风险，增强自我发展能力；有利于争取政府扶持，维护共同利益，提高与外来利益主体博弈能力；有利于增强身心愉悦，提高农民非物质福利。此外，地方政府的支持与引导，社区精英的组织动员、示范和影响；第三方力量的推动与支持也是旅游发展背景下农民组织化的重要动力源泉。

社会资本是全世界经济社会发展的关键因素，对提高社会的经济效益、推动和维护民主化进程、摆脱贫困、保证社会的可持续发展等起着不可或缺的作用。民族旅游发展背景下的农民组织化有助于提高少数民族地区的社会资本存量，促进当地经济社会发展，增强民族地区自我发展的能力。因此，必须尊重和发挥少数民族村寨旅游地民众的主体性，相信他们的自我教育和自我管理能力，鼓励社区群众积极参与，有效组织并充分利用该民族的本土资源以提升当地社会资本的存量。

八　少数民族村寨社区参与旅游发展的规划行动方案

少数民族村寨的旅游开发活动是以社区为依托而展开的。然而，社区绝非是唯一的旅游参与主体，旅游企业、政府、第三方力量的介入有其必要性与必然性。这意味着，在社区旅游活动中，除了社区以外还存在着各种利益主体及不同的组合结构。由于各参与主体利益诉求不尽相同，如果相互之间不能达成一定的共识，那么，优先问题的筛选、解决方案的确定、行动方案的实施等很容易成为“纸上谈兵”，缺乏可操作性。以往国内旅游规划以景观、景点的编制为重点、核心，缺少对居民应有的关注。无论是《旅游规划通则》还是《风景名胜区规划规范》，对如何在规划中体现社区参与，以及社区居民的旅游参与方式、途径等并没有进一步的规定。为协调社区与当地政府、外来企业、第三方力量之间的关系，实现各方利益诉求，需要编制一个相对实用的不同主体能够参与的少数民族村寨旅游可持续发展行动方案。内容包括：（1）行动目标的确定；（2）行动主体的确定；（3）各利益主体行动方案的确定。行动方案确定后，要使各主体都真正行动起来是一项艰巨而复杂的系统工程，需要政策法规、财政、人才以及交流平台作为保障。

第二节　有待于进一步研究的问题

一　少数民族村寨社区参与旅游发展的运行机制研究

在少数民族村寨社区旅游发展中，各种社会经济现象看似杂乱无章、毫无规矩。事实上，深入社区内部，常常可以发现规则无时不在、无处不有，而且社区组织及制度构成了一个机制，影响和决定着个人及社区的行为或行动。因此，只有深入实地，对少数民族村寨社区的制度结构及其组织行为框架展开研究，才能真正探寻社区参与旅游发展的有效路径，促进社区建设和旅游业的可持续发展。另外，站在现代经济学的角度，可将少数民族村寨社区视为组织，民族社区是为增进其成员共同利益而存在的组织。“社区”作为组织，与企业、政府、军队等组织相比，“组织化”的程度比较弱。因此，在个人理性的驱使下，如何将松散的社区组织演化为一个具有较高认同度的社区，同样值得关注。

二　少数民族村寨社区旅游开发中的公共管理问题研究

在少数民族村寨社区参与旅游发展进程中，旅游资源的公共产权特征、利益主体的多元化、政府职能的动态演化与横向权力边界、“本土化管理资源”的利用与整合、社会与经济“发展协调性”等诸多典型现象与问题事件不断凸显。这就需要我们从公共管理视角出发，对社区参与旅游发展的诸多现实与矛盾问题展开深入研究，方能推动社区参与旅游发展研究的深入，实现多学科交叉与融合，为少数民族村寨旅游业的可持续发展提供现实指导。

三　国外社区参与旅游发展的典型模式与经验借鉴研究

现实及已有理论研究成果表明，少数民族村寨社区参与旅游发展存在着诸多问题，面临着种种难题。与之相比，西方的社区参与是深度参与，社区能够参与到规划、管理、经营、利益分享和文化保护等各个层面；而中国的社区参与只是参与到经济活动领域，是浅层次参与甚至未参与[①]。中国和西方社区旅游的差异如表 11.1 所示。

表 11.1　　中西方社区旅游的异同

比较		西方	中国
同		利益驱动，政府鼓励旅游开发，社区相对弱势	
异	社会背景	民主化程度高的公民社会	民主化程度低的发展中国家
	社会意义	当地社区发展力量之一	当地社区发展的主导力量
	利益点	追求正面影响带来的收入，同时担心带来如传统丧失、神圣仪式受冲击、通货膨胀、土地价格上升等负面影响	看重旅游正面影响带来的经济利益，能够带来经济收入增加，为剩余劳动力提供就业机会，提高农民生活水平，为解决“三农”问题提供出路
	主动性	主动参与：借助公众参与的社会基础和制度平台，在事前、事中、事后都有发言权；有选择和控制权，可以说“NO”	相对被动（包括政府和企业）：社区处于被动、被忽略和失语状态；社区利益诉求中出现冲突，政府和企业不得不被动处理问题、被动接受社区参与
	参与方力量对比	力量相对均衡：政府相对主导；社区可以维护自己的利益，能与政府和开发商抗衡；有 NGO 等制衡力量	力量悬殊：政府主导，企业和政府联合决定旅游开发策略；社区力量弱小，不足以抗衡，只有抗争事件中的反对才有效；民间组织发育不够，介入不多，未发挥足够的制衡作用

① 保继刚、孙九霞：《社区参与旅游发展的中西差异》，载《地理学报》2006 年第 4 期。

续表

比较		西方	中国
异	参与程度	深度参与： 参与到规划、管理、经营和利益分享各个方面	大多处于浅层次参与或未参与状态： 只是参与到经济活动领域，开始有利益分享的诉求，但未超出经济范围
	发展阶段	进入规划和管理的实际操作阶段，并从实践中提升出某些理论	学者们寻求的指导思想、供政府参考的政策建议，政府遇到社区问题时寻求的药方

资料来源：孙九霞：《旅游人类学的社区旅游与社区参与》，商务印书馆2009年版，第314页。

针对中西方社区参与旅游存在的差异，现在的问题是：我们能否复制西方的发展模式？究竟能借鉴西方多少？我们的发展空间从何处延展？①要回答上述问题，需要我们对国外社区参与旅游发展的典型模式与经验进行深入的研究和横向对比分析。这样的研究，既有助于旅游学科的科学化，又有助于构建中国社区参与模式，兼具理论与实践的双重意义。

四 少数民族村寨社区参与旅游发展中的集体行动与组织化问题研究

农民组织化是少数民族村寨社区参与旅游发展的有效路径选择。我们长期关注的样本地郎德苗寨及其周边的大堂苗寨、南花苗寨等少数民族村寨，旅游发展语境下村民的集体行动能力较强，村寨旅游共同体特征较为明显。旅游发展背景下农民集体行动的实现机制如何？不同少数民族村寨旅游地农民组织化的缘起和演化、组织结构和功能、活动内容与成效等方面有何差异？不同少数民族村寨旅游地社会结构中的组织构成及权力分割如何？农民组织化的政策取向如何等诸多问题都有待于进一步认识和解决。

① 保继刚、孙九霞：《社区参与旅游发展的中西差异》，载《地理学报》2006年第4期。

参考文献

1. Regina Scheyvens. Ecotourism and the empowerment of local communities ［J］. Tourism Management, 1999, 20: 245 – 249.
2. Skinner. G. W. Mareting and Social Structure in Rural China ［J］. Journal of Asian Studies, 1964, 24 (1): 3 – 43.
3. John. S. Akamal. Western environmental values and nature-based tourism in Kenya ［J］. Tourism Management, 1996 (8): 567 – 574.
4. Taylor G. The Community Approach: Does It Really Work? ［J］. Tourism Management, 1995 (16): 487 – 489.
5. Murphy P E Tourism: A Community Approach ［M］. New York and London : Methuen, 1985.
6. Tianyu Yinga, Yongguang Zhou. Community, governments and external capitals in China's rural cultural tourism: A comparative study of two adjacent villages ［J］. Tourism Management, 2007, 28: 96 – 107.
7. Cavat Tosun. Limits to Community Participation in the Tourism Development Progress in Developing Countris ［J］. Tourism Management, 2000, 21 (6): 613 – 633.
8. Sofield THB. Empowerment for Sustainable Tourism Development ［M］. Netherlands: Pergamon Press, 2003: 9 – 36.
9. 谢彦君:《基础旅游学》，中国旅游出版社 2004 年第 2 版。
10. 林聚任:《社会信任和社会资本重建——当前乡村社会关系研究》，山东人民出版社 2007 年版。
11. 林聚任:《社会科学研究方法》，山东人民出版社 2008 年第 2 版。
12. 贺雪峰:《什么农村　什么问题》，法律出版社 2008 年版。

13. 贺雪峰：《乡村的前途——新农村建设与中国道路》，山东人民出版社 2007 年版。

14. 贺雪峰：《组织起来——取消农业税后农村基层组织建设研究》，山东人民出版社 2012 年版。

15. 贺雪峰：《村治的逻辑——农民行动单位的视角》，中国社会科学出版社 2009 年版。

16. 曹锦清：《黄河边的中国——一个学者对乡村社会的观察与思考》，上海文艺出版社 2006 年版。

17. 彭兆荣：《旅游人类学》，民族出版社 2004 年版。

18. 李守经：《农村社会学》，高等教育出版社 2006 年版。

19. 李小云：《农村社区发展规划导论》，人民出版社 1995 年版。

20. [美] 戴维·波普诺：《社会学》，李强等译，中国人民大学出版社 2000 年版。

21. 叶金生：《社区经济论》，企业管理出版社 1997 年版。

22. 费孝通：《江村经济——中国农民的生活》，商务印书馆 2001 年版。

23. 费孝通：《乡土中国　生育制度》，北京大学出版社 2012 年版。

24. 徐勇：《中国农村与农民问题前言研究》，经济科学出版社 2009 年版。

25. [美] 黄宗智：《华北的小农经济与社会变迁》，中华书局 2000 年版。

26. [美] 黄宗智：《中国的隐性农业革命》，法律出版社 2010 年版。

27. [美] 黄宗智：《长江三角洲小农家庭与乡村发展》，中华书局 2000 年版。

28. 丁元竹：《社区研究的理论与方法》，北京大学出版社 1995 年版。

29. 叶敬忠、刘燕丽：《参与式发展规划》，社会科学文献出版社 2005 年版。

30. 叶敬忠：《参与·组织·发展》，中国林业出版社 2001 年版。

31. 徐永祥：《社区发展论》，华东理工大学出版社 2000 年版。

32. 陈超：《SPSS 15.0 常用功能与应用实例精讲》，电子工业出版社 2009 年版。

33. 傅晨：《中国农村合作经济：组织形式与制度变迁》，中国经济出版社 2006 年版。
34. 厉以宁:《经济学的伦理问题》，生活·读书·新知三联书店 1999 年版。
35. 王文光:《中国农村社会变迁》，云南人民出版社 1996 年版。
36. 胡振华:《中国农村合作组织分析：回顾与创新》，知识产权出版社 2010 年版。
37. ［美］迈克尔·波特:《国家竞争优势》，李明轩等译，华夏出版社 2002 年版。
38. ［美］杰恩·巴尼:《获得与保持竞争优势》，王俊杰等译，清华大学出版社 2003 年版。
39. 张五常:《经济解释——张五常经济论文选》，商务印书馆 2000 年版。
40. 李小建等:《农户地理论》，科学出版社 2009 年版。
41. 杨小柳:《参与式行动——来自凉山彝族地区的发展研究》，民族出版社 2008 年版。
42. 周大鸣、刘志扬、秦红增:《寻求内源发展——中国西部的民族与文化》，中山大学出版社 2006 年版。
43. ［澳］彼得·墨菲:《旅游社区战略管理：弥合旅游差距》，陶犁等译，南开大学出版社 2006 年版。
44. ［英］彼得·华莱士·普雷斯顿:《发展理论导论》，李小云、齐顾波等译，社会科学文献出版社 2011 年版。
45. 高春凤:《自组织理论下的农村社区发展研究》，中国农业大学出版社 2009 年版。
46. 赵树凯:《农民的政治》，商务印书馆 2011 年版。
47. 赵树凯:《乡镇治理与政府制度化》，商务印书馆 2010 年版。
48. 郑传贵:《社会资本与农村社区发展——以赣东项村为例》，学林出版社 2007 年版。
49. 左晓斯:《可持续乡村旅游研究——基于社会建构论的视角》，社会科学文献出版社 2010 年版。
50. 陈庆德:《资源配置与制度变迁——人类学视野中的多民族经济共生形态》，云南大学出版社 2007 年版。

51. 马翀炜、陈庆德：《民族文化资本化》，人民出版社 2004 年版。
52. 卢现祥、朱巧玲：《新制度经济学》，北京大学出版社 2007 年版。
53. 郑杭生：《民族社会学概论》，中国人民大学出版社 2005 年版。
54. 朱新山：《中国农民权益保护与乡村组织建构》，上海大学出版社 2011 年版。
55. 王立胜：《中国农村现代化社会基础研究》，人民出版社 2009 年版。
56. 徐勇：《现代国家乡土社会与制度建构》，中国物资出版社 2009 年版。
57. 孙九霞：《旅游人类学的社区旅游与社区参与》，商务印书馆 2009 年版。
58. 金颖若、周玲强：《东西部比较视野下的乡村旅游发展研究》，中国社会科学出版社 2011 年版。
59. 周永广：《山村旅游业可持续发展研究——以基层组织和机制创新为切入点》，浙江大学出版社 2011 年版。
60. 邹统钎：《北京市郊区旅游发展战略研究——经验、误区与对策》，旅游教育出版社 2004 年版。
61. 邹统钎等：《乡村旅游——理论 · 案例》，南开大学出版社 2007 年版。
62. ［美］西摩 · 马丁 · 李普塞特：《政治人：政治的社会基础》，张绍宗译，上海人民出版社 1997 年版。
63. 刘毅、刘卫东、潘晓东等：《中国地方可持续发展规划指南》，社会科学文献出版社 2006 年版。
64. 张辉：《中国旅游产业发展模式及运行方式研究》，中国旅游出版社 2011 年版。
65. 厉新建、张辉：《旅游经济学原理》，旅游教育出版社 2008 年第 2 版。
66. 王兆峰：《民族地区旅游扶贫研究》，中国社会科学出版社 2011 年版。
67. 张敦福：《现代社会学教程》，高等教育出版社 2001 年版。
68. 孙兆霞：《屯堡乡民社会》，社会科学文献出版社 2005 年版。
69. 张强、余晓敏：《NGO 参与汶川地震灾后重建研究》，北京大学出版社 2009 年版。
70. 孔繁斌：《公共性的再生产——多中心治理的合作机制建构》，江苏人民出版社 2008 年版。
71. 陈振明：《理解公共事务》，北京大学出版社 2007 年版。
72. 俞可平：《民主与陀螺》，北京大学出版社 2006 年版。
73. 陆誉龙：《农民中国——后乡土社会与新农村建设研究》，中国人民大学出版社 2010 年版。
74. 于建嵘：《岳村政治——转型期中国乡村政治结构的变迁》，商务印书馆 2005 年版。
75. 于建嵘：《抗争性政治：中国政治社会学基本问题》，人民出版社 2010 年版。
76. 马元曦、康宏锦：《社会性别与发展译文集》，生活·读书·新知三联书店 2002 年版。
77. 《马克思恩格斯选集》第 1 卷，人民出版社 1972 年版。
78. 成竹：《论社区参与生态旅游的研究进展》，载《生态经济》2004 年第 10 期。
79. 邓冰、吴必虎：《国外基于社区的生态旅游研究进展》，载《旅游学刊》2006 年第 4 期，
80. 陈怡、章意锋：《国外社区旅游研究进展》，载《云南地理环境研究》2007 年第 1 期。
81. 郑向敏：《论旅游业发展中社区参与的三个层次》，载《华侨大学学报》2002 年第 4 期。
82. 唐铁顺：《旅游目的地的社区化及社区旅游研究》，载《地理研究》1998 年第 2 期。
83. 黄芳：《传统民居旅游开发中居民参与问题思考》，载《旅游学刊》2002 年第 5 期。
84. 邱云美：《社区参与是实现旅游扶贫目标的有效途径》，载《农村经济》2004 年第 12 期。
85. 王瑞红：《社区参与旅游发展的形成及内涵》，载《曲靖师范学院学报》2004 年第 4 期。
86. 胡志毅：《社区参与和旅游业可持续发展》，载《人文地理》2002

年第 2 期。
87. 杨兴柱：《旅游规划公众参与的核心内容初步研究》，载《人文地理》2006 年第 4 期。
88. 潘秋玲：《社区参与和旅游社区一体化研究》，载《人文地理》2002 年第 4 期。
89. 卞显红、沙润：《旅游与社区一体化发展研究》，载《地域研究与开发》2005 年第 5 期。
90. 黎洁、赵西萍：《社区参与旅游发展理论的若干经济学质疑》，载《旅游学刊》2001 年第 4 期。
91. 王喆：《社区研究十年》，载《社会学研究》1989 年第 3 期。
92. 张骁鸣：《西方社区旅游概念：误读与反思》，载《旅游科学》2007 年第 1 期。
93. 孙诗靓：《旅游社区研究的若干基本问题》，载《旅游科学》2007 年第 2 期。
94. 杨桂红：《试论社区居民参与旅游业发展对环境保护的积极作用》，载《经济问题探索》2001 年第 11 期。
95. 王洁、杨桂华：《影响生态旅游景区社区居民心理承载力的因素探析——以碧塔海生态旅游景区为例》，载《思想战线》2002 年第 5 期。
96. 杨桂华：《民族生态旅游接待村多维价值研究——以香格里拉霞给村为例》，载《旅游学刊》2003 年第 4 期。
97. 保继刚：《旅游规划的社区参与研究——以阳朔遇龙河风景旅游区为例》，载《规划师》2003 年第 7 期。
98. 保继刚、文彤：《社区旅游发展研究述评》，载《桂林旅游高等专科学校学报》2002 年第 4 期。
99. 孙九霞：《社区参与旅游发展研究的理论透视》，载《广东技术师范学院学报》2005 第 5 期。
100. 孙九霞、保继刚：《从缺失到凸显：社区参与旅游发展研究脉络》，载《旅游学刊》2006 年第 7 期。
101. 孙九霞：《社区参与的旅游人类学研究——阳朔世外桃源案例》，载《广西民族学院学报》2006 年第 1 期。

102. 孙九霞：《社区参与的旅游人类学研究——以西双版纳傣族园为例》，载《广西民族学院学报》2004 年第 6 期。

103. 孙九霞、保继刚：《旅游发展与傣族园社区的乡村都市化》，载《中南民族大学学报》2006 年第 2 期。

104. 孙九霞：《守土与乡村社区旅游参与——农民在社区旅游中的参与状态及成因》，载《思想战线》2006 年第 5 期。

105. 孙九霞：《赋权理论与旅游发展中的社区能力建设》，载《旅游学刊》2008 年第 9 期。

106. 孙九霞、保继刚：《中国社区参与旅游发展的模式构建——以云南、广西的案例分析为基础》，载《中国旅游研究》（香港）2006 年第 1—2 期。

107. 保继刚、孙九霞：《社区参与旅游发展中的中西差异》，载《地理学报》2006 年第 4 期。

108. 保继刚、孙九霞：《雨崩村社区旅游：社区参与方式及其增权意义》，载《旅游论坛》2008 年第 1 期。

109. 左冰：《旅游增权理论的本土化研究——云南迪庆案例》，载《旅游科学》2009 年第 2 期。

110. 左冰、保继刚：《从“社区参与”走向“社区增权”——西方“旅游增权”理论研究述评》，载《旅游学刊》2008 年第 4 期。

111. 郭文：《乡村居民参与旅游开发的轮流制模式及社区增权效能研究——云南香格里拉雨崩社区个案》，载《旅游学刊》2010 年第 3 期。

112. 郭文、黄震方：《乡村旅游开发背景下社区权能发展研究——基于对云南傣族园和雨崩社区两种典型案例的调查》，载《旅游学刊》2011 年第 12 期。

113. 马勇：《中国乡村旅游发展路径及模式——以成都乡村旅游发展模式为例》，载《经济地理》2007 年第 2 期。

114. 佟敏、黄清：《社区参与生态旅游模式研究》，载《学习与探索》2004 年第 6 期。

115. 王丽华：《社区参与型旅游产品开发的“IDPC”模式研究》，载《财经问题研究》2004 年第 6 期。

116. 郑群明：《参与式乡村旅游开发模式探讨》，载《旅游学刊》2004年第4期。

117. 黄郁成：《农村社区旅游开发模式的比较研究》，载《南昌大学学报》2004年第6期。

118. 李德明、程久苗：《乡村旅游与农村经济互动持续发展模式与对策探析》，载《人文地理》2005年第3期。

119. 杨兴柱：《我国城乡旅游地居民参与旅游规划与发展研究》，载《旅游学刊》2006年第4期。

120. 张波：《旅游目的地“社区参与”的三种典型模式比较研究》，载《旅游学刊》2006年第7期。

121. 余向洋：《中国社区旅游模式探讨——以徽州古村落社区旅游为例》，载《人文地理》2006年第5期。

122. 邹再进：《欠发达地区乡村旅游发展模式探讨》，载《调研世界》2006年第12期。

123. 邹统钎：《乡村旅游社区主导开发（CBD）模式研究——以北京市通州区大营村为例》，载《北京第二外国语学院学报》（旅游版）2007年第1期。

124. 邹统钎：《社区主导的古村落遗产旅游发展模式研究——以北京市门头沟爨下古村为例》，载《北京第二外国语学院学报》（旅游版）2007年第5期。

125. 邹统钎：《乡村旅游发展的围城效应与对策》，载《旅游学刊》2006年第3期。

126. 侯国林、黄震方：《江苏盐城海滨湿地社区参与生态旅游开发模式研究》，载《人文地理》2007年第6期。

127. 雷海燕、赵振斌：《古村落旅游形象设计的社区参与模式——以党家村为例》，载《北京第二外国语学院学报》（旅游版）2007年第5期。

128. 宋瑞：《我国生态旅游利益相关者分析》，载《中国人口、资源与环境》2005年第1期。

129. 周年兴：《风景名胜区规划中的相关利益主体分析——以武陵源风景名胜区为例》，载《经济地理》2005年第5期。

130. 石美玉：《旅游规划失灵与利益主体分析》，载《思想战线》2004年第2期。
131. 郭丽华：《基于利益相关者的旅游规划优化模式研究》，载《云南财经大学学报》2006年第5期。
132. 吴泓、周章：《基于利益主体理论的旅游利益主体融合探讨》，载《学海》2006年第5期。
133. 李若凝：《旅游资源开发的利益协调机制研究》，载《生态经济》2006年第2期。
134. 陈勇：《风景名胜区的利益主体分析与机制调整》，载《规划师》2005年第5期。
135. 罗辉：《社区参与旅游发展的利益冲突》，载《玉溪师范学院学报》2006年第11期。
136. 徐燕、张立明：《城郊旅游开发中的社区利益协调研究——以武汉市九峰城市森林保护区为例》，载《北京第二外国语学院学报》（旅游版）2006年第3期。
137. 王莉、陆林：《古村落旅游地利益主体关系及影响研究——世界文化遗产地西递、宏村实证分析》，载《资源开发与市场》2006年第3期。
138. 吕宛青：《利益相关者共同参与的民族地区家庭旅馆经营及管理模式研究》，载《思想战线》2007年第5期。
139. 黎洁：《西部生态旅游发展中农村社区就业与旅游收入分配的实证研究——以陕西太白山国家森林公园周边农村社区为例》，载《旅游学刊》2005年第3期。
140. 刘昌雪、汪德根：《皖南古村落可持续旅游发展限制性因素探析》，载《旅游学刊》2003年第6期。
141. 连玉銮：《白马社区旅游开发个案研究——兼论自然与文化生态脆弱区的旅游发展》，载《旅游学刊》2005年第3期。
142. 黄郁成：《农村社区旅游开发模式的比较研究》，载《南昌大学学报》2004年第6期。
143. 黄郁成、陈超：《旅游开发与乡村社区经济》，载《江西社会科学》2006年第6期。

144. 梁明珠：《生态旅游与“三农”利益保障机制探讨》，载《旅游学刊》2004 年第 6 期。
145. 刘静艳：《从系统学角度透视生态旅游利益相关者结构关系》，载《旅游学刊》2006 年第 5 期。
146. 单纬东：《少数民族文化旅游资源保护与产权合理安排》，载《人文地理》2004 年第 4 期。
147. 诸葛仁：《武夷山自然保护区资源管理中社区参与机制的探讨》，载《农村生态环境》2000 年第 1 期。
148. 刘岩：《生态旅游资源管理中社区参与激励机制探讨——以厦门岛东海岸区生态旅游开发为例》，载《农村生态环境》2002 年第 4 期。
149. 李东和：《区域旅游业发展中目的地居民参与问题研究》，载《人文地理》2004 年第 3 期。
150. 王春蕾：《从人类学视角探析区域旅游规划的社区参与》，载《规划师》2003 年第 3 期。
151. 王亚欣：《对台湾原住民部落观光营造的思考》，载《旅游学刊》2006 年第 4 期。
152. 余向洋：《古村落社区旅游的另一种思路——借鉴台湾社区营造经验》，载《黄山学院学报》2005 年第 5 期。
153. 周永广：《日本节庆活动对我国节庆开发的启示》，载《旅游学刊》2005 年第 2 期。
154. 何艺玲：《如何发展社区生态旅游——泰国村社区生态旅游（CBET）的经验》，载《旅游学刊》2002 年第 6 期。
155. 张建萍：《生态旅游与当地居民利益——肯尼亚生态旅游成功经验分析》，载《旅游学刊》2003 年第 1 期。
156. 张朋、王波：《国外社区参与旅游发展对我国的启示——以英国南彭布鲁克为例》，载《福建地理》2003 年第 4 期。
157. 罗永常：《乡村旅游社区参与研究——以黔东南苗族侗族自治州雷山县郎德村为例》，载《贵州师范大学学报》2005 年第 4 期。
158. 罗永常：《民族村寨社区参与旅游开发的利益保障机制》，载《旅游学刊》2006 年第 10 期。

159. 罗永常:《文化经济背景下的民族村寨旅游开发》，载《思想战线》2006年第3期。

160. 刘旺、吴雪:《少数民族地区社区旅游参与的微观机制研究——以丹巴县甲居藏寨为例》，载《四川师范大学学报》2008年第2期。

161. 吴忠军:《民族社区旅游利益分配的居民参与有效性探讨——以桂林龙胜龙脊梯田景区平安寨为例》，载《广西经济管理干部学院学报》2005年第3期。

162. 艾菊红:《文化生态旅游的社区参与和传统文化保护与发展——云南三个傣族文化生态旅游村的比较研究》，载《民族研究》2007年第1期。

163. 陈飙、钟洁、杨桂华:《云南香格里拉藏族社区参与旅游发展过程的限制性因素研究》，载《西南民族大学学报》2007年第8期。

164. 陈飙、杨桂华:《梅里雪山雨崩村旅游社区参与的组织形式与分配制度》，载《思想战线》2008年第3期。

165. 陈飙:《乡村旅游管理制度与旅游社会文化影响研究——基于梅里雪山雨崩村的调查》，博士学位论文，云南大学，2008年。

166. 王洁、杨桂华:《影响生态旅游景区社区居民心里承载力的因素探析——以碧塔海生态旅游景区为例》，载《思想战线》2002年第5期。

167. 李会娥、徐圻:《民族旅游的典范——贵州雷山郎德上寨研究述评》，载《凯里学院学报》2011年第2期。

168. 陈志永:《民族村寨旅游地衰落研究：以贵阳市镇山村为例》，载《云南社会科学》2007年第1期。

169. 陈志永、周杰:《贵州乡村旅游开发天龙模式和郎德模式的比较》，载《贵州农业科学》2009年第6期。

170. 陈志永、吴亚平:《乡村旅游资源开发的阶段性演化与产权困境分析——以贵州天龙屯堡为例》，载《热带地理》2012年第2期。

171. 陈志永、况志国:《郎德苗寨社区主导旅游发展中的个人理性与集体行动的困境》，载《学术探索》2009年第3期。

172. 陈志永、李乐京:《少数民族村寨社区居民对旅游增权感知研究》，载《商业研究》2010年第9期。

173. 陈志永、吴亚平：《基于核心力量导向差异的贵州乡村旅游开发模式比较与剖析——以贵州天龙屯堡、郎德苗寨和西江苗寨为例》，载《中国农学通报》2011 年第 9 期。

174. 费广玉、陈志永：《民族村寨社区政府主导旅游开发模式研究——以西江千户苗寨为例》，载《贵州教育学院学报》2009 年第 6 期；人大复印资料《旅游管理》全文转载，2009 年第 10 期。

175. 陈志永、杨桂华等：《少数民族村寨社区居民对旅游增权感知的空间分异研究——以贵州西江千户苗寨为例》，载《热带地理》2011 年第 2 期。

176. 陈志永：《乡村旅游地产品差异化经营不足的深层原因透析——基于产权经济理论与农民行动理论的双重视角》，载《生态经济》2011 年第 9 期。

177. 陈志永：《乡村旅游地家庭旅馆同质化经营的形成机制及化解对策》，载《经济问题探索》2011 年第 7 期。

178. 陈志永、梁涛、吴亚平：《关于少数民族村寨旅游开发中的几个问题》，载《黑龙江民族丛刊》2011 年第 3 期。

179. 陈志永、杨桂华：《民族贫困地区旅游资源富集区社区主导旅游发展模式的路径选择——以云南梅里雪山雨崩藏族社区为个案研究》，载《黑龙江民族丛刊》2009 年第 2 期；人大复印资料《旅游管理》“本期关注”栏目全文转载，2009 年第 8 期。

180. 陈志永、李乐京：《乡村居民参与旅游发展的多维价值及完善建议——以贵州安顺天龙屯堡文化村为个案研究》，载《旅游学刊》2007 年第 7 期。

181. 姚莉、陈志永：《原生态社区文化旅游开发中的乡村旅游合作组织——以西江苗寨景区苗家乐协会为例》，载《原生态民族文化学刊》2010 年第 2 期。

182. 李乐京、陈志永：《天龙屯堡“政府 + 公司 + 旅行社 + 农民旅游协会”的乡村旅游发展模式研究》，载《生态经济》2007 年第 7 期。

183. 陆汉文、岳要鹏：《激情、理想和现实——一个民间组织与农村社区在灾后重建中的关系及其意义》，载《广西大学学报》（哲学社会科学版）2011 年第 3 期。

184. 陆汉文：《社区主导型发展与合作型反贫困——世界银行在华 CDD 试点项目的调查与思考》，载《江汉论坛》2008 年第 9 期。
185. 周业安：《中国制度变迁的演进论解释》，载《经济研究》2000 年第 5 期。
186. 陈万灵：《社区研究的经济学模型——基于农村社区机制的研究》，载《经济研究》2002 年第 9 期。
187. 陈万灵：《"社区参与"的微观机制研究》，载《学术研究》2004 年第 4 期。
188. 陈万灵：《农村社区机制：组织制度及其行为框架》，载《学术研究》2002 年第 7 期。
189. 许远旺、卢璐：《重建社会生活共同体：中国农村社区建设之路》，《中国农村研究》2010 年卷（上），中国社会科学出版社 2010 年版。
190. 王春福：《公共产品多元治理模式的制度创新》，载《管理世界》2007 年第 3 期。
191. 熊元斌、刘红阳：《旅游业可持续发展的制度安排研究——以九寨沟为例》，载《武汉大学学报》（哲学社会科学版）2012 年第 1 期。
192. 刘俊：《中国旅游度假区治理结构及变迁》，载《旅游科学》2007 年第 4 期。
193. 池静、崔凤军：《乡村旅游地发展过程中的"公地悲剧"研究——以杭州梅家坞、龙坞茶村、山沟沟景区为例》，载《旅游学刊》2006 年第 7 期。
194. 杨雪冬：《近 30 年中国地方政府的改革和变化：治理的视角》，载《社会科学》2008 年第 12 期。
195. 孙兆霞：《试析文化构建性与乡村旅游开发需求指向的关系——以黔中屯堡为例》，载《贵州民族学院学报》（哲学社会科学版）2006 年第 4 期。
196. 卢云辉、孙兆霞：《转型期西部农村发展的制度支持缺失问题探析——以乡村旅游开发为例》，载《贵州社会科学》2007 年第 7 期。

197. 董卫：《城市族群社区及其现代转型——以西安回民区更新为例》，载《规划师》2000 年第 6 期。
198. 叶敬忠、陆继霞：《论农村发展中的公众参与》，载《中国农村观察》2002 年第 2 期。
199. 叶敬忠、杨照：《参与式思想与新农村建设》，载《中国农村经济》2006 年第 7 期。
200. 叶敬忠：《发展干预中的权力滴流误区与农民组织》，载《广西民族大学学报》（哲学社会科学版）2008 年第 3 期。
201. 周其仁：《市场里的企业：一个人力资本与非人力资本的特别合约》，载《经济研究》1996 年第 6 期。
202. 张龙平：《农民自组织：社会参与的有效选择》，载《理论探讨》1998 年第 2 期。
203. 胡敏华：《中国农民合作行为的博弈分析》，载《中国经济问题》2007 年第 1 期。
204. 张瑾：《民族旅游语境中的地方性知识与红瑶妇女生计变迁——以广西龙胜县黄洛瑶寨为例》，载《旅游学刊》2011 年第 8 期。
205. 夏赞才：《旅游伦理概念及理论框架引论》，载《旅游学刊》2003 年第 2 期。
206. 郭华：《制度变迁视角的乡村旅游社区利益相关者管理研究》，博士学位论文，暨南大学，2007 年。
207. 王汝辉：《巴泽尔产权模型在少数民族村寨资源开发中的应用研究——四川理县桃坪羌寨为例》，载《旅游学刊》2009 年第 5 期。
208. 陈庆德、潘盛之：《中国民族村寨经济转型的特征与动力》，载《民族研究》2004 年第 4 期。
209. 许峰、秦晓楠：《资源系统支撑下的乡村旅游地多中心治理研究》，载《旅游科学》2010 年第 2 期。
210. 章尚正：《旅游资源开发与保护中的制衡机制失衡与政府规制优化》，载《旅游管理》2010 年第 2 期。
211. 苏巧平：《以增权理论解读中国农村贫困问题》，载《科技进步与对策》2006 年第 5 期。
212. 周林刚：《激发权能理论：一个文献的综述》，载《深圳大学学报》（人文社会科学版）2005 年第 6 期。

213. 唐咏：《中国增权理论研究述评》，载《社会科学家》2009 年第 1 期。

214. 黄燕玲、罗盛峰：《少数民族地区居民对农业旅游影响的感知研究——以广西恭城瑶族自治县红岩新村为例》，载《广西民族研究》2008 年第 2 期。

215. 李东和、张捷：《基于旅游地居民感知和态度的旅游影响空间分异研究——以安徽省三河镇为例》，载《地理科学》2007 年第 4 期。

216. 李东和、张捷：《居民旅游影响感知和态度的空间分异——以黄山风景区为例》，载《地理研究》2008 年第 4 期。

217. 宜国富、陆林：《海滨旅游地居民对旅游影响的感知——海南省海口市及三亚市实证研究》，载《地理科学》2002 年第 6 期。

218. 卢松等：《旅游地居民对旅游影响感知和态度的比较——以西递景区和九寨沟景区为例》，载《地理学报》2008 年第 6 期。

219. 郭凌：《乡村旅游发展中的乡村治理研究》，载《农村经济》2008 年第 6 期。

220. 刘益：《旅游开发对社区居民经济影响的时空分异特征研究——以丹霞山、世外桃源景区为例》，载《经济地理》2006 年第 4 期。

221. 王莉、陆林：《国外旅游地居民对旅游影响的感知与态度研究综述及启示》，载《旅游学刊》2005 年第 3 期。

222. 陈树强：《增权：社会工作理论与实践的新视角》，载《社会学研究》2003 年第 5 期。

223. 魏小安：《中国旅游发展大趋势探讨》，载《旅游管理》2007 年第 10 期。

224. 罗必良、潘光辉：《社区型股份合作制：改革面临创新——基于“龙岗模式”的理论与实证研究》，载《华南农业大学学报》（社会科学版）2004 年第 4 期。

225. 吴正光：《郎德上寨成为民俗学教学科研基地——专家学者纷纷前往考察》，载《贵州日报》2005 年 2 月 3 日。

226. 吴正光：《郎德——文化保护与旅游开发的成功实例》，载《理论与当代》2007 年第 1 期。

227. 肖青：《民族村寨文化的复兴历程——以云南石林月湖村撒尼文化变迁为例》，载《思想战线》2006 年第 6 期。
228. 王希恩：《论中国少数民族传统文化现状及其走向》，载《民族研究》2000 年第 6 期。
229. 翁家烈：《屯堡文化研究》，载《贵州民族研究》2001 年第 4 期。
230. 翁家烈：《论苗文化特征、成因及其作用》，载《贵州民族研究》1990 年第 4 期。
231. 李天翼：《“工分制”民族村寨旅游开发模式成因的文化生态学探析——以贵州省雷山县上郎德村为个案》，载《黑龙江民族丛刊》2010 年第 6 期。
232. 任啸：《自然保护区的社区参与管理模式探索——以九寨沟自然保护区为例》，载《旅游科学》2005 年第 3 期。
233. 石璇、李文军：《保障保护地内居民受益的自然资源经营方式——以九寨沟股份制为例》，载《旅游学刊》2007 年第 3 期。
234. 潘春梅：《农耕社会中哈尼族妇女角色地位的演变——对元阳县菁口村的个案分析》，载《广西民族大学学报》2008 年第 4 期。
235. 唐雪琼：《旅游研究中的性别话题》，载《旅游学刊》2007 年第 2 期。
236. 唐雪琼、朱竑、薛熙明：《旅游发展对摩梭女性的家庭权力影响研究——基于泸沽湖地区落水下村和开基村的对比分析》，载《旅游学刊》2007 年第 7 期。
237. 唐雪琼、朱竑：《旅游发展对云南世居父权制少数民族妇女社会性别观念的影响——基于撒尼、傣和哈尼三民族案例的比较研究》，载《人文地理》2010 年第 1 期。
238. 唐雪琼、和亚珺、黄和兰：《旅游发展对少数民族妇女家庭地位变迁的影响研究——基于云南石林五棵树村和月湖村的对比分析》，载《云南地理环境研究》2011 年第 5 期。
239. 杨丽琼：《旅游开发中少数民族妇女社会角色变迁研究——基于大理新华白族旅游村的案例分析》，载《旅游研究》2011 年第 2 期。
240. 叶志英、邓小军：《试析民族旅游对少数民族妇女的影响——以云南省弥勒县可邑村阿细妇女为个案》，载《兰州石化职业技术学院学报》2010 年第 4 期。

241. 杨丽琼:《三旅游发展对云南世居少数民族妇女地位和社会角色变迁影响研究——基于撒尼、白和摩梭三民族案例的对比分析》,载《三峡大学学报》2011 年第 2 期。

242. 张瑾:《民族旅游发展对少数民族妇女影响的人类学探讨——以贵州肇兴侗寨为例》,载《桂林旅游高等专科学校学报》2008 年第 2 期。

243. 吴晓美:《民族旅游中性别歧视现象的人类学透析》,载《青海民族研究》2007 年第 4 期。

244. 孙绪民、桑爱友:《农民在新农村建设中的主体性之考量》,载《调研世界》2007 年第 7 期。

245. 牛俊伟:《当前农民主体性问题研究现状及反思》,载《山西农业大学学报》(社会科学版)2009 年第 6 期。

246. 曾建明:《略论我国乡村旅游产品开发的差异化战略——以农家乐为典型业态》,载《改革与战略》2010 年第 8 期。

247. 梁国勇:《企业购并动机和购并行为研究》,载《经济研究》1997 年第 8 期。

248. 林毅夫、巫和懋:《"潮涌现象"与产能过剩的形成机制》,载《经济研究》2010 年第 10 期。

249. 李伟:《新农村建设中农民合作问题研究》,载《学术探索》2009 年第 3 期。

250. 马耕纬、张爱谷:《乡村旅游与制度建构——以玉龙县美泉村旅游合作社为例》,载《广西民族大学学报》2009 年第 4 期。

251. 田书清:《农村社会组织的现状及其运作模式——以贵州省榕江县大利村旅游协会为例》,载《广西社会科学》2009 年第 7 期。

252. 朱健刚:《当代中国公民社会的成长与创新》,载《探索与争鸣》2007 年第 6 期。

253. 王汝辉:《巴泽尔产权模型在少数民族村寨资源开发中的应用研究——四川理县桃坪羌寨为例》,载《旅游学刊》2009 年第 5 期。

254. 孙诗靓、马波:《旅游社区研究的若干基本问题》,载《旅游科学》2007 年第 2 期。

255. 朱红权：《国内近年来民间组织与服务型政府建设研究》，载《中国社会科学院研究生院学报》2011 年第 4 期。
256. 吴光芸：《论构建政府、市场与公民社会三者互动的有效公共服务体系》，载《江汉论坛》2005 年第 9 期。
257. 王志凌、谢宝剑：《非正式制度变迁与西部民族地区经济发展研究——基于贵州的实证分析》，载《开发研究》2005 年第 6 期。
258. 李光勇：《本土非政府组织与少数民族地区社会资本的构建——以凉山彝族妇女儿童发展中心为例》，载《内蒙古社会科学》（汉文版）2010 年第 2 期。
259. 谢治菊：《社会资本视角下西部少数民族农村社区治理模式创新》，载《农村经济》2008 年第 9 期。
260. 张文宏：《社会资本理论争辩与经验研究》，载《社会学研究》2004 年第 4 期。
261. 张文忠、齐晓明、李业锦等：《参与式的地方可持续发展规划行动方案设计》，载《地理科学进展》2005 年第 4 期。
262. 邵诏亚：《公众参与城市规划的理性选择》，载《规划师》2006 年第 6 期。
263. 李正欢、郑向敏：《国外旅游研究领域利益相关者的研究综述》，载《旅游学刊》2006 年第 10 期。
264. 王蕊、庄士成：《循环经济发展的关键：公众参与和政府功能》，载《经济问题探索》2007 年第 7 期。

附件1　少数民族村寨社区居民问卷调查表

尊敬的女士/先生：

您好！

非常感谢您能抽出宝贵的时间填写此问卷！您所填的资料仅供学术研究使用，完全不对外公开。请根据您本人的真实意愿和实际情况选择答案，谢谢配合！

谨祝：身体健康，万事如意！

贵州师范学院区域旅游研究所

敬上

1. 社区居民基本信息（请您选择最合适的，在“□”中画“√”）

居民信息	性别	□男　□女
	年龄	□≤20岁　□21~30岁　□31~40岁　□41~50岁　□51~60岁　□≥61
	文化程度	□小学以下　□小学　□初中　□中专及高中　□大专及以上
	本地居住时间	□5年以下　□5~10年　□10~20年　□20~30年　□30年以上
	与旅游业关系密切程度	□直接从事与旅游相关的工作　□家人或亲戚从事与旅游相关的工作　□自己或家人都不直接从事与旅游相关的工作
	家庭收入来源	□全靠务农　□务农为主，旅游为辅　□旅游为主，务农为辅　□全靠旅游，农业收入几乎没有

居民对经济增权的态度：

调查项目	非常同意5	同意4	中立3	反对2	非常反对1
1. 旅游业促进了当地经济的发展					
2. 旅游业增加了当地的就业机会					

续表

调查项目	非常同意5	同意4	中立3	反对2	非常反对1
3. 旅游业增加了当地居民收入，使得收入构成多元化					
4. 旅游业提高了当地居民的生活水平					
5. 旅游仅仅带来了少量的、间歇性的收益					
6. 旅游开发后大部分利益流向了地方精英、外来投资商、政府机构					
7. 旅游开发后只有少数人或家庭从旅游中获得直接经济收益					
8. 因缺少资本或适当技能，大部分村民很难找到适合途径参与旅游，分享利益					

居民对政治增权的态度：

调查项目	非常同意5	同意4	中立3	反对2	非常反对1
1. 社区组织（村委会、旅游专业合作组织）在相当程度上代表了社区的需要与利益					
2. 社区组织提供了一个供人们就旅游发展的相关问题以及处理问题的方法进行交流的平台					
3. 为发展旅游而建立起来的机构处理和解决不同社区群体（妇女、年轻人或其他弱势群体）提供被选举作为代表参与决策的机会					
4. 社区拥有一个蛮横的或以自我利益为中心的领导集体					
5. 为发展旅游而建立起来的机构将社区作为被动的受益者对待					
6. 社区成员缺少参与旅游决策的机会					
7. 只有很少或根本没有机会和权利发表关于是否发展旅游或应该如何发展旅游的看法					

居民对心理增权的态度：

调查项目	非常同意 5	同意 4	中立 3	反对 2	非常反对 1
1. 社区的传统文化、自然资源和传统知识的独特性和价值得到外部肯定					
2. 旅游发展提高了社区居民的自豪感					
3. 有必要进一步接受传统文化、旅游影响等方面的教育和培训					
4. 旅游就业和挣钱机会的增加导致妇女和年轻人的社会地位提高					
5. 村民积极、主动参与到旅游开发与传统文化、生态环境保护中来					
6. 村民没有分享到旅游带来的利益，面临着由于使用社区资源机会减少而产生的生活困难					
7. 对社区旅游发展感到沮丧、无所适从、毫无兴趣或悲观失望					

居民对社会增权的态度：

调查项目	非常同意 5	同意 4	中立 3	反对 2	非常反对 1
1. 旅游提高或维持着当地社区的平衡					
2. 当个人和家庭为建设成功的社区旅游而共同工作时，社区的整合度被提高					
3. 部分旅游收益被安排用于推动社区发展，如修建学校或改进道路交通					
4. 为发展旅游而建设的基础设施和旅游设施，丰富了当地人的休闲活动					
5. 旅游发展起来后，社会混乱和堕落					
6. 许多社区居民吸纳了外来价值观念，失去了对传统文化的尊重					
7. 弱势群体（妇女、老人、儿童）不能公平地分享旅游带来的收益					
8. 弱势群体（妇女、老人、儿童）承受了旅游发展带来的负面影响					
9. 个人、家庭、或社会经济群体不仅不合作，还为了经济利益而相互竞争、憎恨、嫉妒					

附件2　研究中收集的部分相关资料

贵州省旅游村寨定点管理暂行办法

贵州省旅游局

（2002年2月27日）

第一条　为规范旅游村寨管理，维护旅游市场的经营秩序，树立良好的贵州旅游形象，保障旅游消费者的合法权益，根据《贵州省旅游业管理条例》及《贵州省旅游定点管理办法》特制定本办法。

第二条　本办法适用于全省行政区域内的旅游村寨。

第三条　本办法所称旅游村寨，是指有营利目的，从事接待有组织的旅游者参观、游览的村寨。

第四条　旅游村寨实行定点管理。

凡符合旅游线路布点要求，具备旅游定点条件的村寨的旅游经营者可提出定点经营申请，经州、市（地区）以上旅游管理部门审查同意，授予旅游村寨定点标志牌后，方可接待旅游团队。

旅行社不得安排旅游者到非定点的村寨参观游览。

旅游村寨定点标志牌由省旅游行政主管部门统一制发。

第五条　旅游村寨定点应当具备下列条件：

1. 村寨建筑具有地方特色和民族风格，民俗文化独特，参观游览价值较高。

2. 交通可进入性较好，进出道路通畅，路面平整、坚实，有停车场地。

3. 村寨内环境整洁，建筑物墙面整齐、无污垢。游览参观场所无污水、污物，无乱建、乱堆、乱放现象。空气清新、无异味。

4. 村寨内设有供旅游者使用的公共厕所。公共厕所引导标识醒目，建筑造型、格调与环境协调。厕所配置冲水设备，便池洁净，室内整洁、干净、明亮。

5. 村寨内设有为旅游者提供信息、咨询、游程安排、导游服务的专门场所。

6. 村寨的安全、消防设施符合国家规定的标准。

第六条　旅游村寨购物场所应固定、集中，设置合理，所售商品明码标价，不得出售假冒伪劣商品，不得以任何形式纠缠、强迫旅游者购买旅游商品，不得敲诈勒索旅游者财物。

第七条　旅游村寨民族表演应弘扬民族优秀文化，内容健康、文明。不得有低级、粗俗、有害旅游者身心健康的表演项目，不得进行违反国家法律、法规及有损贵州形象的宣传。表演人员着装整洁、举止端庄。

第八条　旅游村寨所提供的各种服务项目的标准、价格及旅游投诉电话必须公开。

旅游村寨应当与旅行社签订旅游服务合同，按合同约定提供服务。旅游村寨不得在合同约定项目之外随意加收费用。不得擅自增加或减少服务项目，损害旅游者的利益，不得向旅游者索要或变相索要小费。

第九条　旅行社在组织旅游者参观、游览旅游村寨的活动中，要尊重当地的民族风俗习惯和宗教信仰，遵守社会公德，爱护环境。

第十条　旅游村寨经营者应按季如实向旅游管理部门提供经营情况和接待统计报表，并接受旅游管理部门的监督检查。

第十一条　旅游管理部门应定期或不定期地对定点旅游村寨的服务设施、项目、内容进行复检和抽检，以确保接待服务质量和水平。

旅游管理部门执法人员进行检查时，应出示国家或省统一制作的行政执法证件。

第十二条　违反本办法规定的，由县级以上旅游管理部门依据《贵州省旅游业管理条例》及《贵州省旅游定点管理办法》进行处罚，直至取消定点资格，并向社会予以公告。

第十三条　本办法从2002年3月1日起执行。

贵州省旅游民族村寨设施与服务规范

前　言

为规范贵州省民族村寨旅游市场，满足旅游者在民族村寨的观光、游览等需求，加强民族村寨环境、建筑、旅游接待等基础设施建设，提高民族村寨旅游服务质量，促进贵州省民族村寨旅游持续健康的发展，特制定本标准。

本标准由贵州省旅游局提出。

本标准由贵州省质量技术监督局批准。

本标准由贵州旅游局归口。

本标准起草单位：贵州省旅游协会、贵州省标准化协会。

本标准主要起草人：丁蜀生、付瑜、洪守礼、殷红梅、罗非

1　总则

本标准规定了贵州省旅游民族村寨应具备的村寨基础设施、文化保护、服务质量、安全、卫生、环境等要求。

本标准适用于贵州省行政区域内民族村寨的旅游基础设施与服务。

2　规范性引用文件

下列文件中的条款通过本标准的引用而成为本标准的条款。凡是注日期的引用文件，其随后所有的修改单（不包括勘误的内容）或修订版均不适用于本标准，然而，鼓励根据本标准达成协议的各方研究是否可使用这些文件的最新版本。凡是不注日期的引用文件，其最新版本适用于本标准。

GB 9663　旅店业卫生标准

GB 9664　文化娱乐场所卫生标准

GB 16153　饭馆（餐厅）卫生标准

GB 19085　商业、服务业经营场所传染性疾病预防措施

GB/T 10001.1　标志用公共信息图形符号　第一部分：通用符号

GB/T 10001.2　标志用公共信息图形符号　第二部分：旅游设施与服务符号

GB/T 16766　旅游服务基础术语

GB/T 18973　旅游厕所质量等级的划分与评定

GB 3095　环境空气质量标准

GB 5749—2006　生活饮用水卫生标准

GB 8978　污水综合排放标准

GB 13495　消防安全标志

GB 18483　饮食业油烟排放标准

DB52/T 466—2004　贵州省乡村旅舍等级评定与管理

贵州省乡村旅社建设导则

3　环境要求

3.1 村容村貌

3.1.1 村寨环境良好，整洁卫生，无“脏、乱、差”现象，有充足安全卫生的饮用水源，无地质灾害隐患。

3.1.2 村寨建设无违章乱搭、乱建房屋，能体现独特的民族特色和房屋建筑形式。村中道路平整、干净，无污水、垃圾、家禽家畜粪便等。

3.1.3 家禽家畜不得随意放养而影响村寨环境卫生、妨碍道路交通安全、破坏生态植被环境。

3.1.4 村寨公共区域应具有夜间照明设施，室外灯光在确保照明的情况下不影响村民生活。

3.1.5 在指定区域不得张贴不健康的广告。

3.1.6 公共图文标识应有中英文对照文字标注、符号规范、信息完整无误，外观要与村寨文化、环境相协调。

3.1.7 各项设施设备符合国家环境保护的要求，加强污染源管理，不造成环境污染和其他公害，不破坏旅游资源和游览氛围。

3.2 民族文化

3.2.1 村民应对本村文化有认同感、历史感和责任感，非物质文化遗产得到有效保护和传承创新。

3.2.2 保持民族传统礼俗特色，展示村寨民风民俗，体现当地的民族风格。

3.2.3 村民在旅游接待活动中应穿着本民族服装，特别是自己纺纱、织布、染色做的民族服装。

3.2.4 室内装饰、家具、设计应充分利用当地材料和手工艺品。

3.2.5 有当地民族节日，有代表自己节日的文化和表演。

3.2.6 民族工艺要有传承意识，设置专门供游客欣赏和学习民族工艺的场所。

3.2.7 文化娱乐项目、建筑、服饰和饮食文化应富有当地民族和地方特色。

3.2.8 根据当地自然和民族文化资源，开展民族民间节庆活动、文艺演出，为游客提供有民族特色的健康的娱乐、休闲、健身活动服务。

3.2.9 文化娱乐活动内容文明、健康，符合伦理道德；培育符合社会和本民族公共道德的审美情趣。

3.2.10 加强对古墓、古桥、古井、古道、古塔等文物和古树的保护。

4　民族村寨旅游设施

4.1 建筑要求

4.1.1 以当地建筑技巧和形式为基础，并尽可能使用当地文化符号，体现当地建筑结构式样和传统材料及建造技术；保持良好的建筑密度和间距。

4.1.2 建筑风格与当地文化环境相协调，与自然生态相一致；房屋规划和设计应顺应自然地形；设施所使用的色彩应和周围环境相协调。

4.1.3 建筑材料应就地取材，注意环境和景观的保护，不宜瓷砖外贴墙面，外门窗不宜使用铝合金等与村寨建筑风格不协调的建筑材料。

4.1.4 建筑以低层为主，应透气、通风、采光良好。

4.1.5 建筑布局合理，大小适中，结构良好。

4.1.6 人居建筑与畜禽圈舍相对分离。

4.2 村寨基础设施

4.2.1 道路交通

4.2.1.1 进出民族村寨的道路为硬化路面，平整畅通。

4.2.1.2 主要通道、岔路口有明显的交通指示标识，便于游客识别。

4.2.2 停车场

4.2.2.1 停车场建设应因地制宜，以不破坏环境和影响景观为原则，其车位数量与接待能力相适应，场地平整、出入通畅；植树铺草，与周围绿化环境一致，不易硬化处理。

4.2.2.2 应划定明显车位线。车位占地面积标准：每辆大巴占地 40 平方米，每辆轿车 15 平方米。

4.2.2.3 设置与停车场大小相适应的公共厕所，采光通风良好。

4.2.3 步道

4.2.3.1 铺设路面的材料和自然环境相协调；道路表面应防滑、经久耐用，使用自然的可透水的材料，尽可能避免使用水泥、沥青和混凝土板；每条步道应设置通畅的排水沟。

4.2.3.2 在陡峭的地方，应设置扶梯设施，以确保游客安全。

4.2.3.3 道路标识应清晰标示道路的起始点、方向、距离，并配有路线指示图。标识应与周围环境相协调。

4.2.3.4 进入民族村寨的公路以及村寨内的步道，设置排水设施，应有维修计划并经常维护。

4.2.4 通信

4.2.4.1 移动电话信号覆盖全村。

4.2.4.2 主要旅游服务设施内有互联网接入口，配有电视、电话等设施设备。

4.2.4.3 有卫星电视接收设备或有线电视网。

4.3 信息指示和引导设施

4.3.1 应设置导游图、导游引导标识和公共信息图形标识、引导标牌。

4.3.2 标识及引导设施用材应与环境相一致，体现地域特色。

4.3.3 在与安全有关的场所，应在固定的位置设置清晰醒目的安全标识。

4.3.4 引导标牌、指示牌、说明牌应用中英文标识，内容准确，文字规范，字迹清晰，符号标准，表面无浮尘，无油漆剥落造成的缺句少字。

4.3.5 中英文对照公共信息图形符号的设置应符合 GB/T 15566 的要求，且符合 GB/T 10001.1 的规定。

4.4 村寨旅舍或农家旅馆

村寨旅舍或农家旅馆按照 DB52/T 466—2004 中一朵花标准以上建

设，具体建设参照《贵州省乡村旅社建设导则》执行。

4.5 餐厅（包括单独经营的餐馆）

4.5.1 餐厅位置合理，采光通风良好，整洁，能提供相适应的使用面积。

4.5.2 餐厅装饰应体现村寨的文化特色和乡村风貌。

4.5.3 桌椅、餐具、酒具、餐巾纸、菜单配套，菜单的菜品分类列出，明码标价；宜使用地方或民族的特色餐具。

4.5.4 提供的食品来源和加工须符合食品卫生、质量要求，菜品应具有浓郁的乡村风味和民族特色，并具有良好的营养价值。

4.5.5 家具餐具能体现村寨的特色文化，干净整洁、完好。

4.5.6 配备应急照明灯或应急照明电筒。

4.6 厨房

4.6.1 厨房布局流程合理，其使用面积应与接待能力相适应。

4.6.2 厨房地面应采用硬化、防滑处理，易于冲洗。

4.6.3 初加工区、烹调区、凉菜区应独立分设并符合卫生要求。

4.6.4 食品处理区的主体建筑材料应易清洗、不吸水，墙壁有1.5米以上的墙裙（瓷砖）。

4.6.5 具备餐（饮）具洗涤、清洁、消毒池及蔬菜清洗池，肉类清洗池应独立分设并符合卫生要求。

4.6.6 有专门的食品贮藏设备。

4.6.7 有消毒专用设备。

4.6.8 有充足的冷藏、冷冻设施。

4.6.9 有合理良好的通风排烟设施。

4.6.10 有完善的防蝇、防尘、防鼠及污水达标排放设施。

4.6.11 有符合卫生要求的封闭垃圾桶并保持外部整洁。

4.6.12 有必要的灭火器、水桶、消防池等消防设施。

4.7 公共厕所

4.7.1 布局合理，建筑设计与村寨环境相协调。

4.7.2 男女卫生间分开设置，厕位不少于各2个，地板使用防滑材料。

4.7.3 设置手纸筐、洗手池、肥皂、镜台等相关辅助设施。

4.7.4 具有有效的粪便处理措施，污水达标排放。

4.7.5 采光、通风、照明条件良好，除臭措施有效。

4.7.6 厕所内设备、环境整洁，无蚊蝇、无异味。

4.8 垃圾处置设施

4.8.1 村寨内应设置垃圾收集设施，数量、布局要适当、合理。

4.8.2 垃圾收集设施完整，表面干净无污渍，应及时处理设施内垃圾。

4.8.3 垃圾收集设施的用材和造型与村寨文化和环境相一致。

4.8.4 选择远离村寨、水源保护区域及游客可视范围外地段，设置小型垃圾填埋场，或利用县、乡垃圾填埋场处置，处置村寨垃圾。

4.9 服务接待中心

4.9.1 服务接待中心可设置售票处、接待处、行李保管处、信息服务处。

4.9.2 服务接待中心应设在村寨显著位置，周围环境良好、开阔，设置遮阴避雨设施，照明、通风等条件良好。

4.9.3 对收取门票的村寨应设置售票窗口，窗口数量应与能接纳的游客量相适应。

4.9.4 对有售票处的村寨，售票处应向游客公布票价表、购票须知、营业时间。

4.9.5 接待处应设有专门的团体接待和接受游客投诉的柜台，设置专门的预订和投诉电话，并有专人值班。

4.9.6 应设置专门的行李保管处（室），方便游客寄存行李等物品，酌情配备保险箱（柜），设置贵重物品保管；行李保管处应向游客公布保管须知。

4.9.7 信息服务处应有明显的标志，有专人值班，提供民族村寨简介、活动项目介绍和旅游须知等服务指南。

4.9.8 应在位置醒目、方便的地方设置公用电话，电话数量与接待规模相适应。公用电话按 LB/T 001 设置标志。

4.10 购物商店（作坊）

4.10.1 村寨内的旅游购物商店（作坊），设施明快、整洁、有序，标识清楚；商店（作坊）位置布局合理。

4.10.2 能提供旅行日常用品以及具有本民族和地方特色的旅游纪念品、土特产、工艺品等商品。

4.10.3 服务人员应熟悉和掌握所推销商品的性能、产地、特点，主动热情为游客介绍商品，服务中应有问有答，尽量满足游客的要求。

4.10.4 不出售假冒伪劣商品，明码标价，不欺诈游客，不强买强卖。

4.10.5 商店（作坊）卫生应符合相关要求。

4.11 医疗急救设施

4.11.1 医疗急救设施可与当地村卫生医疗设施相结合。

4.11.2 应设置为游客服务的医务室，位置合理，标志明显。

4.11.3 医务室应有医务人员值班，为游客进行一般性突发病痛的诊治和救护。

4.11.4 医务室应备有常用救护器材和药品，能紧急处理突发事故中伤病员的急救工作。

4.11.5 医务室应配备具有执业医师资格和执业护士资格的医疗人员和训练有素的护理人员。

4.12 文化娱乐设施

4.12.1 村寨有当地歌舞表演、典礼仪式等的场所和设施，场所建设应体现村寨的民族特色。

4.12.2 文化娱乐场所应因地制宜设置，不得干扰村民和游客的正常生活。

4.12.3 保持娱乐场所清洁卫生、良好通风和秩序。

4.13 给、排水设施

4.13.1 合理设置给水管网，管网铺设不得影响视觉景观。

4.13.2 村寨须有完善的污水排放系统和污水处理设施，实现达标排放。

5 **服务要求**

5.1 服务总则

5.1.1 对游客礼貌、热情、亲切、友好、诚实、公平交易。

5.1.2 对游客一视同仁，不分种族、民族、国别、亲疏，不以貌取人。尊重游客的民族习惯。

5.1.3 遵守国家法律、法规，保护旅客的合法权益。

5.1.4 遵守职业道德，有良好的服务意识和敬业精神。

5.1.5 应熟悉本地相关的文化内涵及民俗文化，对客人提出的问题应予以耐心解释，不推诿和应付。

5.2 迎宾服务

5.2.1 须着整洁的民族服装，做到仪表整洁、仪容端庄。

5.2.2 使用本民族迎宾礼仪迎接游客，精神饱满、面带笑容。

5.2.3 游客抵达时，应主动上前问候，表示热忱的欢迎。

5.2.4 有栏门酒礼仪的村寨，应提供具有民族特色的一次性、纪念性酒具；须尊重游客意愿，不得强制性敬酒。

5.2.5 如遇到老、弱、病、残、幼的游客，要适度搀扶，倍加关心。

5.2.6 有条件的村寨可设置无障碍设施或提供软椅。

5.2.7 如遇游客询问，应礼貌地给予回答，如不能确切地告知时应请其他同事或上级领导解决，决不可将错误的或不肯定的信息传递给游客。

5.2.8 当游客离开时，应面带微笑，目送游客，欢迎游客下次再来。

5.3 导游服务

5.3.1 配备一定数量的培训合格的村寨导游服务人员。

5.3.2 村寨导游须着民族服装，会使用普通话和本民族语言。

5.3.3 村寨导游应熟悉本村寨及周边旅游景点，以及行、游、住、食、娱、购及医疗卫生等方面的基本情况，熟悉本民族文化的知识和特色。

5.3.4 用语文明，服务热情、主动、周到，尽职尽责。

5.3.5 村寨导游应具备组织、协调、沟通、应变能力。

5.4 表演服务

5.4.1 有条件的村寨，可提供民族民间特色歌舞表演或民族仪式活动，并具有参与性。

5.4.2 表演主持人应用普通话报幕并解说表演的主要内容。

5.4.3 表演场地应提供表演节目单和相应数量的桌椅板凳。

5.4.4 表演场地应随时保持整洁。

5.4.5 表演时村民不得兜售商品。

5.5 住宿服务

5.5.1 住宿费用须明码标价。

5.5.2 主动向游客介绍房间和各类设施。

5.5.3 主动帮游客拿行李到房间，须提供住房钥匙。

5.5.4 为游客提供开水和灭蚊器（蚊香）等必要的住宿用品，尽量满足他们的需要。

5.5.5 热情主动的服务，让游客感受到宾至如归。

5.5.6 游客离开时，应主动帮游客拿行李，并提醒游客不要遗漏物品。

5.6 餐饮服务

5.6.1 服务人员衣着整洁，勤洗手，不留长指甲，不染指甲，个人卫生好，须取得健康卫生合格证。

5.6.2 直接加工食品的生产加工人员不得佩戴戒指等首饰，应戴口罩和工作帽。

5.6.3 餐厅、餐桌应随时保持整洁。

5.6.4 服务人员应提供菜单，介绍特色菜肴和制作工艺，上菜时主动报菜名。

5.6.5 服务人员在就餐人员离开时，应提醒不要遗漏物品。

5.6.6 服务人员可即兴表演本民族的敬酒等接待礼仪。

5.7 购物服务

5.7.1 经营诚实守信，商品须明码标价，不出售假冒伪劣商品，无价格欺诈行为。

5.7.2 禁止追逐游客兜售商品。

5.7.3 交易过程中，态度良好，应尊重游客意愿，不得有侮辱游客的行为和语言。

5.8 交通服务

5.8.1 及时清除交通障碍及隐患，确保交通畅通。

5.8.2 一时不能清除的障碍，应设置醒目的交通标识。

5.8.3 热情引导车辆停放，保证车辆安全。

6　安全要求

6.1 加强村民防火、防盗、公共安全等方面的安全教育，在人群集中区有提醒游客注意安全的警示牌。

6.2 结合村寨的义务、志愿消防组织，负责组织和处理村寨旅游安全、紧急救援等有关事宜。

6.3 村寨和各服务设施区域须配备灭火器、消防栓或消防水池等必要的消防设备，制订防火预案。

6.4 村寨建筑物之间须有足够的间距，设置消防通道或楼梯供紧急疏散时使用。

6.5 在餐厅和住宿建筑中配备应急照明灯或应急照明电筒。

6.6 村寨建筑底层、临街靠巷房和容易攀爬的阳台及窗要有防护措施，注意防盗。

6.7 消防安全标志须按 GB 13495 设置。

7　卫生质量要求

7.1 饮用水安全卫生达到 GB 5749 标准的规定。

7.2 客房卫生达到 GB 9663—1996 标准的规定。

7.3 文化娱乐场所卫生达到 GB 9664 标准的规定。

7.4 饭馆、餐厅卫生达到 GB 16153 标准的规定。

7.5 服务人员、相关经营者须持有健康证。

7.6 客房每日全面清理一次，保持清洁，空气流通、清新，餐厅、厨房、厕所应随时清扫，时时保持清洁、无异味，有防蟑螂、老鼠、蚊子、苍蝇的措施。

7.7 床单、枕套、被套等卧具应干燥、整洁，统一颜色，一客一换，对长住游客可根据其需求更换。

7.8 供旅客使用的餐具、茶具、公共用具无破损，必须清洗消毒。

7.9 接待服务中心地板、玻璃应时刻保持清洁无污物，环境干净卫生。

7.10 村寨环境卫生须有专人管理，随时保持村寨的干净整洁。

8　环保要求

8.1 环境空气

8.1.1 环境空气质量达到 GB 3095—1996 标准的要求。

8.1.2 禁止焚烧农作物秸秆，推广使用如电、液化气、沼气、秸秆液化气等节能和清洁能源，尽量避免使用产生粉尘量大的烟煤、薪柴等。

8.1.3 严禁在村寨范围内焚烧秸秆和生活垃圾，积极推广垃圾的无害化处理。

8.1.4 严格控制、监督民族村寨内饮食经营户的厨房油烟排放，强制安装油烟净化装置，油烟排放达到 GB 18483 标准的要求。

8.2 声环境

噪声质量达到 GB 3096—1993 标准的要求。

8.3 垃圾

8.3.1 沿村寨旅游步道设置一定数量的垃圾收集设施，一般每隔 100 米设置一个，但在停车场、接待服务中心、旅游商店和重点村寨景点等游客集中的地方要适量增加垃圾收集设施的数量。

8.3.2 指定村寨卫生保洁制度，落实公共区域卫生保洁职责。

8.3.3 生活垃圾实行定点收集，日产日清，以保障整洁的村容村貌。

8.3.4 在适当位置悬挂“请不要乱扔垃圾”的标示牌。

8.4 水环境

8.4.1 饮用水达到 GB 5749 标准的要求。

8.4.2 污水排放达到 GB 8978 标准的要求。

8.4.3 加强村寨地表水的保护，严禁在区内及其上游建设污染性项目，禁止在水体中倾倒垃圾、冲洗机动车辆等。

8.4.4 加强村寨饮用水水源地保护，划定保护范围，严禁牲畜进入，严格防止任何污染物质进入水源地和污染事件的发生。

8.4.5 发展生态农业，严格控制农业污染，减少农药化肥使用量。

8.4.6 禁止向地下水体排放污染物，保护好地表水下渗的通道。

8.5 生物资源

8.5.1 实施对古树名木的保护，悬挂注明树种及树龄等功能的解说牌，并注意保持其周边环境原生态的真实性和完整性；解说牌的用材和制作以不破坏景观为原则，尽量利用村寨当地的各种建筑木料。

8.5.2 加强村寨林木的保护，积极营造人工林，努力提高森林覆盖率，充分发挥其调节气候、涵养水源等多种生态功能。

8.5.3 加强对珍稀动植物物种和地方特有动植物物种的保护，禁止猎杀珍稀鸟类和野生动物。

8.6 人居环境

8.6.1 人畜分离，住宅与畜禽圈栏应分开，不在同一建筑物内，保持适当的卫生距离；有条件的村寨宜采用集中圈养。

8.6.2 设立天然或人工屏障，做到鸡棚、猪圈的隐蔽化；家禽家畜应圈养或拴养。

8.6.3 按风向、地势合理配置住宅、畜禽圈栏；对人畜粪便进行有效处理。

8.6.4 绿化、美化村寨环境，加强房前屋后庭院的绿化建设。

西江村村规民约

（2009 年 4 月 2 日经西江村村民代表会议通过）

一、社会治安

1. 入宅盗窃的，白天，除赔偿损失外，赃物归还原主，罚违约金 500 元；晚上，除赔偿损失外，赃物归还原主，罚违约金 300 元。

2. 盗窃耕牛的，不论大小，除赔偿损失外，赃物归还原主，罚违约金 500 ~ 1000 元，盗窃家禽除赔偿损失外，赃物归还原主，罚违约金（按每只）30 ~ 100 元。盗窃猪的，除赔偿损失外，赃物归还原主，罚违约金 300 ~ 500 元，盗窃果类的，除赔偿损失外，赃物归还原主，白天罚违约金 30 ~ 50 元，晚上罚 50 ~ 100 元。

3. 偷钓田鱼（按每条鱼计算）罚违约金白天 5 元晚上 10 元；偷摸田鱼、罩鱼的，白天罚违约金 100 ~ 200 元，晚上罚违约金（每次）200 ~ 300 元，除赔偿损失外，赃物归还原主；开田偷鱼，白天 200 ~ 500 元，晚上 500 ~ 1000 元，除赔偿损失外，赃物归还原主。

4. 严禁在白水河流域、支流炸鱼，违者，每炮罚违约金 100 元，电捕鱼每次罚违约金 100 ~ 400 元，并没收电具，毒闹鱼每次罚违约金 500 ~ 1000 元，情节严重的，交由有关部门处理。

5. 在鱼塘、水库偷鱼的，按业主相关条款处理并罚违约金 100 元。

6. 严禁无证砍伐，违者，每株罚违约金 10 元，情节严重的，交由林业部门处理。

7. 盗伐杉木按每株围径每公分罚违约金 5 ~ 10 元，松木按每株围径每公分罚违约金 5 元。经济林每株罚违约金 10 ~ 50 元，偷菜、瓜、茄等蔬菜每次罚违约金40～100元，赃物归还原主。偷稻草每帽罚5元违约金。

8. 凡在西江村境内打架斗殴，侵害妇女、儿童身心健康行为，处罚违约金500～1000元，严重的移交司法机关处理。

9. 未成年人触犯本条约的，由其监护人承担责任。

10. 本约各条，凡举报者奖励罚金的50%。

11. 破坏和砍伐本村内风景树罚50～500元违约金，以上各条举报者奖励违约金的50%。

二、防火安全

1. 严禁在房前屋后或其他寨内空闲地乱烧易燃物和垃圾，违者罚违约金100～300元，并强制参加消防安全教育班学习。

2. 严禁大量柴草进寨和随意在房前屋后堆放，生产生活柴草需要进寨的，必须确保存放安全，违者强制现场整改或罚违约金50～100元。

3. 严禁私拉乱接和超负荷用电，须增加用电负荷的，要报请供电部门审批并派技术人员实施，违者强制拆除并罚违约金100～300元。

4. 严禁随意关闸接水或关闸维修，需要关闸接水或维修的要报经水利站同意，违者罚违约金100～300元。

5. 严禁在本辖区内燃放礼花炮，违者罚违约金200～500元。

6. 在本辖区内发生火警的，罚违约金500～1000元，一切损失费用由肇事者自负。

7. 在本辖区内发生火灾的，按“四个一百二”（即一百二十斤米、一百二十斤糯米、一百二十斤猪肉、一万二千响爆竹）处罚并鸣锣喊寨一年，所造成损失报上级部门处理。

8. 本村耕作区内发生山火的，首先按过火面积每亩罚责任人违约金500～1000元，然后另行清点估算烧毁林木，赔偿损失。杉木按每株围径每公分0.2元进行处罚，松树按每株围径每公分0.1元进行处罚，经济林按每株10～30元（包括桐子、果树）进行处罚，必须在一个星期内交足罚金，拒交的，请鼓藏头、寨老出面处理。

9. 破坏村内消防实施的，除照价赔偿外，罚违约金200～500元。

10. 在村内消防塘乱丢杂物、垃圾、洗漱杂物，乱放尿桶脏物等，罚违约金 50～100 元。

三、环境卫生

1. 西江村境内主干道步道不许晒粪、不许占道堆积杂物，违规者，经警告仍不整改的，罚违约金 20～50 元，并强制清除。

2. 严禁往河边、水沟、周围环境扔、倒垃圾，违者，罚 20～50 元违约金。

3. 凡抵触和不配合村委会开展防火安全、环境卫生、山林保护等工作的农户，申请村委办理相关事情的，暂不予以考虑。

四、山林、土地纠纷按原各自然寨的民约进行协调

注：赃物已毁，照价赔偿。

西江村党支部

西江村民委员会

2009 年 4 月 2 日

西江景区苗家乐协会章程

第一章　总则

第一条　本会名称：西江镇景区苗家乐协会

第二条　本会的性质：是由整个景区苗家乐和热心人士自愿组成的地方性、行业性的非营利社会组织。

第三条　本会的宗旨是：坚持党的领导，坚持改革开放的方针，遵守国家的法律、法规和国家政策、遵守社会道德风尚，以团结协作为基础，以行业规范为依据，引导整个景区的农家乐经营者诚实、守信、依法经营，优质服务，促进全景区苗家乐健康发展。

第四条　西江景区苗家乐协会挂靠西江景区管理委员会，接受县旅游事业局业务指导，接受西江镇政府指导及监督管理。

第五条　本会的办公地点设在西江镇景区管理委员会。

第二章　业务范围

第六条　本协会的业务范围有：

（1）向县旅游局和管委会反映苗家乐在运行中出现的新情况和新问题，反映会员的呼声和要求，提供农家乐发展的方针、政策和制度法规等意见和建议；

（2）组织会员学习国家法律、法规和政策，开展思想政治教育、法制教育和职业道德教育，举办文明经营、优质服务活动；

（3）维护经营者的合法权利和利益，向有关部门反映苗家乐的合理意见和要求；

（4）积极组织本区各家苗家乐开展经验交流和讨论，为本区农家乐开展技能培训，不断提高本区苗家乐的综合素质；

（5）组织会员外出学习考察，开展与国内外同行业及相关行业组织的业务交往活动。

第三章　会员

第七条　申请加入本协会的会员，必须具备以下条件：

（1）拥护本协会的章程；

（2）自愿加入本协会的意愿；

（3）热爱本行业或在这一行业领域内具有一定影响个人或团体。

第八条　会员入会的程序

（1）提交入会的申请书；

（2）经本理事会讨论通过；

（3）填写入会登记表，协会登记表备案；

（4）由理事会发放或授权机关发放会员证。

第九条　会员的权利

（1）本协会的选举权、被选举权和表决权；

（2）参加本协会的活动；

（3）优先获得本协会各种服务的权利；

（4）对本协会工作有批评建议权和监督权；

（5）入会自愿、退会自由。

第十条　会员的义务

（1）遵守本协会章程和行业规章制度，执行本协会的决议；

（2）维护本协会的合法权益；

（3）关心学会工作，完成本协会交办的工作；

（4）按规定一年缴纳一次会费；

（5）向本协会反映情况，提交相关材料；

（6）如会员在一年内不交会费，不参加本协会举办的各种团体活动，视为自动退会，并收回会员证。

第四章 组织机构和负责人产生、罢免

第十一条 本协会的最高权力机构是会员大会（或会员代表大会），其职责是：

（1）制定和修改章程；

（2）选举和罢免理事；

（3）讨论并决定本会的工作方针和任务；

（4）审议理事会的工作报告和财务报告；

（5）决定其他重大事宜。

第十二条 会员大会（或会员代表大会）须有2/3以上的会员（或会员代表）出席方能召开，其决议须经过到会（或会员代表）半数以上表决通过方能生效。

第十三条 会员大会（或会员代表大会）每届3年。因特殊情况需提前或延期换届的，须由理事会表决通过，报西江景区管理委员会审查并批准同意。但延期换届最长不超过1年。

第十四条 理事会的职权是：

（1）执行会员大会（或会员代表大会）的决议；

（2）选举和罢免会长、副会长、秘书长；

（3）筹备召开会员大会（或会员代表大会）；

（4）向会员大会（或会员代表大会）报告工作状况；

（5）决议会员的吸收和除名；

（6）制定内部管理制度；

（7）决议其他重大事项。

第十五条 理事会须有2/3以上理事出席方能召开，其决议须到会理事2/3以上表决通过方能生效。

第十六条 理事会每月至少召开一次会议。

第十七条　本会设立常务理事会，常务理事会由理事会选举产生，设会长、副会长、秘书长，理事会设人员3～5名，常务理事会代理大会处理日常事务。

第十八条　会长主持全面工作，副会长协助会长工作，秘书支持日常工作。

第五章　经费管理、使用原则

第十九条　本会经费来源

(1) 会费；

(2) 捐赠；

(3) 政府资助；

(4) 利息；

(5) 其他合法收入。

第二十条　本协会经费必须用于本章程规定的业务范围和事业发展，不得在会员中分配。

第二十一条　本协会的会员费由本协会有一定专业资格的人员出任，并报西江景区管理委员会备案，会计人员调动工作或离职时，必须与接管人员办清交接手续。

第六章　章程的修改程序

第二十二条　对本协会章程的修改，须经理事会通过后报大会（或会员代表大会）审议，同时报西江景区管理委员会备案。

第二十三条　会长有权安排副会长和所有会员工作。

第二十四条　本章程自2008年12月2日表决通过。

第二十五条　本章程的解释权属西江景区苗家乐协会理事会所有。

西江苗家乐协会工作分工情况

西江苗家乐协会在西江管委会的关心支持下，已于2008年12月2日成立，为了把协会运作得更好，现将西江苗家乐协会会长、副会长及秘书长工作分工如下：

会长（李珍）：主持西江苗家乐协会全面工作。

副会长（杨丽华）：协助会长工作。并负责组织会员学习政治理论和业务知识学习，负责组织协会人员开展苗族历史文化知识传承培训，并兼负平寨苗家乐的协调和管理。

副会长（周英）：协助会长工作。负责对外宣传及苗家乐的接待培训工作，负责南贵农家乐的协调和管理。

副会长（李玉福）：协助会长工作。负责办公室、财务工作，并兼负东引苗家乐的协调和管理。

副会长（唐守明）：协助会长工作。主要负责西江苗家乐思想政治教育工作，负责苗家乐与景区协调发展和管理。

秘书长（刘福山）：负责办公室工作和协调一切事务往来。

财务：负责账务和各种票据的管理。

西江农家乐协会挂靠西江管理委员会，协会下设办公室在西江管委会。

西江农家乐协会

二〇〇九年一月十三日

郎德苗寨游客须知

1. 游客到我寨观光旅游，必须遵守我旅游景点规定的各种规章制度，配合和协助旅游景点各种人员的管理工作。

2. 旅游的团队、散客、过往行人，不得在我区域内采摘各种花草树木，违者每次罚款 20 元。不准炸、电、毒鱼，不准破坏农业生产和各种基础建设，尊重各地民风民俗；遵守村规民约，违者轻则按村规民约处罚，重则交当地派出所处理。

3. 经联系通知接待的旅游团队在未接待进寨之前，不准在公路、桥头购买工艺品和租用民族服饰照相纪念。如需购买民族工艺品或租用民族服饰照相等，一律在接待表演活动结束后，统一在展销场地自由选购和穿照，违者每人每次罚款 20 元。

4. 为了维护游客的生命财产安全，游客需到农户家了解民风民俗、就餐或需到我区域某处游览，须征得我区管理人员的同意，否则造成的一切事故后果自负。

5. 在观看活动表演期间，游客不得乱传表演场购工艺品，需要购工艺品的必须在观看表演结束后自由选购。

6. 任何游客团体或个人，不经我管理人员同意，不准私自在桥头、公路、芦笙场开小型表演唱，违者处罚 200～500 元。

7. 游客手上的果皮、废物、酒瓶、汽水瓶不准乱丢乱扔，一律放在垃圾箱内，违者每次罚款 20 元。

8. 以上规定，希望游客自觉遵守为谢。

上郎德村党支部

上郎德村民委员会

郎德上寨文物旅游接待组

二〇〇六年元月一日

郎德上寨关于工艺品销售抽签的有关规定

1. 凡参加当天当场活动工艺品销售的人员必须自觉抽签；

2. 一户有多人销售工艺品的只允许 1 人抽签，如发现一户多人抽签的，罚款 5 元；

3. 抽签时，只允许从签箱内取出 1 根，如发现有取出 2 根及以上者，罚款 1 元；

4. 抽签者必须按时交送签牌，如逾期不交者，罚款 5 元，丢失者罚款 12 元；

5. 如发现在签牌上雕刻记号或损坏者罚款 24 元；

6. 抽得签后，必须对号入位进行销售工艺品，如有窜位者按销售工艺品的买卖公约进行处理；

7. 销售者如晚到抽不到签者，必须征得管理人员同意，并按指定位置进行摆卖，否则罚款 5 元。

郎德上寨旅游接待组

2004 年 5 月 6 日

郎德上寨旅游接待公约

为了搞好拦路酒接待工作，提高接待质量，给游客一个美好印象，特制定以下接待制度。

1. 凡参加拦路酒的接待人员要身着本民族服饰，衣着整洁干净，热情大方，礼貌待客。

2. 凡参加接待敬酒的学生必须是四年级以上的。

3. 凡接待人员按各自的着装穿戴整齐，凡穿水桶胶鞋、皮鞋、拖鞋等非本民族鞋类去接待的不给工分。

4. 客人进寨至笙筒芦笙停止吹奏时，才赶到寨门接待的只给第二道工分。

5. 接待人员要自觉保护好酒海、酒杯、酒桌等接待道具，如有造成损坏的照价赔偿。

6. 参加敬酒的人员要赶在客人进寨之前提前到位，如不按时到位，造成缺位的其他人员可以代替敬酒，桌长无权干涉。

7. 敬酒人员要动作娴熟、谨慎，粗心大意造成游客跌倒损伤的一切后果由本人自负。

8. 年龄超过 50 岁的妇女不予再参加敬酒接待，强行接待不予给票。

9. 年龄超过 70 岁的老人和因病确实行动不便者可就近在铜鼓场边拿票。

10. 跳民族团结舞时未宣布停止敲鼓，不得擅自离开队伍，发现违者不予记该场活动第三道工分。

11. 本条约要求接待人员共同遵守维护，并从公布之日起执行。

上郎德村党支部

上郎德村民委员会

郎德上寨旅游文物接待组

二〇〇六年元月一日

郎德上寨旅游卫生管理公约

为了搞好我寨自然环境卫生，创造一个文明、卫生、清洁、舒适的旅游生活环境，特制定本公约。

1. 凡是划分制定给各家负责的卫生区域，必须每天保持干净，垃圾一律拾到指定位置堆放，不准倒入排水沟或他人卫生区域，违者每次罚款 50 元。

2. 各农户的禽畜便尿、生活污水排放不准流入过道，违者责令限期整改，逾期不整改罚款 50 元。

3. 房前屋后堆放柴草要注意堆放整齐，不准堵路塞道，否则强行拆除。

4. 寨内各条过道及公路沿线严禁晒粪，违者每次罚款 50 元。

5. 一律不准在公路沿线开新粪棚、砌保坎等，原有粪棚一律拆除，不听者由接待组强行执行。

6. 寨内所有水井、防火池严禁洗刷拖把、衣物、尿布，不准丢甩石头、玻璃、柴草、动物尸体入内，违者罚款 50 元。

7. 宰杀禽畜时，不准在防火塘边清、冲洗，违者罚款 50 元。

8. 违反以上公约，经检查人员指出后不整改或清扫，由检察组整改，其误工费用由户主负责开支。

9. 本公约要求全体寨民共同遵守、维护，并从公布之日起执行。

上郎德村党支部
上郎德村民委员会
郎德上寨旅游文物接待组
二〇〇六年元月一日

郎德上寨旅游工艺品销售管理公约

为了搞好我寨民族工艺品的销售管理，提供旅游产品销售的服务质量，给游客提供一个舒适、满意的购物市场，特制定本公约，以供遵守。

1. 凡通知接待的旅游团队，在接待进寨前任何人不准拿工艺品到桥头、公路边摆卖、兜售或照相，违者每次罚款50元。

2. 在活动表演过程中，不准任何人拿工艺品到铜鼓场边摆卖、兜售，必须在表演活动结束后方能进场，违者罚款50元。

3. 摆卖工艺品，必须按各户抽签所得的位置进行摆放，任何人不准窜出原位到其他位置出售工艺品，违者罚款30元。

4. 销售工艺品，必须抽到签牌才能有权入场进行摆卖，不经过抽签，擅自摆卖者每次罚款30元。如签牌抽完，须经管理人员批准到指定的位置摆卖。

5. 不准许将工艺品或衣物挂在游客身上强行出售或穿照，违者每次罚款50元。

6. 不准许拦路摆摊或围堵追踪游客强行售货，违者每次罚款50元，如造成游客跌倒损伤或死亡，肇事者承担一切后果。

7. 任何人不许冒充村领导名义乱收游客费用或骗引到家中强行购物等，违者罚款80元。

8. 销售工艺品要做到买卖公平，游客付一分钱必须付一分货，不准许游客多交钱，货主不退款或少退款的情况发生，违者一经发现罚款80元。

9. 在接待多批团队时，前一场表演已经结束，后一批团队接着进寨进行接待，如果竺筒芦笙已停止，仍在铜鼓场继续销售工艺品或租衣照相的罚款50元。

10. 在表演过程中，任何人不经接待组管理人员许可，擅自将游客带回家购物或就餐，违者每次罚款50元。

11. 本公约一式两份，销售者一份，旅游接待组一份，从公布之日起执行。

上郎德村党支部

上郎德村民委员会

郎德上寨文物旅游接待组

二〇〇六年元月一日

郎德上寨迎客服装穿着要求制度

为了搞好迎客工分发放，提高接待服务质量，提升服装整洁度，经接待组研究决定，对迎客服装穿着作如下要求：

1. 接待组工作人员：要求穿黑家布便衣、布鞋，包头巾，总工分 19 分。少布鞋扣 1 分，少包头巾扣 1 分，少两样扣 2 分。

2. 长衣：要求穿黑家布长衣、布鞋，包头巾，总工分 11 分。少布鞋扣 1 分，少包头巾扣 1 分，少两样扣 2 分。

3. 绣花衣：要求穿黑长裙子、绣花衣、布鞋、绣花围腰巾、空头，但要梳理好头，总工分 12 分。年龄要求 46 ~ 50 岁，少布鞋扣 1 分，少绣花围腰巾扣 1 分，少两样扣 2 分。

4. 盛装：要求穿黑长裙子、盛装、角头巾、绣花围腰巾、布鞋，总工分 12 分。年龄要求 51 岁以上，如果少角头巾扣 1 分，少绣花围腰巾扣 1 分，少布鞋扣 1 分，少一样扣 1 分，少两样扣 2 分，少三样扣 3 分。

5. 银角：要求绣花带裙子和内裙子、银衣、银帽、银角、布鞋，总工分 16 分，年龄要求：16（初中生）~45 岁。如果少布鞋扣 1 分，少银角扣 1 分，少两样扣 2 分。不挽头髻扣 1 分。

6. 演员要求：

（1）男演员：穿黑家布便衣、黑布鞋，包头巾，总工分 23 分。如果少布鞋扣 1 分，少包头巾扣 1 分，少两样扣 2 分。

（2）女演员：穿银衣、穿布鞋、穿绣花带裙子加内裙子、银帽、银角，基本工分 16 分，参加演戏按演员级别发放工分，总工分 20 分，如果少布鞋扣 1 分，少银角扣 1 分。

（3）便衣女演员：要求穿黑长裙子，穿绣花衣加花胸腰巾，穿银帽、穿布鞋，基本工分为 13 分，加演员级别分（一级 6 分，二级 5 分，三级 4 分）。如果少花胸巾扣 1 分，少银帽扣 1 分，少布鞋扣 1 分，少一样扣 1 分，少两样扣 2 分，少三样扣 3 分。

（4）高排芦笙：要求穿长衣、包头巾、穿布鞋、捆腰巾，总工分 14 分，如果吹笙筒加 1 分，总工分 15 分。如果少包头巾扣 1 分，少布鞋扣1分，少两样扣2分。

7. 学生：要求必须穿民族服装（小男孩穿长衣、穿布鞋；小女孩穿银衣、银帽或绣花便衣和布鞋），穿戴整齐，扣子扣上，按原规定年级给工分。如果衣服不穿扣子不扣，不得给工分。少布鞋扣1分。（总工分：一至二年级4分；三至四年级6分；五至六年级8分）

郎德上寨旅游接待组

2008年4月10日

郎德镇上郎德村村规民约（2008年）

搞好社会治安综合治理和本村郎德上寨古建筑群文物保护、管理和利用，是我村每一个村民的心愿，也是为了全村发展农业调整思路、搞活旅游业的开发，增加村民的经济收入，创造一个良好的社会环境和生活秩序。依照《中华人民共和国宪法》和《文物保护法》等有关法律、法规，本着自我完善、自我监督、自我管理的原则，经全体村民讨论，村党支部、村民委员会审核，特制定本约。

一、社会治安

1. 礼貌待人，讲究文明，不许污言诽谤他人，不准逛寨骂寨，如有此类人（事）发生，经教育和劝告不听者，发生一次罚款15元。

2. 严禁打架斗殴，自觉维护我村的良好风气，各农户要管好自己家人，禁止为事件不清就行凶殴打他人的行为，若动手，按情节严重情况处罚违者一次罚款20元以上。如果导致他人重伤住院，住院的医药费、生活营养费和误工费等由负责人全部负责，如触犯法律，超出本规约的，由相关部门追究其法律责任。

3. 防偷防盗，不论是本村或外村（乡）人，凡是在本村境内作案偷盗农户或集体财产的，除归还财产外，另按所偷财产的市场价十倍作处罚金罚款。尊老爱幼，创建文明家庭。如果有冷言冷语诽谤或打击报复他人的，违者除向受害人赔礼道歉外，违者一次性罚款120元。

二、文物保护

1. 为了加强对郎德上寨的文物保护管理和利用，弘扬祖先的历史文化遗产，根据《中华人民共和国文物保护法》和相关法律、法规，结合本寨实际，制定保护管理和利用措施。

2. 郎德上寨是全国重点文物保护单位。对在本寨保护及保护范围内游览、考察或者进行其他活动的机关、组织或个人应该遵守本寨村规民约。

3. 郎德上寨村民要认识和正确处理经济建设、社会发展与文物保护的重要关系，确保本寨的历史文化风貌和自然风光的真实性、完整性。本寨的基础设施建设、旅游发展必须遵守文物保护工作的方针，其活动不得对文物及其环境造成损害。每个村民都有责任保护管理本寨文物和维护荣誉的义务。

4. 郎德上寨保护对象是：各居民的吊脚木楼建筑物、杨大六故居、陈列室以及陈列的重要文物资料等，杨大六风雨桥、花街路、寨门、水沟、水井，保护范围的风景树木等；构筑成古建筑群整体的历史风貌、自然风光和民风民俗及其他依法应当保护的文物。

5. 设置保护标志牌和保护范围界桩，其他单位和村民不得擅自移动和损毁。凡是破坏被发现的处以 50～500 元的罚款，罚款所得 50%作为报案人奖金，50%上交村委会。超出本规约的，由执法部门追究其法律责任。

6. 在郎德上寨重点保护区和一般保护区内不得修建新的以砖代木砌装、木楼建筑物和与文物无关的建设工程。在本寨重点保护区和一般保护区内不得进行爆破钻探、挖掘等作业，不得进行污染文物及其环境的活动，因特殊需要进行的建设工程，必须事先征得国务院文物行政部门同意，由省人民政府批准。违反本规约的视其情节严重情况予以警告、责令改正或限期恢复原状，赔偿损失，并处 500～1000 元的罚款，超出本规约的，由执法部门追究其法律责任。

7. 在郎德上寨重点保护区和一般保护区内禁止在文物、建筑物、构筑物、保护设施上张贴、涂写、刻画；不得采砂、采石、开荒、放牧、焚烧、野炊；不得设置广告，乱倒垃圾，不得进行其他损毁或者破坏文物、建筑物、构筑物以及环境风光的活动。违反本约的处以 50～500 元的罚款，罚款所得 50%奖励报案人，50%上交村委会。

8. 在本寨重点保护区和一般保护区内已修建以砖代木砌装，破坏其原始风貌的建筑物、构建物，已经与县文物行政管理部门签订限期整改的，要积极配合整改，不得以任何借口或理由拒绝整改，不整改的要按照有关法律法规对其木楼砖混进行整改，由监察人员强行拆除整改，检察人员所误的工天，按当时市场工价由违规者当天支付。超出本规约的，由执法部门追究其法律责任。

9. 郎德上寨的居民户要按照不改变原木楼和其他结构建筑物的原则，对吊脚木楼、猪牛圈、厕所等已经损坏的，要及时修缮整改，其修缮材料必须是木材料，违反本规约的，检查人员强行拆除整改修缮，检查人员所误的工天，按当时市场工价由违规者当天支付。超出本规约的，由执法部门追究其法律责任。

10. 郎德上寨村民如需在保护范围内起房建屋的要请示上级文物部门，经批准同意后方可实施，且建房标准必须按本地建筑规格，三层吊脚木楼最高限在9米以下。

11. 对郎德上寨长期的关心维护和保护管理村寨文物的并与损毁损坏本寨古建筑群文物等违法犯罪行为作坚决斗争的村民和个人给予支持奖励。每年奖励1～2人，奖金100～300元，视表现定额，各村民组推荐、村民评议、村委会决定公示。

三、旅游接待管理

1. 本寨系文物旅游景点，在接待游客时要热情、礼貌，自然大方，面带笑容，穿戴整洁，不做有损我寨公民形象的行为。

2. 销售工艺品要做到买卖公平，游客付一分钱必须给一分货，不准出现游客多付钱，货主不退款或少退款的情况发生，违者一经发现罚款80元。

3. 不准许拦路摆摊或围堵追踪游客强行兜售工艺品，违者每次罚款50元，如造成游客跌倒损伤或伤亡，肇事者承担一切后果。

4. 不准将工艺品或衣物挂在游客身上强行出售或穿照，违者每次罚款50元。

5. 不准冒充村领导名义乱收游客费用或骗引到家中强行售货，违者每次罚款80元。

6. 经营农家乐的农户要做到食品卫生，设备安全，保障游客人身财产安全，否则造成一切后果由户主负责。

四、卫生管理

1. 凡是划分制定给各家负责的卫生区域，必须每天保持干净，垃圾一律拾到指定位置堆放，不准倒入排水沟或他人卫生区域，违者每次罚款50元。

2. 各农户的禽畜便尿、生活污水排放不准流入过道，违者责令限期整改、逾期不整改罚款50元。

3. 房前屋后堆放柴草要注意隐蔽，堆放整齐，不准堵路塞道，否则强行拆除。

4. 寨内各条过道及公路沿线严禁晒粪，违者每次罚款50元。

5. 不准在公路沿线开新粪棚，乱砌保坎等。

6. 寨内所有水井、防火池严禁洗刷拖把、衣物、尿布，不准丢甩石头、玻璃、柴草、动物尸体等杂、脏物入内，违者罚款50元。

7. 宰杀禽畜时，不准在防火池、水井边清、冲洗，违者罚款50元。

8. 违反以上公约，经检查人员指出后不整改或及时清理，由检察组整改，其误工费用由违者当天支付。

五、防火安全

1. 防火安全，人人有责。为了做好防火安全，经研究，由村民委员会、青年团每季度检查一次。经检查发现农户的房前屋后、屋内有危险和不讲究的，检查人员限期拆除，违者不按时拆除的，由检查人员强行拆除，检查人员所误的工天，按当时市场价格由违者当天支付。

2. 郎德上寨发生火灾势头（火源）时，大家要集中精力到火源地点赶扑火场火源，不准农户或个人以任何借口私自搬迁自己的东西。

3. 不准任何农户和个人在寨子的路坝和附近、房前屋后堆放稻草、烧草灰和建窑烧炭，不听从劝告搬迁的，由本村、组强行拆除，并对违者进行一次12元的罚款。如果违者以各种理由阻挡及有污言秽语辱骂行使人员的行为，另加罚24元。

4. 凡不听教育或不注意发生火灾、火警的，不论大、小，所发生的农户除按防火安全条例处理外，还要按本地风俗习惯进行处理。

5. 山林防火，不准在天气干燥的时候，在任何山林、田、土角的沿边等处烧杂物，需要烧灰，也必须确保安全，不许火源越境导致山林火灾。若形成火灾，所损失的一切树木及护林草山地等植被，除护林草损失赔偿他人外，杉、松等树木每卡罚款5元，但杉、松及护林草未满一卡的每棵罚30元，茶籽树等每亩罚120元，杂木、柴火每亩罚100元。

6. 防火池属防火、养鱼两用，不论集体还是个人承包，未经村委会许可，不准放水灌田或做其他使用。

六、林业

1. 经济林，包括田、土沿边及山林的桐子树，不论大小，不得乱砍乱伐，违者每棵罚300元。偷捡他人桐子的，不论得多得少，违者每次罚款50元。

2. 竹子，包括田、土沿边外竹子，违者每根罚款10元（笋子视同竹子）。

3. 水果类，包括山上的杨梅树、李子树等，凡是已结果的，乱砍乱伐者，所砍伐的果树达到一卡的，每棵罚款10元，过一卡的树罚款100~200元。

4. 有目的地窜进他人自留山及保管山乱砍乱伐的，被抓者，不论得柴多少，每次罚款200元。

5. 不准在他人的保管山偷砍杉、松及其他树种，违者，杉木每卡罚款100元，松树和其他树种每卡罚款50元。

6. 不准在他人的保管山上烧火或烧炭，违者每人每次罚款120元。

7. 偷杉木材每人每次罚款120元，并返还所偷木材。

8. 凡是本寨周围已明确的风景树及老景树，偷砍此类树者罚违反者扫寨就餐一次（按现实人头每人一斤米、一斤肉、一斤酒等计算数量）。

9. 本人出卖的杉、松木的方子、木板、原木去外地的，必须经林业部门的同意审批，未经同意审批的，违者，小组或村委会有权没收。过于严重的，交给林业执法部门处理。

10. 以上1~9条的罚款所得，20%交给报信人，20%交给处理人，留存10%，50%赔偿受害者。

七、农作物

1. 偷包谷者，每包罚款5元。

2. 偷南瓜者，每个罚款10元。

3. 偷茄子、辣椒、西红柿、红薯、洋芋、魔芋及豆类的，每斤罚款 10 元。

4. 凡是偷吃他人果子（栗子、桃子、橘子、梨子、葡萄、柿子和杨梅），梨子、橘子、桃子和柿子等每个罚款 10 元；栗子、葡萄等每斤罚款 10 元。

5. 偷花生、地萝卜者每斤罚款 20 元。

6. 偷烟叶（烤烟、中烟、生烟叶）者每斤罚款 10 元。

7. 不准开他人田，不论是偷鱼或开田水，造成农作物受损的，罚违者每次 500 元，偷鱼的另加每条（尾）10 元。

8. 偷浮漂者，不论数量，每挑罚 20 元。

9. 偷白菜、青菜、莲花白等菜，除每次罚款 30 元外，另按每斤 10 元计罚。

10. 偷他人的轮流时间用水，遇一次罚款 5 元。

11. 开新田、土间隔未满三年而塌方塌压他人的田、土或自己的责任承包田的，必须及时修复，根据他人庄稼赔偿一切损失。

12. 未经他人准许，不能放水去他人田、土及路面，造成破坏的，罚违者每次 10 元，路面损坏的必须修复至好。

13. 偷开他人田水、田泥已有显露的，一次罚款 50 元。

八、畜牧类

1. 偷水牛、黄牛不论大小，按每头 4000 元的标准进行处罚。如果退还耕牛，另处罚 1500 元。

2. 偷狗每条（不论大小）罚款 400 元，退还的，另外处罚 100 元。

3. 偷猪（不论大小、肥瘦、公母）罚款 1000 元，退还的，另外罚款 5 元。

4. 偷鹅、鸭、鸡（不论大小），按每只 50 元进行罚款，退还的，另罚款 5 元。

5. 窜进别人家偷盗者，按第一章第三款罚款。

6. 不准放牛、羊、猪、鸡、鸭、鹅进吃他人田、土的农作物，抓住视其主人态度，严重的给予经济惩罚，并赔偿损失。

7. 开春秧田或稻谷成熟期间，经群众认定日期，任何农户不得放自己的牲畜、家禽进入他人的秧田或稻谷田边吃谷子，经劝告不听者，每次罚款 20 元，并赔偿一切损失。

8. 偷割他人田、土沿边范围的草，每次（不论数量）罚款10元。

9. 偷他人的谷草，按每帽5元处以罚款。

九、水产资源

1. 在我村地盘河域从河道口上至三岔口大桥报德田角下河流域境内两公里，严禁电击、放毒、爆炸、网捕、水上钓、竹具捕捞等手段打鱼，违者，除没收其作案工具外，按每次100~1000元对其进行罚款，罚款所得50%奖励报信和抓获者，50%交村委会。（备注：电击、放毒、爆炸罚500~1000元）

2. 凡在他人水田、鱼塘用电、网捕捞他人鱼类的，罚款按第四章第四条处理。

3. 任何人在本村田边摸七星鱼、黄鳝等鱼类，按每次200元进行罚款。

4. 不准任何人在他人水田、水塘内钓鱼，违者，每次罚款5元。如钓得鱼，每条罚款10元，破坏他人田沟的，罚款50元，并将其修复至好。

十、田边土角范围规定

1. 田边范围：田边上3丈（6排），田边下1.5丈（3排），如有相紧达不到规定长度的，按土上、下边1∶2进行划分，过界者按偷盗论处。

2. 土边范围：土边上1.5丈（3排），土边下1.5丈，如有相紧达不到规定长度的，按土上、下1∶2进行划分，过界者按偷盗论处。

3. 坟墓范围：方围最多不超过6尺，违者按侵犯他人山林山地处理。

4. 路边范围：上边下边不得超过6尺，如有乱砍、乱割超过范围的按本公约的第三章第四条和第五章第八条处理。

十一、附则

1. 本规约由本村村民人人自觉遵守，违者按村规民约处理。

2. 本规约自宣布之日起执行生效。

上郎德村党支部

上郎德村村民委员会

二〇〇八年六月七日

上郎德村村规民约（1997年）

搞好社会治安综合治理，是我村每一个村民的心愿，也是为全村发展农业，搞活经济，创造一个良好的社会秩序，依照《中华人民共和国宪法》和现行法律法规，本着自我完善、自我监督、自我管理的原则，村党支部、村民委，经全体村民讨论，村党支部、村民委审核，制定本约。

一、社会治安

1. 礼貌待人，讲究文明，不许污言诽谤他人，不准逛窜骂寨，如有此类人（事）发生，经教育和劝告不听者，发生一次罚违者15元。

2. 严禁打架斗殴，自觉维护我村良好风气，各农户管好自己家人，禁止为事件不清就先行凶殴打他人，若动手，按每拳或每脚罚违方一次性20元。如果致使他人重伤需住院的，住院药费、生活营养费、误工费等由先行凶或行凶者全部负责，如触犯法律超出本规约的，由法律部门追究其责任。

3. 防偷防盗，不论是本村人或是外村（乡）人、旅游者，凡是在本村境内作案偷盗农户或公用的任何大小东西，除货归原主外，另按货物价格的十倍价值罚违者。

4. 尊老爱幼，创建文明家庭，但如果有冷言冷语诽谤或打击报复他人的，违者除向受害者赔礼道歉外，罚违者一次性120元。

二、防火安全

1. 防火安全人人有责。为了做好防火安全，经研究，有村民委员会、青年团每季度行使检查一次。经检查发现农户的房前屋后、屋内有危险和不讲究的，检查人员限期拆除，违者不按时拆除的，由检查人员强行拆除，检查人员所误的工天，按当时市场价格由违者当天支付。

2. 郎德上寨发生火灾势头（火源）时，大家要集中精力到火源地点赶扑火场火源，不准农户或个人以任何借口私自搬迁自己的东西。

3. 不准任何农户和个人，在寨子的路坝和附近、房前屋后堆放稻草、烧草灰和建窑烧炭，不听从劝告搬迁的，由本村、组强行拆除，并对违者进行一次12元的罚款。如果违者以各种理由阻挡及有污言秽语辱骂行使人员的行为，另加罚24元。

4. 凡不听教育或不注意造成发生火灾、火警的，不论大、小，所发生的农户除按防火安全条例处理外，还要按本地风俗习惯进行处理。

5. 山林防火，不准在天气干燥的时候，在任何山林、田、土角的沿边等处烧杂物，需要烧灰，也必须确保安全，不许火源越境导致山林火灾。若形成火灾，所损失的一切树木及护林草山地等植被，除护林草损失负赔偿他人（户）损失外，在杉、松等树木每卡罚款5元，但杉、松及护林草未满开卡的每棵罚30元，茶籽树等每亩罚120元，杂木、柴火每亩罚100元。

三、林业性

1. 经济林，包括田、土沿边及山林的桐树，不论大小，违者乱砍，按每棵罚300元。偷、捡他人桐子的，不论得多得少，违者罚每人一次性50元。

2. 竹子，包括田、土沿边外竹子，违者每根罚款10元（笋子在内）。

3. 水果树类，包括山上的杨梅树等，凡是已结果的，违者乱砍，果树未达到卡（开）的，每棵罚款违者10元，过一卡的树罚款100～200元。

4. 有目的地窜进他人自留山及保管山砍柴火者，被抓者，不论得柴多少（大小人在内），罚款50元。

5. 不准在他人的保管山上烧火或烧炭，违者每人每次罚款120元。

6. 不准窜进他人保管山偷砍杉、松及其他树种，违者，杉木每卡罚款100元，松树和其他树种每卡50元。

7. 偷杉木材每人每次罚款120元，原木物退归原主。

8. 凡是本寨周围已明确的风景树及老景树，偷砍此类树者罚违反者清扫寨就餐一次（按现实人头每人一斤米、一斤肉、一斤酒等计算数量）。

9. 本人出卖的杉、松木的方子、木板、原木去外地的，必须经林业部门的同意审批，未经同意审批的，违者，小组或村委会有权没收。过于严重的，交给林业执法部门处理。

10. 以上1～9条的罚款所得，20%交给报信人，20%交给处理人，留存10%，50%赔偿受害者。

四、农作物

1. 偷包谷者，每包罚款 5 元。

2. 偷南瓜者，每个罚款 10 元。

3. 偷茄子、辣椒、西红柿、红薯、洋芋、魔芋及豆类的，每斤罚款 10 元。

4. 凡是偷吃他人果子（栗子、桃子、橘子、梨子、葡萄、柿子和杨梅），梨子、橘子、桃子和柿子等每个罚款 10 元；栗子、葡萄等每斤罚款 10 元。

5. 偷花生、地萝卜者每斤罚款 20 元。

6. 偷烟叶（烤烟、中烟、生烟叶）者每斤罚款 10 元。

7. 不准开他人田，不论是偷鱼或开水田，造成农作物受损的，罚违者每次 500 元，偷鱼的另加每条（尾）10 元计罚。

8. 偷浮漂者，不论数量，每挑罚 20 元。

9. 偷白菜、青菜、莲花白等菜，除每次罚款 30 元外，另按每斤 10 元计罚。

10. 偷他人的轮流时间用水，遇一次罚款 5 元。

11. 开新田、土、间隔未满三年而塌方下塌压他人的田、土或自己的责任承包田的，必须及时修复，根据他人庄稼赔偿一切损失。

12. 未经他人准许，不能放水去他人田、土及路面，造成破坏的，罚违者每次 10 元，路面损坏的必须修复至好。

13. 偷开他人田水、田泥已有显露的，一次罚款 50 元。

五、畜牧类

1. 偷水牛、黄牛不论大小，按每头 4000 元的标准进行处罚。如果退还耕牛，另处罚 1500 元。

2. 偷狗每条（不论大小）罚款 400 元，退还的，另外处罚 100 元。

3. 偷猪（不论大小、肥瘦、公母）罚款 1000 元，退还的，另外罚款 5 元。

4. 偷鹅、鸭、鸡（不论大小），按每只 50 元进行罚款，退还的，另罚款 5 元。

5. 窜进别人家偷盗者，按第一章第三款罚款。

6. 不准放牛、羊、猪、鸡、鸭、鹅进吃他人田、土的农作物，抓住视其主人态度，严重的给予经济惩罚，并赔偿损失。

7. 开春秧田或稻谷成熟期间，经群众认定日期，任何农户不得放自己的牲畜、家禽进入他人的秧田或稻谷田边吃谷子，经劝告不听者，每次罚款20元，并赔偿一切损失。

8. 偷割他人田、土沿边范围的草，每次（不论数量）罚款10元。

9. 偷他人的谷草，按每帽5元处以罚款。

六、水产资源

1. 凡是属我村地盘河域内，严禁放电、用电、放毒、炸等手段打鱼，违者，除作案物资没收外，按每次罚违者500～1000元（罚款所得50%奖励报信和抓获者，50%交村委会）。

2. 凡在他人水田放电、用网等工具打鱼的，罚款按第四章第四条处理。

3. 不论内外地人，在本村田边摸七星鱼、黄鳝等鱼类，按每次200元进行罚款。

4. 不准任何人（无论大人、小孩）随便在他人水田、水塘内钓七星鱼等，违者，每次罚款5元。如钓得鱼，每条罚款10元，破坏他人田沟的，罚款50元，并将其修复至好。

七、田边土角范围规定

1. 田边范围：田边上3丈（6排），田边下1.5丈（3排），如有相紧达不到规定长度的，按土上、下边1:2进行划分，过界者按偷盗论处。

2. 土边范围：土边上一点5丈（3排），土边下1.5丈，如有相紧达不到规定长度的，也同样按土上、下边2/3，田上、下边1/3界护管，过界者按偷盗论处。

3. 坟墓范围：方围最多不超过6尺，违者按侵犯他人山林山地处理。

4. 路边范围：上边下边不得超过6尺，如有乱砍、乱割超过范围的按本公约的第三章第四条和第五章第八条处理。

5. 本规约由本村村民人人自觉遵守，违者按村规民约处理。

6. 本规约自宣布之日起，执行生效。

上郎德村党支部
上郎德村民委员会
一九九七年四月二十五日

雨崩村村规民约

随着雨崩村旅游业不断发展，村务工作中，出现了各种各样新的矛盾和问题，为了调解各种关系，使我村各项事务引向良性发展的轨道，根据1991年、2004年制定的村规民约，新增和修改部分条款，经全村村民集体讨论通过，制定以下条款。

主持：

雨崩村小组组长：饶丁阿茸尼玛

参会干部：白玛仁争阿青布阿那主阿主

会议地点：雨崩村巴哈家

会议参加者：全体雨崩村居户家长

会议时间：2005年8月22日

一、森林、动物、草场管理

（一）采伐证办理管理

1. 本村民需要建房采伐的木材量，需从上级有关部门批准的指标中分配。当建房用材户的用材量多余指标数时，各建房用材户抽签分配。

2. 除缴纳上级规定的费用外，本村森林委员另外收取每方2元，做小队森林提留。

3. 如有村民确需用材，但没有正常指标的，可由二位护林员酌情批给，在护林员的监督下采伐，并收取采伐费，每根粗树10元，每根中等树5元，每根细树2元，作为小队森林提留。

4. 外来（包括政府等）建筑用材，需通过村民协商同意，以杜绝用各种理由无序采伐。

（二）采伐区域

1. 绝对禁伐区：从冰川河到下村以北的圣僧山，到达拉巴咱、加尼拉；神瀑河南岸100米以内；上村到效农牧场、尼色贡牧场的主要道路两侧100米以内。

2. 其他准采区域中的采伐活动，须由护林员指定采伐位置，并不得在同一地点大面积采伐。

（三）巡山制度

每年组织全村民巡山三次以上，不得委派外地小工参加巡山活动，村民不能参加巡山者，根据情况，每天收取 25～50 元。

（四）保护动物奖惩制度

1. 猎杀一只猎狗者，奖 300 元；发现偷猎并举报有功者，奖 25～50 元；猎杀一只大型动物，处以 2000～3000 元罚款；中型动物一只罚 300～500 元；小型动物包括各种鸟类，每只罚 10～50 元。

2. 不准携带捕猎工具，各家长应监督自家小孩和外来小工，发现时应当场没收并予以销毁。

（五）牧场管理

1. 本村牧民，原则上应于农历五月二十日统一搬迁到神瀑牧场，与此同时，其他牧场禁牧。神瀑牧场放牧一个月后，统一搬迁到效农牧场，神瀑牧场禁牧。效农放牧一个月后，统一搬到尼色我牧场，效农牧场禁牧。尼色我牧场放牧一个月后，各牧民自由到各牧场放牧，但不得回村中放牧。公历 10 月 1 号以后可回村放牧达金牧场中的玉米地收割完后，才开放牧场。牧场搬迁时间，可根据当年情况，临时决定，以上各项，违者每头大牲畜处罚一斤酥油，或折价 15 元。

2. 外村牧场搬迁经过我村的，逗留时间最多不得超过六天，其他时间，外村牲畜进入我村，破坏庄稼造成损失的，我村将通知家长负责认领，如不予理睬的，雨崩村将牲畜牵回村中另行处理。

（六）珍稀食用菜、药材资源管理

1. 绝对禁采药材

黄牡丹、胡黄连、秦艽、“十生瓦”，各种树瘤。外村人员不得进入雨崩山林采挖用于商品贸易的各种药材，违者没收药材并处罚 100 元。

2. 松茸资源管理

与雨崩相邻的荣中、西当、尼农、扎让村的村民，可以在雨崩山林中采集松茸，如将来必须杜绝外村共享松茸资源时，这四个村也将考虑有优先共享权。其他村民原则上不得进入雨崩村山林采集松茸，若申请者，则由社干部商议，收取一定的管理费后，可上山采集。

3. 科研人员进入雨崩村进行各项科研调查工作的，必须向雨崩村出示上级批准的有关证件，由村管委派人同行，由对方支付其工资。

二、旅游业管理

（一）牵马送客制度

本村实行牵马轮流制。每匹马需由一名专人负责牵管，并将客人送达预定地点。如因马户违章而出现游客投诉的，除承担相关惩罚外，本村内部处罚轮空一次：

1. 马户在被提前通知送客后，迟到20分钟以上的，将在下一轮中轮空一次。临时通知后迟到一个半小时以上的，下一轮轮空一次。

2. 早上7：30以前和下午5：00以后，不再安排马户送客上路，如客人确需在工作时间外出马的，则加收30%的牵马费。

3. 若因马户迟到时间过长，使游客放弃租马的，视为马户自动脱送。

4. 若游客放弃已预定好的马户，并让马户等过时的，收取20元误工费。

5. 各户亲属朋友需牵马接送的，要经马队长确认，不得以亲友为名，擅自出马以收取非法利益，违者轮空一次。

6. 未经马队长批准而接送重要人物的，从正常轮流中算出，不算入公益投工。

（二）食宿管理

游客住宿实行每户轮流制，但游客可以自由挑选入住户，村民不得强行留客，留客户应向轮到户交给每位客人住宿费的50%。野外自带帐篷过宿营的游客，每人收取适当的管理费，由当值户和一名队干部负责收取。

（三）垃圾卫生管理

每户分划卫生责任区，实行包干负责制，其他管理办法，根据实际情况，另作临时安排。

（四）旅游开放线路

1. 目前我县尚未开放雨崩村的各景点，但由于游客的不断进入，我村暂时对外开放的线路和景点：雨崩下村到神瀑沿线的各景点；雨崩上村到效农大本营沿线的各景点。

2. 禁止游客进入区：

措达神湖，神瀑以上山林，效农大本营以上冰雪线。如果本村民带游客上禁区的，发现一次，每人（含游客和村民）罚 300 元。游客因不知情而进入景区的，每发现一次，罚 100 元，不听劝阻进入禁区的，每人罚款 300～1000 元。

（五）外来投资开发者管理

1. 凡外来投资开发者，均须征得雨崩村全体村民大会通过，在公平、合理、互利的原则上，共同合作，开发雨崩的旅游资源。

2. 各种公益、公共设施建设后，雨崩村民代表有权参加工程质量验收工作，并提出意见和建议。

（六）科研、登山、考察者

需进入禁区时，应向雨崩村委会出具上级相关证明，征得村委会备案通过，在村民代表陪同下进行各项活动，并支付陪行人员的工资。

三、集体、公益活动

（一）全体雨崩村居户，必须参与以下传统活动：

1. 初一敬香。

2. 冬珠法会。

3. 春节修桥补路。

4. 射箭节。

5. 四月初十朝拜措达神湖。

6. 八月十五朝拜神瀑。

（二）义务投工，必须是 18 岁以上的全劳动力人员参加。

（三）在雨崩村内不准开办现代舞厅，鼓励开展弦子、锅庄等传统舞会。

（四）不准新建和改造成汉式建筑，应保持雨崩村传统风格的建筑。

（五）召开全村家长会时，社干部应通知家长，点名通知后，家长不能亲自参会或委派其他家庭成员的，视情况处罚 10～30 元，缺席者罚 50 元。

四、户籍管理

（一）本村内的新增户，须从分家后，另起炉火之时，始算一个新增户。

（二）本村外出人员中有在村外安家的，不准再迁回本村安家落户。

（三）已计入本村户数的，将来因各种原因，要求迁出雨崩村的，按已落户的总时间，每年向小队上缴 3000 元，拒不上交的，从原户主或直系亲属的各项收入中扣除（如：某户落户三年后，要迁出雨崩村，要缴纳 3 年 ×3000 元 =9000 元落户费）。

五、饮用水管理

为了长期、安全使用我村的自来水，制定以下管理办法：

（一）成立饮用水管理委员会，并在全场大会中推选专门负责人，水管委员会由上、下组的组长、会计、党小组成员组成。

（二）水管委员会的权力：有监督水管员的工作，罢免和任命新水管员的权力。

（三）水管会的义务：对大的水利故障，有鉴定和组织投工维修的义务。

（四）专门水管员的职责：

1. 负责维护主管道，各水池清理和维护，保证水源畅通。

2. 负责本村各用水户的用水量，并处理水管一般故障，监督冬季排水和防冻工作。

3. 有关水利系统的各种故障，只有专门水管员有全权处理、维护。

（五）水管员的待遇：每月工资 100 元，半年发一次奖惩。半年内，无人为因素引起的断水现象，各用水户评价良好的，当季发给 100 元奖励；半年内，由非自然因素引起的主管断水，连续超过三天的，扣除当月工资，并由水管会商议是否另选水管员（注：如因其他原因造成三天以上停水的，水管员应向管委会报告停水原因以及采取解决措施）。

（六）各户的水管故障中，材料费由自家承担。

（七）公共材料费由管委会筹集解决。

（八）每用水户每月交纳 4 元水费。

（九）擅自拆装水系统及其他附件，造成损失的，由肇事者承担一切后果。

（十）公共主管道与用水户管道的界定，由水管会确定解释。

（十一）水管工具和剩余的零部件，经水管会造册登记，移交给水管员管理使用，如有遗失或损坏的，照价赔偿。

以上各项管理办法，经雨崩村全体村民协商讨论通过，自公布之日起执行，原村规民约自此公布之日同时废除，各条款内容，由小组干部负责解释，凡是此村规民约与法律法规相抵触的，以法律法规为准。

后　记

本书是国家社科基金青年项目《少数民族村寨社区参与旅游发展研究》（项目编号：07CMZ014）的最终成果。由陈志永制定研究方案，并负责撰写第一至第六章、第八章、第十一章，吴亚平撰写第七章，叶春撰写第十章，第九章由陈志永和李乐京合作完成，徐育龙、李露、陈维、潘莎莎、蒋瑞颖、宫颖、毛进等同学参加了调研工作，最终由陈志永负责全书统稿。

项目研究中得到导师杨桂华教授的悉心指导。杨老师讲授的三次科研训练课或许对于很多研究生来讲，是那样的平淡。然而，这三次课将我在听课之前项目申请中遇到的团团迷雾就此化解，将我成功送入科研项目申请的大门。受益的我于 2007 年尝试申报并惊喜地获得国家社科基金青年项目。高兴之余，感受到人生所经历的羞愧、艰难、痛苦与折磨，只要勇敢地面对，认真地反思，它终究会变成促使个人不断成长的宝贵财富。而这样的财富，必须感谢敬爱的杨老师。因为我知道，一个人只有真正学会感恩，未来的路才会越走越宽阔。没有杨老师指点迷津，我可能还在浩瀚深渊的科研殿堂之外徘徊。2008 年 3 月，在与杨老师去香格里拉的路上，杨老师一句“勿与人争，无人能争”，深深地印在我的脑海中，同时也使我曾经烦躁、嫉妒的心得到了净化，让我认识到没有宽广的胸怀，不能海纳百川，吸收各家之所长，补自身之短，如何将教学、科研推向前进。这就好比挖一水潭，没有一定的广度，如何凿深。如今，我将“勿与人争，无人能争”作为我教学、科研、生活中的座右铭，并不断实践之。

对调查样本地的人们致以无限的谢意。感谢雷山县旅游局前局长杨昌智及旅游局的部分工作人员。感谢雷山县大堂乡况志国副乡长，感谢雷山县文化宗教局部分工作人员、雷公山自然保护区陈继军主任、雷山县扶贫办部分工作人员。感谢我的学生雷山县西江镇中学毛进老师、周银胜老师，雷山县大堂中学任永科老师、雷山县政府接待办副主任现任雷山县发改局陈继山局长。感谢西江苗寨村民，他们的热情好客使得我们的调查问卷得以顺利完成。感谢西江苗寨农家乐经营户，特别感谢农家乐协会会长李珍，每次长时间的深入访谈占用其宝贵的营业时间。感谢“农民画家”业主李玉福，每一次热情的接待及彻夜长谈常常使课题组成员受益匪浅。感谢郎德苗寨老支书陈正涛、旅游接待小组会计陈光胜以及旅游接待小组的其他工作人员。感谢贵州平坝县天龙中心小学的陈中章老师，贵州天龙屯堡旅游开发有限公司郑汝成副经理、康冰副经理、“地戏神头”陈先松及地戏队的部分成员。感谢天龙屯堡村民郑婷、郑长伟、谢伟康、陈明义。感谢梅里雪山景区管理局的大扎西、丁秀兰、春华、次里卓玛以及梅里雪山腹地雨崩村的 34 户村民。我所能列出的名字只是给予课题组帮助和支持的人们的一小部分，难免挂一漏万，但他们热情、好客和纯洁的笑脸永远珍藏在我们的心里。课题中的诸多材料及理论的深化都直接得益于样本地村民、政府领导及工作人员、旅游企业领导及员工。他们作为社区参与旅游发展的实践者与见证者，与他们的深入交流给予了我们写作和创新的源泉。尤其是在社区旅游发展中处于弱势地位的农民，他们的期盼与失望给了我们很多思考的动力和启发。

感谢学术道路上的朋友，与他们每一次深入交流都能获得新的灵感。他们是：中国社会科学院王春光研究员、贵州省苗学会副会长杨培德老先生、贵州大学人文学院曹端波教授、刘峰教授、杨志强教授、李国栋教授。贵州民族大学民族学与社会学学院的李天翼博士，贵州民族大学航空与旅游服务管理学院的唐志明教授、潘盛之博士，贵州民族大学马列部的孙兆霞教授。贵州社会科学院民族研究所的邢启顺副研究员、法学研究所的文新宇副研究员。贵州财经大学文化传播学院的杨经华教授。贵州凯里学院旅游学院罗永常院长。

感谢贵州师范学院党委书记韩卉教授、副院长石培新教授、副院长张承鹄教授，原科研处处长吕泉教授、现任科研处处长刘红教授、李佩老师、周熠老师。感谢贵州师范学院贵州民族学与人类学高等研究院纳日碧力戈教授、龙宇晓教授、胡展耀老师为本书出版付出的辛苦工作。感谢我的同事吴亚平副教授、叶春副教授、费广玉副教授、张凤太博士、盖媛瑾老师、姚莉老师、颜安老师，感谢蒋英书记、李乐京副院长、罗绪强副院长为我提供的宽松学习空间。感谢徐育龙、李露、姜似海、杨一梅、宫颖、蒋瑞颖、刘小斌等20余位同学，他们在资料收集整理、问卷调查等方面为我提供了不少帮助和支持。

最后，我要感谢我的母亲、妻子、岳父、岳母以及所有关心我的朋友，是他们的理解、支持和鼓励陪伴着我走过了许多艰苦的日子。年迈的母亲常常电话询问什么时候能回家看看，但每一次的承诺却常常不得不以食言而告终。年轻的妻子李育时常陪我至深夜，为我整理各类资料、打印文档，而每一个周末还要单独乘上拥挤而缓慢的火车，疲惫地往返于贵阳与遵义之间去照看不在身边的女儿，陪伴女儿度过短暂的周末。遵义的岳父、岳母退休后本该颐养天年，但他们毅然放弃锻炼身体以及参加各类文娱活动的绝好机会，长期带病帮我们照看不足3岁的女儿，为我赢得了极为宝贵的时间。乖巧伶俐的女儿陈靖义，每次长久的告别后，见面还能迅速伸出双手，拥向眼前这位“陌生”的父亲，让我高兴、激动之余，备感做父亲的辛酸与无奈。

这里，再次感谢杨桂华老师的虚心指导和数次“折磨”，这样幸运的“折磨”将使我终生难忘。同时感谢所有帮助过我的老师、家人和学校领导、同事、朋友，相信自己不会辜负他们对我的期望。早逝的父亲曾经的工作态度、工作激情也常常激励、鞭策着我，使我在工作中不断地翻越着大小不同的各类“山峰”，而每一次的翻越都让我获得了一笔宝贵的人生财富，让我站在了新的人生起点，让我看到了新的希望。

该项目在研究过程中，尽管试图不断地予以完善和修正，但由于时间仓促，加之水平有限，难免有许多疏漏和不尽如人意之处。希望在以后的日子里随着学术能力的逐步提高会越来越少。

陈志永

2012年10月31日深夜